国外
马克思主义
研究
文库

黑龙江大学出版社
HEILONGJIANG UNIVERSITY PRESS

本丛书获得以下基金项目资助：

国家哲学社会科学基金重点项目《东欧新马克思主义理论研究》，10AKS005

黑龙江省社科重大委托项目《东欧新马克思主义研究》，08A-002

新马克思主义研究丛书

东欧

Marx

衣俊卿◆主编

具体辩证法与现代性批判

——科西克哲学思想研究

Dialectics of the Concrete and Critique of the Modernity
— A Study of Karel Kosik's philosophy

李宝文◇著

黑龙江大学出版社
HEILONGJIANG UNIVERSITY PRESS

图书在版编目(CIP)数据

具体辩证法与现代性批判：科西克哲学思想研究/
李宝文著. -- 哈尔滨：黑龙江大学出版社,2011.3（2021.8重印）
（东欧新马克思主义理论研究/衣俊卿主编）
ISBN 978-7-81129-368-5

Ⅰ.①具… Ⅱ.①李… Ⅲ.①科西克,K.-哲学思想
-研究 Ⅳ.①B524

中国版本图书馆 CIP 数据核字(2011)第 023244 号

书　　　名	具体辩证法与现代性批判——科西克哲学思想研究	
著作责任者	李宝文 著	
出 版 人	李小娟	
责 任 编 辑	李小娟　梁　秋	
责 任 校 对	许龙桃	
出 版 发 行	黑龙江大学出版社(哈尔滨市学府路 74 号　150080)	
网　　　址	http://www.hljupress.com	
电 子 信 箱	hljupress@163.com	
电　　　话	(0451)86608666	
经　　　销	新华书店	
印　　　刷	三河市春园印刷有限公司	
开　　　本	720 毫米×1000 毫米　1/16	
印　　　张	16	
字　　　数	228 千	
版　　　次	2011 年 4 月第 1 版　2022 年 1 月第 2 次 印刷	
书　　　号	ISBN 978-7-81129-368-5	
定　　　价	48.00 元	

目　　录

1

全面开启国外马克思主义研究的一个新领域

衣俊卿

经过较长时间的准备,黑龙江大学出版社将从 2010 年起陆续推出"东欧新马克思主义译丛"和"东欧新马克思主义理论研究"。作为主编,我从一开始就赋予这两套丛书以重要的学术使命:在我国学术界全面开启国外马克思主义研究的一个新领域,即东欧新马克思主义研究。

我自知,由于自身学术水平和研究能力的限制,以及所组织的翻译队伍和研究队伍等方面的原因,我们对这两套丛书不能抱过高的学术期待。实际上,我对这两套丛书的定位不是"结果"而是"开端":自觉地、系统地"开启"对东欧新马克思主义的全面研究。

策划这两部关于东欧新马克思主义的大部头丛书,并非我一时心血来潮。可以说,系统地研究东欧新马克思主义是我过去二十多年一直无法释怀的,甚至是最大的学术夙愿。这里还要说的一点是,之所以如此强调开展东欧新马克思主义研究的重要性,并非我个人的某种学术偏好,而是东欧新马克思主义自身的理论地位使然。在某种意义上可以说,全面系统地开展东欧新马克思主义研究,应当是新世纪中国学术界不容忽视的重大学术任务。基于此,我想为这两套丛书写一个较长的总序,为的是给读者和研究者提供某些参考。

一、丛书的由来

我对东欧新马克思主义的兴趣和研究始于20世纪80年代初，也即在北京大学哲学系就读期间。那时的我虽对南斯拉夫实践派产生了很大的兴趣，但苦于语言与资料的障碍，无法深入探讨。之后，适逢有机会去南斯拉夫贝尔格莱德大学哲学系进修并攻读博士学位，这样就为了却自己的这桩心愿创造了条件。1984年至1986年间，在导师穆尼什奇(Zdravko Munišić)教授的指导下，我直接接触了十几位实践派代表人物以及其他哲学家，从第一手资料到观点方面得到了他们热情而真挚的帮助和指导，用塞尔维亚文完成了博士论文《第二次世界大战后南斯拉夫哲学家建立人道主义马克思主义的尝试》。在此期间，我同时开始了对东欧新马克思主义其他代表人物的初步研究。回国后，我又断断续续地进行东欧新马克思主义研究，并有幸同移居纽约的赫勒教授建立了通信关系，在她真诚的帮助与指导下，翻译出版了她的《日常生活》一书。此外，我还陆续发表了一些关于东欧新马克思主义的研究成果，但主要是进行初步评介的工作。①

纵观国内学界，特别是国外马克思主义研究界，虽然除了本人以外，还有一些学者较早地涉及东欧新马克思主义的某几个代表人物，发表了一些研究成果，并把东欧新马克思主义一些代表人物

---

① 如衣俊卿:《实践派的探索与实践哲学的述评》,台北:台湾森大图书有限公司1990年版;衣俊卿:《东欧的新马克思主义》,台北:台湾唐山出版社1993年版;衣俊卿:《人道主义批判理论——东欧新马克思主义述评》,北京:中国人民大学出版社2005年版;衣俊卿、陈树林主编:《当代学者视野中的马克思主义哲学·东欧和苏联学者卷》(上、下),北京:北京师范大学出版社2008年版,以及关于科西克、赫勒、南斯拉夫实践派等的系列论文。

的部分著作陆续翻译成中文①,但是,总体上看,这些研究成果只涉及几位东欧新马克思主义代表人物,并没有建构起一个相对独立的研究领域,人们常常把关于赫勒、科西克等人的研究作为关于某一理论家的个案研究,并没有把他们置于东欧新马克思主义的历史背景和理论视野中加以把握。可以说,东欧新马克思主义研究在我国尚处于起步阶段和自发研究阶段。

我认为,目前我国的东欧新马克思主义研究状况与东欧新马克思主义在20世纪哲学社会科学,特别是在马克思主义发展中所具有的重要地位和影响力是不相称的;同时,关于东欧新马克思主义研究的缺位对于我们在全球化背景下发展具有中国特色和世界眼光的马克思主义的理论战略,也是不利的。应当说,过去30年,特别是新世纪开始的头十年,国外马克思主义研究在我国学术界已经成为最重要、最受关注的研究领域之一,不仅这一领域本身的学科建设和理论建设取得了长足的进步,而且在一定程度上还引起了哲学社会科学研究范式的改变。正是由于国外马克思主义的研究进展,使得哲学的不同分支学科之间、社会科学的不同学科之间,乃至世界问题和中国问题、世界视野和中国视野之间,开始出现相互融合和相互渗透的趋势。但是,我们必须看到,国外马克思主义研究还处于初始阶段,无论在广度上还是深度上都有很大的拓展空间。

我一直认为,在20世纪世界马克思主义研究的总体格局中,从对马克思思想的当代阐发和对当代社会的全方位批判两个方面衡量,真正能够称之为"新马克思主义"的主要有三个领域:一是我

---

① 例如,(波)沙夫:《人的哲学》,林波等译,北京:三联书店1963年版;(波)沙夫:《共产主义运动的若干问题》,奚戚等译,北京:人民出版社1983年版;(匈)赫勒:《日常生活》,衣俊卿译,重庆:重庆出版社1990年版;(匈)赫勒:《现代性理论》,李瑞华译,北京:商务印书馆2005年版;(南)马尔科维奇、(南)彼德洛维奇编:《南斯拉夫"实践派"的历史和理论》,郑一明、曲跃厚译,重庆:重庆出版社1994年版;(波)柯拉柯夫斯基:《形而上学的恐怖》,唐少杰等译,北京:三联书店1999年版;(波)柯拉柯夫斯基:《宗教:如果没有上帝……》,杨德友译,北京:三联书店1997年版等,以及黄继锋:《东欧新马克思主义》,北京:中央编译出版社2002年版;张一兵、刘怀玉、傅其林、潘宇鹏等关于科西克、赫勒等人的研究文章。

们通常所说的西方马克思主义，主要包括以卢卡奇、科尔施、葛兰西、布洛赫为代表的早期西方马克思主义，以霍克海默、阿多诺、马尔库塞、弗洛姆、哈贝马斯等为代表的法兰克福学派，以及萨特的存在主义马克思主义、阿尔都塞的结构主义马克思主义等；二是20世纪70年代之后的新马克思主义流派，主要包括分析的马克思主义、生态学马克思主义、女权主义马克思主义、文化的马克思主义、发展理论的马克思主义、后马克思主义等；三是以南斯拉夫实践派、匈牙利布达佩斯学派、波兰和捷克斯洛伐克等国的新马克思主义者为代表的东欧新马克思主义。就这一基本格局而言，由于学术视野和其他因素的局限，我国的国外马克思主义研究呈现出发展不平衡的状态：大多数研究集中于对卢卡奇、科尔施和葛兰西等人开创的西方马克思主义流派和以生态学马克思主义、女权主义马克思主义等为代表的20世纪70年代至80年代以后的欧美新马克思主义流派的研究，而对于同样具有重要地位的东欧新马克思主义以及其他一些国外新马克思主义流派则较少关注。由此，东欧新马克思主义研究已经成为我国学术界关于世界马克思主义研究中的一个比较严重的“短板”。有鉴于此，我以黑龙江大学文化哲学研究中心、马克思主义哲学专业和国外马克思主义研究专业的研究人员为主，广泛吸纳国内相关领域的专家学者，组织了一个翻译、研究东欧新马克思主义的学术团队，以期在东欧新马克思主义的译介、研究方面做一些开创性的工作，填补国内学界的这一空白。2010—2011年，“译丛”预计出版赫勒的《日常生活》和《卢卡奇再评价》，费赫尔主编的《法国大革命与现代性的诞生》，马尔库什的《马克思主义与人类学》，马尔科维奇与彼得洛维奇主编的《实践——南斯拉夫哲学和社会科学方法论文集》，马尔科维奇的《当代的马克思》等译著；“理论研究”将出版关于科西克、赫勒、马尔库什、马尔科维奇等人的研究著作5～6本。整个研究工程将在未来数年内完成。

以下，我根据多年来的学习、研究，就东欧新马克思主义的界定、历史沿革、理论建树、学术影响等作一简单介绍,以便丛书读者能对东欧新马克思主义有一个整体的了解。

二、东欧新马克思主义的界定

对东欧新马克思主义的范围和主要代表人物作一个基本划界,并非轻而易举的事情。与其他一些在某一国度形成的具体的哲学社会科学理论流派相比,东欧新马克思主义要显得更为复杂,范围更为广泛。西方学术界的一些研究者或理论家从20世纪60年代后期就已经开始关注东欧新马克思主义的一些流派或理论家,并陆续对"实践派"、"布达佩斯学派",以及其他东欧新马克思主义代表人物作了不同的研究,分别出版了其中的某一流派、某一理论家的论文集或对他们进行专题研究。但是,在对东欧新马克思主义的总体梳理和划界上,西方学术界也没有形成公认的观点,而且在对东欧新马克思主义及其代表人物的界定上存在不少差异,在称谓上也各有不同,例如,"东欧的新马克思主义"、"人道主义马克思主义"、"改革主义者"、"异端理论家"、"左翼理论家"等。

近年来,我在使用"东欧新马克思主义"范畴时,特别强调其特定的内涵和规定性。我认为,不能用"东欧新马克思主义"来泛指第二次世界大战后东欧的各种马克思主义研究,我们在划定东欧新马克思主义的范围时,必须严格选取那些从基本理论取向到具体学术活动都基本符合20世纪"新马克思主义"范畴的流派和理论家。具体说来,我认为,最具代表性的东欧新马克思主义理论家应当是:南斯拉夫实践派的彼得洛维奇(Gajo Petrović,1927—1993)、马尔科维奇(Mihailo Marković,1923—)、弗兰尼茨基(Predrag Vranickić,1922—2002)、坎格尔加(Milan Kangrga,1923—)和斯托扬诺维奇(Svetozar Stojanović,1931—)等;匈牙利布达佩斯学派的赫勒(Agnes Heller,1929—)、费赫尔(Ferenc Feher,1933—1994)、马尔库什(György Markus,1934—)和瓦伊达(Mihaly Vajda,1935—)等;波兰的新马克思主义代表人物沙夫（Adam Schaff, 1913—2006）、科拉科夫斯基（Leszak Kolakowski, 1927—2009）等；捷克斯洛伐克的科西克（Karel Kosik, 1926—2003）、斯维塔克（Ivan Svitak, 1925—1994）等。应当说，我们可以通过上述理论家的主要理论建树，大体上建立起东欧新马克思主义的研究领域。此外，还有一些理论家，例如，匈牙利布达佩斯学派的安德拉斯·赫格居什（Andras Hegedüs），捷克斯洛伐克哲学家普鲁查（Milan Prúcha），南斯拉夫实践派的考拉奇（Veljko Korać）、日沃基奇（Miladin Životić）、哥鲁波维奇（Zagorka Golubović）、达迪奇（Ljubomir Tadić）、波什尼亚克（Branko Bosnjak）、苏佩克（Rudi Supek）、格尔里奇（Danko Grlić）、苏特里奇（Vanja Sutlić）、别约维奇（Danilo Pejović）等，也是东欧新马克思主义的重要理论家，但是，考虑到其理论活跃度、国际学术影响力和参与度等因素，我们一般没有把他们列为东欧新马克思主义的主要研究对象。

这些哲学家分属不同的国度，各有不同的研究领域，但是，共同的历史背景、共同的理论渊源、共同的文化境遇以及共同的学术活动形成了他们共同的学术追求和理论定位，使他们形成了一个以人道主义批判理论为基本特征的新马克思主义学术群体。

首先，东欧新马克思主义产生于第二次世界大战后东欧各国的社会主义改革进程中，他们在某种意义上都是改革的理论家和积极支持者。众所周知，第二次世界大战后，东欧各国普遍经历了"斯大林化"进程，普遍确立了以高度的计划经济和中央集权体制为特征的苏联社会主义模式或斯大林的社会主义模式，而 20 世纪五六十年代东欧一些国家的社会主义改革从根本上都是要冲破苏联社会主义模式的束缚，强调社会主义的人道主义和民主的特征，以及工人自治的要求。在这种意义上，东欧新马克思主义主要产生于南斯拉夫、匈牙利、波兰和捷克斯洛伐克四国，就不是偶然的事情了。因为，1948 年至 1968 年的 20 年间，标志着东欧社会主义改革艰巨历程的苏南冲突、波兹南事件、匈牙利事件、"布拉格之

具体辩证法与现代性批判

春"几个重大的世界性历史事件刚好在这四个国家中发生,上述东欧新马克思主义者都是这一改革进程中的重要理论家,他们从青年马克思的人道主义实践哲学立场出发,反思和批判苏联高度集权的社会主义模式,强调社会主义改革的必要性。

其次,东欧新马克思主义都具有比较深厚的马克思思想理论传统和开阔的现时代的批判视野。通常我们在使用"东欧新马克思主义"的范畴时是有严格限定条件的,只有那些既具有马克思的思想理论传统,在新的历史条件下对马克思关于人和世界的理论进行新的解释和拓展,同时又具有马克思理论的实践本性和批判维度,对当代社会进程进行深刻反思和批判的理论流派或学说,才能冠之以"新马克思主义"。可以肯定地说,我们上述开列的南斯拉夫、匈牙利、波兰和捷克斯洛伐克四国的十几位著名理论家符合这两个方面的要件。一方面,这些理论家都具有深厚的马克思主义思想传统,特别是青年马克思的实践哲学或者批判的人本主义思想对他们影响很大,例如,实践派的兴起与马克思《1844 年经济学哲学手稿》的塞尔维亚文版 1953 年在南斯拉夫出版有直接的关系。另一方面,绝大多数东欧新马克思主义理论家都直接或间接地受卢卡奇、布洛赫、列菲伏尔、马尔库塞、弗洛姆、哥德曼等人带有人道主义特征的马克思主义理解的影响,其中,布达佩斯学派的主要成员就是由卢卡奇的学生组成的。东欧新马克思主义代表人物像西方马克思主义代表人物一样,高度关注技术理性批判、意识形态批判、大众文化批判、现代性批判等当代重大理论问题和实践问题。

再次,东欧新马克思主义主要代表人物曾经组织了一系列国际性学术活动,这些由东欧新马克思主义代表人物、西方马克思主义代表人物,以及其他一些马克思主义者参加的活动进一步形成了东欧新马克思主义的共同的人道主义理论定向,提升了他们的国际影响力。上述我们划定的十几位理论家分属四个国度,而且所面临的具体处境和社会问题也不尽相同,但是,他们并非彼此孤立、各自独立活动的专家学者。实际上,他们不仅具有相同的或相近的理论立场,而且在相当一段时间内或者在很多场合内共同发起、组织和参与了 20 世纪六七十年代一些重要的世界性马克思主义研究活动。这里特别要提到的是南斯拉夫实践派在组织东欧新马克思主义和西方马克思主义交流和对话中的独特作用。从 20 世纪 60 年代中期到 70 年代中期,南斯拉夫实践派哲学家创办了著名的《实践》杂志(PRAXIS,1964—1974)和科尔丘拉夏令学园(Korčulavska ljetnja Škola,1963—1973)。10 年间他们举办了 10 次国际讨论会,围绕着国家、政党、官僚制、分工、商品生产、技术理性、文化、当代世界的异化、社会主义的民主与自治等一系列重大的现实问题进行深入探讨,百余名东欧新马克思主义者、西方马克思主义理论家和其他东西方马克思主义研究者参加了讨论。特别要提到的是,布洛赫、列菲伏尔、马尔库塞、弗洛姆、哥德曼、马勒、哈贝马斯等西方著名马克思主义者和赫勒、马尔库什、科拉科夫斯基、科西克、实践派哲学家以及其他东欧新马克思主义者成为《实践》杂志国际编委会成员和科尔丘拉夏令学园的国际学术讨论会的积极参加者。卢卡奇未能参加讨论会,但他生前也曾担任《实践》杂志国际编委会成员。20 世纪后期,由于各种原因东欧新马克思主义的主要代表人物或是直接移居西方或是辗转进入国际学术或教学领域,即使在这种情况下,东欧新马克思主义主要流派依旧进行许多合作性的学术活动或学术研究。例如,在《实践》杂志被迫停刊的情况下,以马尔科维奇为代表的一部分实践派代表人物于 1981 年在英国牛津创办了《实践(国际)》(PRAXIS INTERNATIONAL)杂志,布达佩斯学派的主要成员则多次合作推出一些共同的研究成果。① 相近的理论立场和共同活动的开展,使东欧新马克思主义

---

① 例如,Agnes Heller, *Lukács Revalued*, Oxford:Basil Blackwell Publisher, 1983;Ferenc Feher, Agnes Heller and György Markus, *Dictatorship over Needs*, New York:St. Martin's Press, 1983;Agnes Heller and Ferenc Feher, *Reconstructing Aesthetics – Writings of the Budapest School*, New York:Blackwell, 1986;J. Grumley, P. Crittenden and P Johnson eds., *Culture and Enlightenment:Essays for György Markus*, Hampshire:Ashgate Publishing Limited,2002 等。

成为一种有机的、类型化的新马克思主义。

三、东欧新马克思主义的历史沿革

我们可以粗略地以20世纪70年代中期为时间点,将东欧新马克思主义的发展历程划分为两大阶段:第一个阶段是东欧新马克思主义主要流派和主要代表人物在东欧各国从事理论活动的时期,第二个阶段是许多东欧新马克思主义者在西欧和英美直接参加国际学术活动的时期。具体情况如下:

20世纪50年代到70年代中期,是东欧新马克思主义主要流派和主要代表人物在东欧各国从事理论活动的时期,也是他们比较集中、比较自觉地建构人道主义的马克思主义的时期。可以说,这一时期的成果相应地构成了东欧新马克思主义的典型的或代表性的理论观点。这一时期的突出特点是东欧新马克思主义主要代表人物的理论活动直接同东欧的社会主义实践交织在一起。他们批判自然辩证法、反映论和经济决定论等观点,打破在社会主义国家中占统治地位的斯大林主义的理论模式,同时,也批判现存的官僚社会主义或国家社会主义关系,以及封闭的和落后的文化,力图在现存社会主义条件下,努力发展自由的创造性的个体,建立民主的、人道的、自治的社会主义。以此为基础,东欧新马克思主义积极发展和弘扬革命的和批判的人道主义马克思主义,他们一方面以独特的方式确立了人本主义马克思主义的立场,如实践派的"实践哲学"或"革命思想"、科西克的"具体辩证法"、布达佩斯学派的需要革命理论等等;另一方面以异化理论为依据,密切关注人类的普遍困境,像西方人本主义思想家一样,对于官僚政治、意识形态、技术理性、大众文化等异化的社会力量进行了深刻的批判。这一时期,东欧新马克思主义代表人物展示出比较强的理论创造力,推出了一批有影响的理论著作,例如,科西克的《具体的辩证法》、沙夫的《人的哲学》和《马克思主义与人类个体》、科拉科夫斯基的

《走向马克思主义的人道主义》、赫勒的《日常生活》和《马克思的需要理论》、马尔库什的《马克思主义与人类学》、彼得洛维奇的《哲学与马克思主义》和《哲学与革命》、马尔科维奇的《人道主义和辩证法》、弗兰尼茨基的《马克思主义和社会主义》等。

20世纪70年代中后期以来,东欧新马克思主义的基本特点是不再作为自觉的学术流派围绕共同的话题而开展学术研究,而是逐步超出东欧的范围,通过移民或学术交流的方式分散在英美、澳大利亚、德国等地,汇入到西方各种新马克思主义流派或左翼激进主义思潮之中,他们作为个体,在不同的国家和地区分别参与国际范围内的学术研究和社会批判,并直接以英文、德文、法文等发表学术著作。大体说来,这一时期,东欧新马克思主义的主要代表人物的理论热点,主要体现在两个大的方面:从一个方面来看,马克思主义和社会主义依旧是东欧新马克思主义理论家关注的重要主题之一。他们在新的语境中继续研究和反思传统马克思主义和苏联模式的社会主义实践,并且陆续出版了一些有影响的学术著作,例如,科拉夫斯基的三卷本《马克思主义的主要流派》、沙夫的《处在十字路口的共产主义运动》①、斯托扬诺维奇的《南斯拉夫的垮台:为什么共产主义会失败》、马尔科维奇的《民主社会主义:理论与实践》、瓦伊达的《国家和社会主义:政治学论文集》、马尔库什的《困难的过渡:中欧和东欧的社会民主》、费赫尔的《东欧的危机和改革》等。但是,从另一方面看,东欧新马克思主义理论家,特别是以赫勒为代表的布达佩斯学派成员,以及沙夫和科拉科夫斯基等人,把主要注意力越来越多地投向20世纪70年代以来西方其他新马克思主义流派和左翼激进思想家所关注的文化批判和社会批判主题,特别是政治哲学的主题,例如,启蒙与现代性批判、后现代政治状况、生态问题、文化批判、激进哲学等。他们的一些著作具

---

① 参见该书的中文译本——(波)沙夫:《共产主义运动的若干问题》,奚戚等译,北京:人民出版社1983年版。

有重要的学术影响,例如,沙夫作为罗马俱乐部成员同他人一起主编的《微电子学与社会》和《全球人道主义》、科拉科夫斯基的《经受无穷拷问的现代性》等。这里特别要突出强调的是布达佩斯学派的主要成员,他们的研究已经构成了过去几十年西方左翼激进主义批判理论思潮的重要组成部分,例如,赫勒独自撰写或与他人合写的《现代性理论》、《激进哲学》、《后现代政治状况》、《现代性能够幸存吗?》等,费赫尔主编或撰写的《法国大革命与现代性的诞生》、《生态政治学:公共政策和社会福利》等,马尔库什的《语言与生产——范式批判》等。

四、东欧新马克思主义的理论建树

通过上述历史沿革的描述,我们可以发现一个很有趣的现象:东欧新马克思主义发展的第一个阶段大体上是与典型的西方马克思主义处在同一个时期;而第二个阶段又是与20世纪70年代以后的各种新马克思主义相互交织的时期。这样,东欧新马克思主义就同另外两种主要的新马克思主义构成奇特的交互关系,形成了相互影响的关系。关于东欧新马克思主义的学术建树和理论贡献,不同的研究者有不同的评价,其中有些偶尔从某一个侧面涉猎东欧新马克思主义的研究者,由于无法了解东欧新马克思主义的全貌和理论独特性,片面地断言:东欧新马克思主义不过是以卢卡奇等人为代表的西方马克思主义的一个简单的附属物、衍生产品或边缘性、枝节性的延伸,没有什么独特的理论创造和理论地位。这显然是一种表面化的理论误解,需要加以澄清。

在这里,我想把东欧新马克思主义置于20世纪的新马克思主义的大格局中加以比较研究,主要是将其与西方马克思主义和20世纪70年代之后的新马克思主义流派加以比较,以把握其独特的理论贡献和理论特色。从总体上看,东欧新马克思主义的理论旨趣和实践关怀与其他新马克思主义在基本方向上大体一致,然而,东欧新马克思主义具有东欧社会主义进程和世界历史进程的双重背景,这种历史体验的独特性使他们在理论层面上既有比较坚实的马克思思想传统,又有对当今世界和人的生存的现实思考,在实践层面上,既有对社会主义建立及其改革进程的亲历,又有对现代性语境中的社会文化问题的批判分析。基于这种定位,我认为,研究东欧新马克思主义,在总体上要特别关注其三个理论特色。

其一,对马克思思想独特的、深刻的阐述。虽然所有新马克思主义都不可否认具有马克思的思想传统,但是,如果我们细分析,就会发现,除了卢卡奇的主客体统一的辩证法、葛兰西的实践哲学等,大多数西方马克思主义者并没有对马克思的思想、更不要说20世纪70年代以后的新马克思主义流派作出集中的、系统的和独特的阐述。他们的主要兴奋点是结合当今世界的问题和人的生存困境去补充、修正或重新解释马克思的某些论点。相比之下,东欧新马克思主义理论家对马克思思想的阐述最为系统和集中,这一方面得益于这些理论家的马克思主义理论基础,包括早期的传统马克思主义的知识积累和20世纪50年代之后对青年马克思思想的系统研究,另一方面得益于东欧理论家和思想家特有的理论思维能力和悟性。关于东欧新马克思主义理论家在马克思思想及马克思主义理论方面的功底和功力,我们可以提及两套尽管引起很大争议,但是产生了很大影响的研究马克思主义历史的著作,一是弗兰尼茨基的三卷本《马克思主义史》①,二是科拉科夫斯基的三卷本《马克思主义的主要流派》②。甚至当科拉科夫斯基在晚年宣布"放弃了马克思"后,我们依旧不难在他的理论中看到马克思思想的深刻影响。

① Predrag Vranicki, *Historija Marksizma*, Ⅰ,Ⅱ,Ⅲ, Zagreb: Naprijed, 1978. 参见(南)普雷德拉格·弗兰尼茨基:《马克思主义史》(Ⅰ、Ⅱ、Ⅲ),李嘉恩等译,北京:人民出版社1986、1988、1992年版。

② Leszek Kolakowski, *Main Currents of Marxism*, 3 vols., Oxford: Clarendon Press, 1978.

具
体
辩
证
法
与
现
代
性
批
判

在这一点上,可以说,差不多大多数东欧新马克思主义理论家都曾集中精力对马克思的思想作系统的研究和新的阐释。其中特别要提到的应当是如下几种关于马克思思想的独特阐述:一是科西克在《具体的辩证法》中对马克思实践哲学的独特解读和理论建构,其理论深度和哲学视野在 20 世纪关于实践哲学的各种理论建构中毫无疑问应当占有重要的地位;二是沙夫在《人的哲学》、《马克思主义与人类个体》和《作为社会现象的异化》几部著作中通过对异化、物化和对象化问题的细致分析,建立起一种以人的问题为核心的人道主义马克思主义理解;三是南斯拉夫实践派关于马克思实践哲学的阐述,尤其是彼得洛维奇的《哲学与马克思主义》、《哲学与革命》和《革命思想》,马尔科维奇的《人道主义和辩证法》,坎格尔加的《卡尔·马克思著作中的伦理学问题》等著作从不同侧面提供了当代关于马克思实践哲学最为系统的建构与表述;四是赫勒的《马克思的需要理论》、《日常生活》和马尔库什的《马克思主义与人类学》在宏观视角与微观视角相结合的视域中,围绕着人类学生存结构、需要的革命和日常生活的人道化,对马克思关于人的问题作了深刻而独特的阐述,并探讨了关于人的解放的独特思路。正如赫勒所言:"社会变革无法仅仅在宏观尺度上得以实现,进而,人的态度上的改变无论好坏都是所有变革的内在组成部分。"[①]

其二,对社会主义理论和实践、历史和命运的反思,特别是对社会主义改革的理论设计。社会主义理论与实践是所有新马克思主义以不同方式共同关注的课题,因为它代表了马克思思想的最重要的实践维度。但坦率地讲,西方马克思主义理论家和20世纪70年代之后的新马克思主义流派在社会主义问题上并不具有最有说服力的发言权,他们对以苏联为代表的现存社会主义体制的批

---

① Agnes Heller, *Everyday Life*, London and New York: Routledge and Kegan Paul, 1984, p. x.

判往往表现为外在的观照和反思,而他们所设想的民主社会主义、生态社会主义等模式,也主要局限于西方发达社会中的某些社会历史现象。毫无疑问,探讨社会主义的理论和实践问题,如果不把几乎贯穿于整个 20 世纪的社会主义实践纳入视野,加以深刻分析,是很难形成有说服力的见解的。在这方面,东欧新马克思主义理论家具有独特的优势,他们大多是苏南冲突、波兹南事件、匈牙利事件、"布拉格之春"这些重大历史事件的亲历者,也是社会主义自治实践、"具有人道特征的社会主义"等改革实践的直接参与者,甚至在某种意义上是理论设计者。东欧新马克思主义理论家对社会主义的理论探讨是多方面的,首先值得特别关注的是他们结合社会主义的改革实践,对社会主义的本质特征的阐述。从总体上看,他们大多致力于批判当时东欧国家的官僚社会主义或国家社会主义,以及封闭的和落后的文化,力图在当时的社会主义条件下,努力发展自由的创造性的个体,建立民主的、人道的、自治的社会主义。在这方面,弗兰尼茨基的理论建树最具影响力,在《马克思主义和社会主义》和《作为不断革命的自治》两部代表作中,他从一般到个别、从理论到实践,深刻地批判了国家社会主义模式,表述了社会主义异化论思想,揭示了社会主义的人道主义性质。他认为,以生产者自治为特征的社会主义"本质上是一种历史的、新型民主的发展和加深"①。此外,从 20 世纪 80 年代起,特别是在 20 世纪 90 年代后,很多东欧新马克思主义理论家对苏联解体和东欧剧变作了多视角的、近距离的反思,例如,沙夫的《处在十字路口的共产主义运动》,费赫尔的《戈尔巴乔夫时期苏联体制的危机和危机的解决》,马尔库什的《困难的过渡:中欧和东欧的社会民主》,斯托扬诺维奇的《南斯拉夫的垮台:为什么共产主义会失败》、《塞尔维亚:民主的革命》等。

---

① Predrag Vranicki, Socijalistička revolucija——Oćemu je riječ? *Kulturni radnik*, No. 1, 1987, p.19.

其三,对于现代性的独特的理论反思。如前所述,20世纪80年代以来,东欧新马克思主义理论家把主要注意力越来越多地投向20世纪70年代以来西方其他新马克思主义流派和左翼激进思想家所关注的文化批判和社会批判主题。在这一研究领域中,东欧新马克思主义理论家的独特性在于,他们在阐释马克思思想时所形成的理论视野,以及对社会主义历史命运和发达工业社会进行综合思考时所形成的社会批判视野,构成了特有的深刻的理论内涵。例如,赫勒在《激进哲学》,以及她与费赫尔、马尔库什等合写的《对需要的专政》等著作中,用他们对马克思的需要理论的理解为背景,以需要结构贯穿对发达工业社会和现存社会主义社会的分析,形成了以激进需要为核心的政治哲学视野。赫勒在《历史理论》、《现代性理论》、《现代性能够幸存吗?》以及她与费赫尔合著的《后现代政治状况》等著作中,建立了一种独特的现代性理论。同一般的后现代理论的现代性批判相比,这一现代性理论具有比较厚重的理论内涵,用赫勒的话来说,它既包含对各种关于现代性的理论的反思维度,也包括作者个人以及其他现代人关于"大屠杀"、"极权主义独裁"等事件的体验和其他"现代性经验"[①],在我看来,其理论厚度和深刻性只有像哈贝马斯这样的少数理论家才能达到。

从上述理论特色的分析可以看出,无论从对马克思思想的当代阐发、对社会主义改革的理论探索,还是对当代社会的全方位批判等方面来看,东欧新马克思主义都是20世纪一种典型意义上的新马克思主义,在某种意义上可以断言,它是西方马克思主义之外一种最有影响力的新马克思主义类型。相比之下,20世纪许多与马克思思想或马克思主义有某种关联的理论流派或实践方案都不具备像东欧新马克思主义这样的学术地位和理论影响力,它们甚

---

① 参见(匈)阿格尼丝·赫勒:《现代性理论》,李瑞华译,北京:商务印书馆2005年版,第1、3、4页。

至构不成一种典型的"新马克思主义"。例如,欧洲共产主义等社会主义探索,它们主要涉及实践层面的具体操作,而缺少比较系统的马克思主义理论传统;再如,一些偶尔涉猎马克思思想或对马克思表达敬意的理论家,他们只是把马克思思想作为自己的某一方面的理论资源,而不是马克思理论的传人;甚至包括日本、美国等一些国家的学院派学者,他们对马克思的文本进行了细微的解读,虽然人们也常常在宽泛的意义上称他们为"新马克思主义者",但是,同具有理论和实践双重维度的马克思主义传统的理论流派相比,他们还不能称做严格意义上的"新马克思主义者"。

五、东欧新马克思主义的学术影响

在分析了东欧新马克思主义的理论建树和理论特色之后,我们还可以从一些重要思想家对东欧新马克思主义的关注和评价的视角把握它的学术影响力。在这里,我们不准备作有关东欧新马克思主义研究的详细文献分析,而只是简要地提及一下弗洛姆、哈贝马斯等重要思想家对东欧新马克思主义的重视。

应该说,大约在 20 世纪 60 年代中期,即东欧新马克思主义形成并产生影响的时期,其理论已经开始受到国际学术界的关注。20 世纪 70 年代之前东欧新马克思主义者主要在本国从事学术研究,他们深受卢卡奇、布洛赫、马尔库塞、弗洛姆、哥德曼等西方马克思主义者的影响。然而,即使在这一时期,东欧新马克思主义同西方马克思主义,特别是同法兰克福学派的关系也带有明显的交互性。如上所述,从 20 世纪 60 年代中期到 70 年代中期,由《实践》杂志和科尔丘拉夏令学园所搭建的学术论坛是当时世界上最大的、最有影响力的东欧新马克思主义和西方马克思主义的学术活动平台。这个平台改变了东欧新马克思主义者单纯受西方人本主义马克思主义者影响的局面,推动了东欧新马克思主义和西方马克思主义者的相互影响与合作。布洛赫、列菲伏尔、马尔库塞、弗洛姆、哥德曼等一些著名西方马克思主义者不仅参加了实践派所组织的重要学术活动,而且开始高度重视实践派等东欧新马克思主义理论家。这里特别要提到的是弗洛姆,他对东欧新马克思主义给予高度重视和评价。1965 年弗洛姆主编出版了哲学论文集《社会主义的人道主义》,在所收录的包括布洛赫、马尔库塞、弗洛姆、哥德曼、德拉·沃尔佩等著名西方马克思主义代表人物文章在内的共 35 篇论文中,东欧新马克思主义理论家的文章就占了 10篇——包括波兰的沙夫,捷克斯洛伐克的科西克、斯维塔克、普鲁查,南斯拉夫的考拉奇、马尔科维奇、别约维奇、彼得洛维奇、苏佩克和弗兰尼茨基等哲学家的论文。① 1970 年,弗洛姆为沙夫的《马克思主义与人类个体》作序,他指出,沙夫在这本书中,探讨了人、个体主义、生存的意义、生活规范等被传统马克思主义忽略的问题,因此,这本书的问世无论对于波兰还是对于西方学术界正确理解马克思的思想,都是"一件重大的事情"②。1974 年,弗洛姆为马尔科维奇关于哲学和社会批判的论文集写了序言,他特别肯定和赞扬了马尔科维奇和南斯拉夫实践派其他成员在反对教条主义、"回到真正的马克思"方面所作的努力和贡献。弗洛姆强调,在南斯拉夫、波兰、匈牙利和捷克斯洛伐克都有一些人道主义马克思主义理论家,而南斯拉夫的突出特点在于:"对真正的马克思主义的重建和发展不只是个别的哲学家的关注点,而且已经成为由南斯拉夫不同大学的教授所形成的一个比较大的学术团体的关切和一生的工作。"③

20 世纪 70 年代后期以来,汇入国际学术研究之中的东欧新马克思主义代表人物(包括继续留在本国的科西克和一部分实践派

---

① Erich Fromm, ed. , *Socialist Humanism: An International Symposium*, New York: Doubleday, 1965.

② Adam Schaff, *Marxism and the Human Individual*, New York: McGraw-Hill Book Company, 1970, p. ix.

③ Mihailo Marković, *From Affluence to Praxis: Philosophy and Social Criticism*, Ann Arbor: The University of Michigan Press, 1974, p. vi.

哲学家),在国际学术领域,特别是国际马克思主义研究中,具有越来越大的影响,占据独特的地位。他们于 20 世纪 60 年代至 70 年代创作的一些重要著作陆续翻译成西方文字出版,有些著作,如科西克的《具体的辩证法》等,甚至被翻译成十几国语言。一些研究者还通过编撰论文集等方式集中推介东欧新马克思主义的研究成果。例如,美国学者谢尔 1978 年翻译和编辑出版了《马克思主义人道主义和实践》,这是精选的南斯拉夫实践派哲学家的论文集,收录了彼得洛维奇、马尔科维奇、弗兰尼茨基、斯托扬诺维奇、达迪奇、苏佩克、格尔里奇、坎格尔加、日沃基奇、哥鲁波维奇等 10 名实践派代表人物的论文。① 英国著名马克思主义社会学家波塔默 1988 年主编了《对马克思的解释》一书,其中收录了卢卡奇、葛兰西、阿尔都塞、哥德曼、哈贝马斯等西方马克思主义著名代表人物的论文,同时收录了彼得洛维奇、斯托扬诺维奇、赫勒、赫格居什、科拉科夫斯基等 5 位东欧新马克思主义著名代表人物的论文。② 此外,一些专门研究东欧新马克思主义某一代表人物的专著也陆续出版。③ 同时,东欧新马克思主义代表人物陆续发表了许多在国际学术领域产生重大影响的学术著作,例如,科拉科夫斯基的三卷本《马克思主义的主要流派》④于 20 世纪 70 年代末在英国发表后,很快就被翻译成多种语言,在国际学术界产生很大反响,迅速成为最有影响的马克思主义哲学史研究成果之一。布达佩斯学派的赫勒、费赫尔、马尔库什和瓦伊达,实践派的马尔科维奇、斯托扬诺维奇等人,都与科拉科夫斯基、沙夫等人一样,是 20 世纪 80 年代以后

具体辩证法与现代性批判

18

---

① Gerson S. Sher, ed. , *Marxist Humanism and Praxis*, New York: Prometheus Books, 1978.

② Tom Bottomore, ed. , *Interpretations of Marx*, Oxford UK, New York USA: Basil Blackwell, 1988.

③ 例如,John Burnheim, *The Social Philosophy of Agnes Heller*, Amsterdam-Atlanta: Rodopi B. V. , 1994; John Grumley, *Agnes Heller*: *A Moralist in the Vortex of History*, London: Pluto Press, 2005,等等。

④ Leszek Kolakowski, *Main Currents of Marxism*, 3 vols. , Oxford: Clarendon Press, 1978.

国际学术界十分有影响的新马克思主义理论家,而且一直活跃到目前。① 其中,赫勒尤其活跃,20世纪80年代后陆续发表了关于历史哲学、道德哲学、审美哲学、政治哲学、现代性和后现代性问题等方面的著作十余部,于1981年在联邦德国获莱辛奖,1995年在不莱梅获汉娜·阿伦特政治哲学奖(Hannah Arendt Prize for Political Philosophy),2006年在丹麦哥本哈根大学获松宁奖(Sonning Prize)。

应当说,过去30多年,一些东欧新马克思主义主要代表人物已经得到国际学术界的广泛承认。限于篇幅,我们在这里无法一一梳理关于东欧新马克思主义的研究状况,可以举一个例子加以说明:从20世纪60年代末起,哈贝马斯就在自己的多部著作中引用东欧新马克思主义理论家的观点,例如,他在《认识与兴趣》中提到了科西克、彼得洛维奇等人所代表的东欧社会主义国家中的"马克思主义的现象学"倾向②,在《交往行动理论》中引用了赫勒和马尔库什的观点③,在《现代性的哲学话语》中讨论了赫勒的日常生活批判思想和马尔库什关于人的对象世界的论述④,在《后形而上学思想》中提到了科拉科夫斯基关于哲学的理解⑤,等等。这些都说明东欧新马克思主义的理论建树已经真正进入到20世纪(包括新世纪)国际学术研究和学术交流领域。

---

① 其中,沙夫于2006年去世,科拉科夫斯基刚刚于2009年去世。

② 参见(德)哈贝马斯:《认识与兴趣》,郭官义、李黎译,上海:学林出版社1999年版,第24、59页。

③ 参见(德)哈贝马斯:《交往行动理论》第2卷,洪佩郁、蔺青译,重庆:重庆出版社1994年版,第545、552页,即"人名索引"中的信息,其中马尔库什被译作"马尔库斯"(按照匈牙利语的发音,译作"马尔库什"更为准确)。

④ 参见(德)哈贝马斯:《现代性的哲学话语》,曹卫东等译,南京:译林出版社2004年版,第88、90~95页,这里马尔库什同样被译作"马尔库斯"。

⑤ 参见(德)哈贝马斯:《后形而上学思想》,曹卫东、付德根译,南京:译林出版社2001年版,第36~37页。

六、东欧新马克思主义研究的思路

通过上述关于东欧新马克思主义的多维度分析,不难看出,在我国学术界全面开启东欧新马克思主义研究领域的意义已经不言自明了。应当看到,在全球一体化的进程中,中国的综合实力和国际地位不断提升,但所面临的发展压力和困难也越来越大。在此背景下,中国的马克思主义理论研究者进一步丰富和发展马克思主义的任务越来越重,情况也越来越复杂。无论是发展中国特色、中国风格、中国气派的马克思主义,还是"大力推进马克思主义中国化、时代化、大众化",都不能停留于中国的语境中,不能停留于一般地坚持马克思主义立场,而必须学会在纷繁复杂的国际形势中,在应对人类所面临的日益复杂的理论问题和实践问题中,坚持和发展具有世界眼光和时代特色的马克思主义,以争得理论和学术上的制高点和话语权。

在丰富和发展马克思主义的过程中,世界眼光和时代特色的形成不仅需要我们对人类所面临的各种重大问题进行深刻分析,还需要我们自觉地、勇敢地、主动地同国际上各种有影响的学术观点和理论思想展开积极的对话、交流和交锋。这其中,要特别重视各种新马克思主义流派所提供的重要的理论资源和思想资源。我们知道,马克思主义诞生后的一百多年来,人类社会经历了两次世界大战的浩劫,经历了资本主义和社会主义跌宕起伏的发展历程,经历了科学技术日新月异的进步。但是,无论人类历史经历了怎样的变化,马克思主义始终是世界思想界难以回避的强大"磁场"。当代各种新马克思主义流派的不断涌现,从一个重要的方面证明了马克思主义的生命力和创造力。尽管这些新马克思主义的理论存在很多局限性,甚至存在着偏离马克思主义的失误和错误,需要我们去认真甄别和批判,但是,同其他各种哲学社会科学思潮相比,各种新马克思主义对发达资本主义的批判,对当代人类的生存困境和发展难题的揭示最为深刻、最为全面、最为彻底,这些理论资源和思想资源对于我们的借鉴意义和价值也最大。其中,我们应该特别关注东欧新马克思主义。众所周知,中国曾照搬苏联的社会主义模式,接受苏联哲学教科书的马克思主义理论体系;在社会主义的改革实践中,也曾经与东欧各国有着共同的或者相关的经历,因此,从东欧新马克思主义的理论探索中我们可以吸收的理论资源、可以借鉴的经验教训会更多。

鉴于我们所推出的"东欧新马克思主义译丛"和"东欧新马克思主义理论研究"尚属于这一研究领域的基础性工作,因此,我们的基本研究思路,或者说,我们坚持的研究原则主要有两点。一是坚持全面准确地了解的原则,即是说,通过这两套丛书,要尽可能准确地展示东欧新马克思主义的全貌。具体说来,由于东欧新马克思主义理论家人数众多,著述十分丰富,"译丛"不可能全部翻译,只能集中于上述所划定的十几位主要代表人物的代表作。在这里,要确保东欧新马克思主义主要代表人物最有影响的著作不被遗漏,不仅要包括与我们的观点接近的著作,也要包括那些与我们的观点相左的著作。以科拉科夫斯基《马克思主义的主要流派》为例,他在这部著作中对不同阶段的马克思主义发展进行了很多批评和批判,其中有一些观点是我们所不能接受的,必须加以分析批判。尽管如此,它是东欧新马克思主义影响最为广泛的著作之一,如果不把这样的著作纳入"译丛"之中,如果不直接同这样有影响的理论成果进行对话和交锋,那么我们对东欧新马克思主义的理解将会有很大的片面性。二是坚持分析、批判、借鉴的原则,即是说,要把东欧新马克思主义的理论观点置于马克思主义的理论发展进程中,置于社会主义实践探索中,置于 20 世纪人类所面临的重大问题中,置于同其他新马克思主义和其他哲学社会科学理论的比较中,加以理解、把握、分析、批判和借鉴。因此,我们将在每一本译著的译序中尽量引入理论分析的视野,而在"理论研究"中,更要引入批判性分析的视野。只有这种积极对话的态度,才能使我们对东欧新马克思主义的研究不是为了研究而研究、为了翻译而翻译,而是真正成为我国在新世纪实施的马克思主义理论研究和建设工程的有机组成部分。

在结束这篇略显冗长的"总序"时,我非但没有一种释然和轻松,反而平添了更多的沉重和压力。开辟东欧新马克思主义研究这样一个全新的学术领域,对我本人有限的能力和精力来说是一个前所未有的考验,而我组织的翻译队伍和研究队伍,虽然包括一些有经验的翻译人才,但主要是依托黑龙江大学文化哲学研究中心、马克思主义哲学专业和国外马克思主义研究专业博士学位点等学术平台而形成的一支年轻的队伍,带领这样一支队伍去打一场学术研究和理论探索的硬仗,我感到一种悲壮和痛苦。我深知,随着这两套丛书的陆续问世,我们将面对的不会是掌声,可能是批评和质疑,因为,无论是"译丛"还是"理论研究",错误和局限都在所难免。好在我从一开始就把对这两套丛书的学术期待定位于一种"开端"(开始)而不是"结果"(结束)——我始终相信,一旦东欧新马克思主义研究领域被自觉地开启,肯定会有更多更具才华更有实力的研究者进入这个领域;好在我一直坚信,哲学总在途中,是一条永走不尽的生存之路,哲学之路是一条充盈着生命冲动的创新之路,也是一条上下求索的艰辛之路,踏上哲学之路的人们不仅要挑战智慧的极限,而且要有执著的、痛苦的生命意识,要有对生命的挚爱和勇于奉献的热忱。因此,既然选择了理论,选择了精神,无论是万水千山,还是千难万险,在哲学之路上我们都将义无反顾地跋涉……

导　论

一、现代性批判与文化哲学走向

　　无论人们如何看待现代性、如何研究现代性,首先遭遇而又必须直面的问题是:什么是现代性? 可以说,现代性的本质就隐藏于这个问题的追问之中,现代性的历史就是这个问题的问题史。

　　现代性问题总是伴随着现代性本身不断地显现,又不断地被遮蔽,无论我们回答它"是什么",抑或"不是什么",都从未获得过令人普遍满意的答案。一种试图阐明现代性的话语总是被另一种质疑性的话语无情地淹没或者解构,一种现代性的自我表达方式总是被另一种他者表达方式断然地拒斥或者否定,现代性成为一种无穷判断,俨然古老神话的符咒一样,困惑着当代人,困扰着当代世界,以至于被判定为永恒的"斯芬克斯之谜",甚至于被认定为始源虚无的伪问题。

　　现代性到底是一个什么样的问题? 我们究竟应当怎样看待这个问题? 我们能不能回答这个问题? 对这个问题的不同追问、答复或者放弃到底意味着什么? 是什么原因使这个问题深邃难解? 在这个问题背后深层地隐藏着什么? 它本身关涉到人类生存的哪些方面? 人类在这个问题中预设了什么又持续地期待着什么? 它的有无最终意味着什么? 由此所引发的一系列现代性论争与反思会把我们引向何方? ——问题终归是,我们究竟该从何处窥得现代性的天机?

　　关于现代性,一般地说,是指自启蒙运动和工业革命以来,与资本主义精神紧密相关的现代社会生活之本质,它包括社会经济政治制度和精神价值两个层面,其基本特征是主体自由与理性法则。现代性萌芽于 14 世纪的意大利文艺复兴运动对人的发现,酝酿于 15、16 世纪新航路开辟、新教改革运动、自然科学的发展和工业的进步,诞生于 17、18 世纪启蒙运动对理性的弘扬,经过 19 世纪欧洲革命发展成为较为完备的社会政治经济体系和人文观念,并开始大肆扩展到欧洲之外,到了 20 世纪初期出现了根本性的总危机,其极端性的后果就是两次世界大战的爆发和极权国家的出现。现代性的核心内涵是把人当成一种具有理性支配力量和创造性的主体,而把人生活于其中的世界,包括自然世界和社会世界,都当成主体可以型构和生产出来的创造物。现代性还把理性作为人和社会的存在根据,理性不仅是个体的认知和判断能力,而且也是社会组织运行、法律制度建构以及科学研究探索的基础和保证。现代性是一个为人类创造福祉的观念,也是一个充满悖论的观念。一方面,现代性造就了现代文明的辉煌业绩。它使单一的传统社会分化为众多的领域,政治、经济、文化等等各个领域彼此独立,经济上遵循最大化原则,政治上实行科层制管理,道德上奉行功利主义,其结果是,生产效率急剧提高,社会财富急剧增长,民主自由得到深化,形式平等得以实现。另一方面,现代性也导致了一些灾难性的后果。工具理性泛滥,科学主义盛行,人文价值失落。人类自身孜孜以求的理想及其创造物,不仅没有使人获得真正的自由和解放,反而成为控制人自身的异己力量,人不仅没有体验到自由的快乐,反而身处"铁笼"之中。生活在现代社会的人们在渴饮现代性的琼浆之时,也无奈地吞食着现代性的恶果。

现代性的负面效应,乃至现代性本身,在它形成之初就遭遇了强有力的抵制,16、17 世纪至 18 世纪伴随着资本主义的诞生所兴起的空想社会主义运动,集中揭露了资本主义的私有制本性,揭露了资本家压榨工人和消灭传统手工业者的残酷性。19 世纪,马克思把对资本主义现代性的批判提升到一个全新的高度,马克思从人类社会历史的总体进程,从资本主义社会的现实危机等各方面展开对资本主义的批判。马克思认为,资本主义现代性的危机和困境的根本解决最终源于现代性内部的社会矛盾运动,现代性自身矛盾冲突的发展预示着它的解决方式。这个解决方式的秘密就是工人。工人通过解放自身而解放全人类,从而超越现代性阶段,实现人类的彻底解放与自由。"共产主义革命就是同传统的所有制关系实行最彻底的决裂；毫不奇怪，它在自己的发展进程中要同传统的观念实行最彻底的决裂。"①从人类社会发展的总体进程上来说，马克思对资本主义现代性的批判无疑是迄今为止历史上最为深刻的批判。由此引发了全世界范围内波澜壮阔的社会主义革命，社会主义国家在世界各地相继建成。然而，由于政治、经济、文化、历史等原因，一些社会主义国家不仅没有彻底解决现代性问题，反而再次陷入现代性的危机之中。与此同时，西方资本主义国家的现代化进程也已经进入发达阶段，随之而来的现代性危机更是愈益加深。既而，随着全球化的到来，现代性迅速席卷了世界上的每一个角落，无论发达国家还是落后国家，都不可避免地被卷入现代性的"旋涡"中来，现代性问题随即演变成为全球性问题。现代性作为问题日渐成为备受人们普遍关注的焦点问题与核心话语之一。从根本上说，现代性的问题就是当代人的问题，现代性的困境就是当代人的困境。对现代性问题的普遍关注就是对当代人普遍生存境遇与存在状况的关注，对现代性问题的当下把握就是对整个人类未来历史命运的总体把握。

进入 20 世纪，现代性问题越来越被"课题化"，引起了来自各个问题领域和学科领域以及各种文化思潮的普遍关注和广泛研究，成为各门学科破解时代难题的枢纽和制高点。从问题领域来看，出现了启蒙现代性批判、审美现代性批判、资本现代性批判、技术现代性批判、政治现代性批判、日常生活现代性批判等多重批判视角；从学科领域来看，存在着哲学、社会学、伦理学、政治学、文学、美学、语言学、人类学等多元批判维度；从文化思潮来看，呈现出现象学运动、符号学运动、存在主义、文学先锋派、后现代主义等多种批判样态。同时，围绕着现代性概念还形成了一个包括现代、现代主义、现代化、前现代、后现代、后现代性等一系列概念在内的相互缠绕、相互牵制、盘根错节、错综复杂的"语义星丛"。现代性的复杂性业已表明，现代性问题已经不再是某一领域或者某一层面的问题，而是贯穿于当代整个人类思想文化和全部社会生活之中的根本性问题；已经不再是某一社会制度或者文化观念的问题，

① 《马克思恩格斯选集》第 1 卷，北京：人民出版社 1995 年版，第 293 页。

而是关乎整个人类历史进程和普遍命运的总体性问题。

对于如此至关重要的问题，几乎当代所有的文化思潮、研究运动和著名的思想家都给予了足够的重视与关注。胡塞尔的现象学、海德格尔的存在论、维特根斯坦的语言哲学、福柯的解构话语、罗蒂的后文化哲学、吉登斯的现代性后果、哈贝马斯的现代性未完设计等等，分别以不同的方式或者从不同的视角对现代性展开研究、批判与反思。而在这其中，东欧新马克思主义者、捷克斯洛伐克著名哲学家卡莱尔·科西克巧妙地把当代众多的现代性批判思想与马克思主义的现代性批判观念以及捷克斯洛伐克社会历史现实（同时也包括东欧社会历史现实）有机地融合起来，形成了别具一格的存在论与辩证法视域中的现代性批判思想，其批判思想的深刻性、尖锐性、独特性特别引人关注。

卡莱尔·科西克（Karel Kosik 1926—2003），1926 年出生于布拉格，是捷克斯洛伐克享有世界声誉的哲学家，捷克斯洛伐克"存在人类学派"的创始人。早在学生时代，科西克就曾因参加反对纳粹德国入侵捷克斯洛伐克的抵抗运动，被盖世太保逮捕入狱。第二次世界大战结束后，他先后在布拉格、列宁格勒和莫斯科大学攻读哲学，对西方哲学具有浓厚兴趣。1958 年他出版了第一部著作《捷克的激进民主》，这本书意在表明 19 世纪捷克斯洛伐克的激进民主主义者在那个时代就已经对批判的国家意识作出了重要贡献，尽管当时他们并不是马克思主义者。直到 1963 年科西克一直在捷克斯洛伐克科学院的哲学研究所工作，此后还被聘为查尔斯大学哲学系教授。不久，担任捷克斯洛代克作家协会理事，同时兼任协会周刊《文学新闻》编委会委员、《烈火》杂志主编，还被南斯拉夫"实践派"杂志《实践》聘为国际版编委。1967 年，在捷克斯洛伐克第四次作家代表大会上，科西克作了题为《理性与良知》的发言，同"存在人类学派"其他代表一起，对东欧当时的社会主义制度进行了系统的反思，倡导不受限制的讨论人权、自由和民主化问题。科西克号召作家们坚持真理、坚持批判的声音。这个发言连同其他诸如此类的演讲共同为第二年的"布拉格之春"改革运动开了思想先河。1968 年 8 月苏联入侵捷克斯洛伐克之后，在捷克斯洛伐克共产党秘密召开的第十四次代表大会上，科西克被推选为捷克斯洛伐克党中央委员会的委员，但是，由于他拒绝赞同使用改革前

具体辩证法与现代性批判

的苏联式的标准化程序,随后被开除出党,并被免除了所有官方职务,禁止从事任何教学和出版活动。他的所有作品都被从书店和图书馆撤除了。警察经常监视他的活动,曾不止一次地搜查并没收了他多达数千页的研究笔记,后来在萨特领导的国际作家协会的抗议下,政府不得不把部分资料归还给他。除了一些下等工作以外,科西克被禁止做任何工作。因为担心科西克具有潜在的危险性影响,政府禁止出版他的任何作品。1977年,他签名支持"七七宪章运动",以要求保护人权为名,再次表达了对捷共当局的不满。1989年"天鹅绒革命"之后,科西克才得以恢复部分政治权利,从新担任查尔斯大学哲学系教授,开始教学与科研工作。然而,对于科西克来说,剩下的时间已经不多了,并且,具有讽刺意味的是,当年投票开除他的同事还在那里工作着。虽然获得了工作职位,但他并没有获得完全的出版权,理由是他的作品"没有回应时代精神"。直到1993年他的文集才得以面世。1992年7月,因为课程失去"官方"意义,科西克再次被解除教职。此后,他以学者身份多次到国外进行讲学活动,2003年2月因病逝世。

科西克的主要著作有《捷克的激进民主》、《具体的辩证法》、《我们的政治危机》,以及论文《人和哲学》、《个人和历史》、《人是什么》、《哈塞克和卡夫卡论荒诞世界》等等。在这些论著中,科西克不仅从哲学上研究当代人类社会的一些重大而具有普遍意义的现实问题,而且对苏联和东欧模式的社会主义制度从理论上提出了质疑。如《哈塞克和卡夫卡论荒诞世界》一文,被看做是"对东欧'社会主义'现实中官僚主义荒诞现象的间接控诉"。他的具有世界影响的哲学名著《具体的辩证法》(1963年出版),在捷克斯洛伐克1968年"布拉格之春"运动中更是起到了思想鼓动和引领革命的作用。《具体的辩证法》以其深厚的哲学品位和犀利的批判精神,展示了马克思主义的核心实质与理论内涵,这部著作不仅汇集了当时不同的哲学思潮,而且把它们转变成真正的新思想,转变成了真正的马克思主义的理论。在《具体的辩证法》中,科西克既沿袭了西方马克思主义者的研究模式,又体现了东欧新马克思主义的研究特点,还吸收了诸如胡塞尔的现象学、海德格尔的存在主义等欧洲的主要哲学思潮的思想。同时又接受了"西方马克思主义"和东欧"新马克思主义"等其他学术流派的观点,从哲学、政治和文化上加以综合,对马克思主义基本理论作出了新的理解和发展。这与苏联马克思主义学者所采取的拒绝新术语的态度以及与之相关的东欧正统的马克思主义形成鲜明对比。人们甚至把科西克的思想称为海德格尔式的马克思主义。而且,特别值得注意的是,1995 年,美国佛罗里达州布拉夫顿大学(Bluffton University)政治学与历史学教授詹姆斯·H. 怀特(James H. Satterwhite)将科西克1968 年前后的 25 篇论文以英文编辑整理成书,由科西克本人作序,命名为《现代性的危机》(副标题是 1968 年前后的随笔与评论),公开发表。全书以分析批判社会现实问题为主,突出了科西克哲学思想的重要主旨——对现代性危机的揭示与批判。这部著作的推出,进一步向世人介绍并补充完善了科西克的哲学思想,尤其是他的现代性批判主题,为我们更深入准确地研究科西克的哲学思想提供了极其重要的文献资源。如果我们把科西克的《具体的辩证法》与《现代性的危机》两部代表性著作结合在一起,就会清晰地发现他关于现代性批判的理论框架、方法路径及其现实意义。

科西克的哲学思想表现出鲜明的现代性批判特质,这种特质深深植根于当代西方社会关于人类社会总体历史命运的诉求之中,而且,这种特质只有放置于当代人类思想关于现代性问题的研究与批判的总体历史进程与背景之中才能理解得更为深刻、透彻。

二、国内外研究状况

科西克在东欧新马克思主义,乃至整个西方马克思主义中都占有特别重要的地位。他的"《具体的辩证法》是东欧新马克思主义的最具思辨色彩、最富有深刻内蕴和影响最为深远的著作之一,以至于有的研究者认为,这部著作可以同卢卡奇的《历史与阶级意识》相媲美"[①]。因此,凡是研究东欧新马克思主义的学者,以及从深层次上研究西方马克思主义的学者,鲜有不关注科西克的。但因其主要著作仅存两本,所以阐释其文本思想的述评和论文都以离散的形式出现在不同的论著和学术刊物中。

具体辩证法与现代性批判

6

---

① 衣俊卿:《人道主义批判理论》,北京:中国人民大学出版社 2005 年版,第207 页。

(一)国外研究现状

从目前所能搜集到的文献来看,国外对科西克思想的研究,主要集中在他的辩证法和新马克思主义思想方面。其研究形式主要有两种:一是译介或编辑他的文本。早在 1976 年《具体的辩证法》就被译成英文并收入波士顿科学哲学丛书。《现代性的危机》则是由美国佛罗里达州布拉夫顿大学(Bluffton University)政治学与历史学教授詹姆斯·H.怀特于 1995 年编辑整理科西克的 25 篇论文并由科西克本人作序而成的英文版著作。这 25 篇评论文章,是对捷克斯洛伐克当时的社会文化和政治事件作出的深层哲学反思与批判性评论。其中涉及哲学、文学、语言学、社会学、政治学、道德、历史与现实、国家与民族、政党与民主等各个方面的问题。这些文章是科西克继《具体的辩证法》之后,从具体的社会现实问题出发,对本国的历史文化和人的生存状况从不同的问题视角所作出的深层反思与哲学回应,事实上,也是对整个西方历史文化传统,也包括教条的马克思主义传统所作出的一种批评和反思,这种传统的主导形式就是现代性观念,即以强大的虚假总体或同一性钳制、褫夺本真具体的非同一性。科西克站在当时的历史进程中,对各种伪具体和虚假总体展开了哲学批判。二是以论文的方式研究科西克的某一方面的问题。其中包括詹姆斯·H.怀特 1977 年撰写的 Karel Kosik-The Philosophy of Man and the Rebirth of Culture in Czechoslovakia, 1956 – 1968 一文,从文化角度解读科西克哲学中人的问题;F.齐默尔曼撰写的《科西克的海德格尔马克思主义》(载于《国外社会科学动态》1984 年第 8 期),对科西克进行了海德格尔或马克思主义的解读,等等。三是国外学术网站文章。主要是 2003 年科西克逝世时,一些专家学者对他的关注和评价,但近几年有递增的趋势。譬如,The philosophic legacy of Karel Kosík 一文,称赞科西克的辩证法和阿多尔诺的辩证法是 20 世纪最重要的两本辩证法著作,认为科西克最大的贡献就是他重新引入了马克思的辩证法思想并作为马克思主义革命的中轴,他强调科学和文化的形而上学,突出马克思的经济学批判本质,他的思想不仅属于东欧,而且属于世界(www. newsan dletters. org NEWS & LETTERS, October 2004 From the Writings of Raya Dunayevskaya)。在 Praxis, Cognition, and Revolution 这篇文章中,作者认为科西克打破了 20

世纪机械唯物论的镜像式认识,倡导实践的变革力量(www. newsan
dletters. org NEWS & LETTERS, October 2004 by Peter Hudis)。其
他的文章,如KOHAN, Néstor. The Militante Philosophy of Karel Ko-
sik(1926—2003);Kosik's Concept of Dialectics Gay Philosophy So-
cial Criticism;Dialectics of the Concrete:The Text and Its Czechoslo-
vakian Context 等等,都普遍倡导科西克的辩证法思想和他的拜物
教批判以及主客体的辩证关系的变革作用。国外的文献表明,科
西克的思想中还有许多值得我们挖掘研究的空间,这也为我们研
究他的现代性思想提供了资源和可能,尽管目前还没有人直接作
这方面研究。

(二)国内研究现状

因为曾经共同的政治信仰和当前的学术价值取向,中国学者
对科西克的哲学思想格外关注。1989年,傅小平把英文版《具体的
辩证法》译成了中文。同时,中国的两位研究西方马克思主义的专
家,衣俊卿教授和张一兵教授,分别在《人道主义批判理论——东
欧新马克思主义述评》和《文本的深度耕犁——西方马克思主义经
典文本解读》等学术著作中,开辟专章研究解读科西克的思想。衣
俊卿教授根据科西克思想的社会历史背景和哲学底蕴,从具体与
总体的关系、伪具体世界的批判、具体总体的生成与人的实践等几
个方面对《具体的辩证法》展开了深层研究和解读。张一兵教授则
从《具体的辩证法》的内在逻辑框架入手,着重解读科西克的人本
主义倾向和社会历史现象学内蕴。在张一兵看来,尽管《具体的辩
证法》思想比较深刻,但是却存在着相当多的逻辑混乱。同时,国
内的一些青年学者也不断地撰写论文研究科西克的思想,目前已
有20余篇,主要可分为三类:一是评述性文章,主要是关于《具体
的辩证法》文本某一方面内容的评述;二是比较性研究,主要集中
在与海德格尔的存在论或马克思的生存论相比较两个方面;三是
批判式解读,重点是提出一些相反观点,认为科西克曲解了马克思
的真实思想。除此之外,近年来,随着我们对国外马克思主义研究
的日渐深入,科西克的哲学思想也越来越引起人们更多的重视。
2007年已经出现一篇专门研究科西克《具体的辩证法》的博士
论文。

总的来看,国内对科西克的研究具有以下特点:第一,局限于

文本本身,对科西克思想采取文本式解读;第二,站在某一视角上,如马克思主义或者存在哲学的视角,解读科西克的实践论、存在论、辩证法等思想;第三,运用科西克的哲学观点诠释马克思主义哲学的一些重大理论问题。从这些特点可以看出,国内对科西克思想的研究,取得了一定成果。但是,仍然存在着不足。从理论视野上讲,局限于东欧或者西方马克思主义;从文本资源上讲,局限于《具体的辩证法》一本著作;从研究范围上讲,局限于一些单一的或者个别的问题。这种状况表明,到目前为止,在20世纪具有很大影响的科西克哲学思想,并没有得到全面彻底的研究。特别是他所关注的根本问题——现代性问题,更是无人问津。因此,本书将突破以上局限,把科西克的全部中英文著作、文献和思想纳入研究范围,将研究的重心移向《现代性的危机——1968年前后的随笔与评论》及其相关文章,站在20世纪人类社会发展状况和哲学总体进程的高度,透视科西克的现代性思想,并以这种思想为基点反思批判当下的现代性问题。显然,这种研究是一种超越文本本身的研究,它或许得到认可,或许受到质疑。然而,笔者特别坚信伽达默尔的观点:"理解从来就不是一种对于某个被给定的'对象'的主观行为,而是属于效果历史,这就是说,理解是属于被理解东西的存在。"①同时,亦特别推崇科西克的见解:"文本的生命就在于赋予其意义的过程。"②

三、本书的思路与方法

(一)本书的研究思路

本书核心内容以现代性为总的问题域,以中东欧,主要是捷克斯洛伐克的历史与现实为具体背景,以哲学的根本问题,即人的问题为主线,在辩证法与存在论的双重维度及其相互关系中阐释科西克关于现代性问题的独到见解,并运用他的具体总体的批判观及其实践哲学的本真向度展开现代性批判。在此基础上,厘清主

---

① (德)汉斯-格奥尔格·伽达默尔:《真理与方法》(Ⅰ),洪汉鼎译,北京:商务印书馆2007年版,第9页。

② Karel Kosik, *Dialectics of the Concrete*, Dordrecht and Boston: D. Reidel Publishing company, 1976, p.94.

体、理性、客体、异化(物化)、实践、存在、启蒙、辩证法、现代性等哲学范畴,批判分析启蒙现代性、审美现代性、技术现代性、政治现代性、日常生活现代性、文化现代性等诸多层面或者领域的现代性问题,阐明现代性历史发展过程中的精神本质与辩证内涵。

据此,本书主体内容共设六章。第一章,本书首先从当代人们关于现代性问题的几种主要研究范式入手,着重分析当代语言研究范式、后现代研究范式、文化研究范式等具有代表性的研究范式对于现代性问题研究推进的程度、取得的进展以及面临的难以克服的问题和困境等等,从中引申出哲学对于现代性问题进行研究和批判的根本性和不可替代性,进而回溯到科西克哲学思想中的存在论与辩证法的本体性视域中来,归纳整理出科西克现代性批判思想的超越性与独特性。本书研究中发现,科西克的现代性批判思想特别注重揭示现代性的内在矛盾性、揭示人们构造现代性过程中的各种虚假意识、揭示人类如何获得属人的社会 - 人类实在。科西克关于现代性的批判不仅仅是一般性的批判,而是有所侧重的批判。它不是以批判现代性实体本身为主,而是以批判现代性何以可能的内在力量和精神观念为主;不是以批判现代性的具体构成要素为主,而是以批判现代性构成要素间的矛盾关系为主;不是以批判现代性本身"是什么"为主,而是以批判现代性"是怎样形成的"为主,而且,即使是在批判技术的本质和社会制度的建构以及社会运行机理时,也是特别突出对人们的各种虚假意识和错误观念进行批判。第二章,从科西克现代性概念的基本构成要素之一——理性入手,追溯现代性的源头,从启蒙主体中解析认知主体的理性限度,分析启蒙理性的本质内涵,揭示辩证理性与虚假理性、理性主体与主体主义在现代性发展过程中的演变及其不同作用,进而对蜕变为虚假总体的现代性进行批判。第三章,从启蒙理性现代性的对立面审美现代性入手,分析现代性中审美主体的存在方式及其困境,阐明审美救赎的可能性与不可能性,批判伪具体世界的虚幻性。第四章,放眼人类共同的日常生活世界,从人们的日常生存状态和日常观念中批判地揭示实践的本质内涵,以本真的实践主体形成对日常生活现代性的深层批判。第五章,继前文主要侧重精神层面的批判分析之后,开始转向社会实在问题,主要是从政治制度建构和社会运行机理方面分析政治危机、社会危机与人的总体危机,从而展开政治现代性批判。第六章,沿着科西克的存在论与辩证法视域继续进行当代境遇中的现代性批判,将其与当代现代性批判相融合,并提升为文化批判,使之成为现代性批判的文化自觉。

本书主要的理论观点有三个:

1. 本书站在哲学与现代性的内在关系上考察现代性,在梳理当代具有代表性的现代性观点中,恢复了现代性的哲学品质,即认为现代性实质上是哲学自身特有的批判与反思,现代社会的种种本质与现象都逃不过批判的力量,由此才能揭示社会实在的辩证发展过程。

2. 本书充分挖掘科西克的现代性思想,把他的具体总体的辩证法理解为具体总体的现代性辩证法,并以存在论与辩证法作为批判的视域,形成了存在论与辩证法的现代性批判观。进而据此对各种虚假的现代性和伪具体的现代性,诸如资本现代性、技术现代性、政治现代性、审美现代性等等展开哲学的反思与批判。

3. 在关于现代性的研究中,本书对科西克的现代性批判思想进一步提升,使之与当代的现代性批判思想相融合。由此认为,当代的现代性批判一定是文化批判,或者更具体地说,一定是文化哲学批判。现代性的文化批判就是要通过对人类文化活动和意义的自我反思、自我批判,使文化批判走向自觉,成为理解当代人类社会实践活动和精神活动的基本存在方式。

(二)本书的研究方法

其一,历史现象学的方法。本书在关于现代性问题的研究中,坚持历史唯物论立场,并把这一立场与当代历史现象学方法紧密结合起来,达到历史与逻辑的统一。本书之所以采用这种方法,是因为我们所面对的现代性问题是一个深深植根于历史之中的问题,其发展演变的过程实质就是近现代历史的展开过程。对于这种研究对象,如果我们要把它客观地、精神理智地再现出来,就必须保证它的"历史原貌",通过对历史材料的描述分析,还原理论背景,将逻辑与历史统一起来,才能使我们超越各种虚假表象,进入更深层的生成机制中,提升出历史进程的内在机制和趋势。

其二,文化哲学的方法。文化哲学是对历史地凝结成的人的存在方式的研究,是一种新的哲学范式。现代性问题实质是人在现代社会如何存在的问题,这恰好是文化哲学所关注的核心问题。运用文化哲学的分析方法,可以使现代性的研究获得突破性的进展。本书将注重从两个层面展开辩证分析:一是在总体性层面分析研究现代性的同一性问题;二是在具体层面分析研究现代性的差异性问题。

其三,范畴分析的方法。现代性问题既是一个由诸多范畴相互缠绕、相互交织而存在的问题,又是一个通过诸多范畴的内在矛盾冲突并在矛盾冲突中得以展开的问题。从一定意义上说,人们关于范畴自身以及范畴之间矛盾关系的认识程度客观地影响并决定着人们关于现代性问题的认识程度。因此,本书中不仅不回避有关现代性问题的许多相互矛盾对立的概念与范畴,而是把它们放在一起,置于同一个矛盾统一体中辩证地分析研究,以便在概念的矛盾冲突中发现问题、阐明问题,揭示现代性的本真与实质。

其四,阐释批判的方法。本书所运用的"批判",不是一种简单的批驳,而是一种研究方式;不是一种绝对的否定,而是一种辩证的分析。其实质在于阐释性分析,其目的在于辨明事物的存在之理。故本书坚持并运用康德对于"批判"概念所作的深刻理解,"批判"乃"分析"、"辨析"、"划界限"之意。这也特别符合科西克的本意:"批判的观念不寻求用较高级的语句取代低效的语句,也不寻求把注意力集中在结果上。它的目的是触及问题的核心,揭示我们的行为和思想所源出的基础,并在这个基础上,证明一切都不是准确无误和井然有序的。"①

---

① Karel Kosik, *The Crisis of Modernity*, Edited by James H. Satterwhite. Boston and London:Rowman & Littlefied Publishers,1995, p.32.

第一章　现代性的批判范式与科西克的批判进路

　　什么是现代性？关于现代性历来存在着多种不同的理解：波德莱尔认为，现代性是过渡、短暂、偶然，就是艺术的一半，另一半是永恒和不变；韦伯认为现代性是一种合理性；福柯认为现代性是一种态度；利奥塔认为现代性是一种叙事；哈贝马斯认为现代性是一种未完成的方案；鲍曼认为现代性是流动的、未完成且永远无法完成的规划；吉登斯认为现代性是一种社会生活或组织模式；泰勒提出现代性是一种现代自我认同模式；以及瓦蒂莫（Gianni Vatti-mo）提出的"现代性的终结"、贝克（Ulrich Beck）提出的"现代性的开始"、芬伯格（Anderw Feenberg）提出的"可选择的现代性"、詹姆逊提出的"单一的现代性"、拉什提出的"自反的现代性"，等等。凡此种种的现代性理解方式和阐释方式无不表达着人们关于现代性的独特体验与认知。然而，我们究竟该从何处获得现代性的本真内涵与精神实质？这决不取决于我们如何作出一种适宜的选择、认同或者判断，而是取决于我们究竟应该如何思考现代性。人们的思考方式、思维方式、研究方式及其准确性、有效性、合理性构成了任何试图回答现代性问题的前提和基础，而这正是我们研究现代性问题的起点。

第一节　关于现代性批判的几种主要范式

　　当代以来，人们关于现代性的批判卷帙浩繁、浩如烟海。对于如此无以计数、纷繁复杂的现代性批判，我们如何才能获得总体上的认知与把握？这里，我们可以运用现代性批判的几种主要范式加以概括和描述。所谓现代性批判的几种主要研究范式，是我们借助于库恩(Kuhn)的范式理论对当代人们关于现代性批判所采用的普遍研究方式方法所作的概括性描述和指称。在库恩看来，范式是指科学家集团所共同接受和遵循的一组假说、理论、准则和方法的总和，这些要素构成科学家从事科学研究的共同信念，是一种本体论承诺。库恩认为，科学的进步就在于范式的不断转换与更新，新范式的出现往往标志着人类认识的一个重大进步。譬如天文学中的哥白尼革命，化学中的拉瓦锡革命，物理学中的牛顿革命和爱因斯坦革命，以及哲学中的康德革命等等。库恩的范式理论一经提出就受到人们的普遍接受和推崇，产生了持久的说服力。如果我们运用库恩的范式理论对当前关于现代性批判的具有代表性的基本方式和特征进行概括，我们就可以发现，在当代人类思想文化中，存在着语言研究范式、后现代研究范式和文化研究范式等诸多研究范式形态。这些研究范式对现代性的研究产生了深刻而又广泛的影响。

一、语言研究范式中的现代性批判问题

德国哲学家阿佩尔(Apel, Karl-Otto)曾经这样概括西方哲学的发展：古代哲学关注的是本体论问题，近代哲学关注的是认识论问题，到了 20 世纪，当代哲学开始转向关注语言问题。具体说来，本体论所要解决的核心问题是"世界是如何存在的"，但它在没有反思人类的认识问题之前就试图直接对"世界"作出"断言"；近代哲学质疑这种断言，转而关注人的认识能力本身，通过考察"人的认识是何以可能的"来揭示世界的存在问题。当代哲学在研究人的认识能力过程中，进一步发现人们对于"存在"的表达不单是认识能力的问题，更重要的是人们如何恰当地运用语言的问题。人们之所以不能对事物作出"真值判断"，主要是由于语言运用不当造成的。因此，只要解决了语言问题，一切哲学问题也就迎刃而解了。于是，人们的目光开始转向语言的研究。当代哲学领域的这种研究范式的转换不是哲学本身所独有的，哲学是时代精神的精华，哲学研究范式的转换自然反映了时代精神面貌的普遍趋势。事实上，当代以来，随着各学科的思想家对自己研究领域问题的不

断深入,人们日渐自觉到了语言的束缚和所用语言的困惑,因而几乎不约而同地从各个学科和各领域的不同研究视角触及了语言问题。譬如,弗雷格、罗素、卡尔纳普等在研究数理逻辑的过程中,为了给数学提供严格而又可靠的基础,展开了对逻辑语言的研究;弗洛伊德、拉康等则创造性地把精神分析和语言运用联结起来,系统研究语言同潜意识的相互关系;斯蒂文森和黑尔等当代主流伦理学家把道德伦理问题最终归结为语言问题;剑桥大学的神学家卡皮特(Don Cupitt)甚至把上帝存在的问题也归结为一个语言问题。整个20世纪,语言几乎成了各门学科每前进一步都须臾不可离开的奠基性工作。这种重要意义,在海德格尔的响亮口号"语言是存在的家"中得到最为彻底的表达。

现代性,作为一种存在,它的意义也在语言研究范式转换的浪潮中获得了空前的拓展和深入的研究。主要表现为:

(一)运用语言交往行为的合理性建构现代社会

传统社会理论仅仅把语言看成人与人、人与社会之间传递信息的媒介和手段,当代社会理论则把语言作为社会存在本身。在这方面,哈贝马斯提出了著名的交往行为理论。在哈贝马斯看来,"所谓交往行为,是一些以语言为中介的互动,在这些互动过程中,所有的参与者通过他们的言语行为所追求的都是以言行事的目的,而且只有这一个目的"①。也就是说,在交往行为中,行为主体之间通过语言的运用达成相互理解,达成规范性协议,达成基本原则与相互信任。由此,哈贝马斯把语言交往行为同整个社会的合理性建构,同人与人之间关系的协调,同道德伦理意识的确立联系起来,认为实现语言沟通的合理性是克服现代社会危机,建构未来新型社会的正确发展方向。

(二)运用"语言游戏"构拟现代社会

"语言游戏"是维特根斯坦对语言的"游戏"特性的揭示。布尔迪厄、吉登斯等社会学家特别重视这个理论,并把它扩展到整个社会领域。在他们看来,不仅语言具有游戏性质,整个社会生活都应当具有游戏的性质。因为,游戏在本质上是无意识的主体间互动

---

① (德)尤尔根·哈贝马斯:《交往行为理论》,曹卫东译,上海:上海人民出版社2004年版,第281页。

结构,在游戏中,游戏者处于"被动的主动"状态,他不受预期目的的约束,所处的地位也是可变的,这就使得游戏者获得了超越主观预期目的的真正自由。而这一切恰是生活于现代社会中的人所期待的。所以,只有当现代社会作为游戏社会而存在的时候,才称得上理想的现代社会。

(三)运用语言结构揭示社会结构

列维－斯特劳斯通过研究原始神话和亲属关系,发现了语言结构与文化结构、社会结构的一致性和同步性。乔姆斯基提出的"转换－生成语法"表明语言运用中所表现出的语言结构和语句结构是以深层结构中的各种规则为依据而建立起来的。尽管列维－斯特劳斯与乔姆斯基关于语言结构的具体理解有所不同,但是,有一点却是相同的,他们都认为社会的存在与发展是由社会内部的错综复杂的深层结构决定的。现代社会虽然发生了很大变化,但是,仍然表现出相当的稳定性和连续性,只要我们把握好这种稳定性和连续性就能把握好人类社会存在与发展的诸多问题。

(四)运用"话语"理论分析当代社会的权力运作

福柯在剖析西方社会文化时,特别注重"话语"问题的研究。在福柯看来,"话语"虽然是语言应用的结果,但它已经远远超出了语言的范围,任何"话语"在社会实际应用中总是同社会的政治、经济、意识形态等因素相关联,从而成为了具有社会意义的"事件"。他通过研究知识话语体系、道德规范话语体系和各种规训化的社会制度话语体系,令人信服地证明,当代西方社会的权力运作正是通过话语的"论述"、"扩散"和"增值"来完成的。现代社会之所以较之传统社会能够完成更高级更复杂的统治,就在于它形成了更强的"打造"和"传播"话语的能力。"话语"不仅仅是语言,也不仅仅是一般的交流"工具",它已经成为统治人和控制人的"工具"。话语助长了权力,权力借助话语得以运作和加强。所以,"解构"现代社会"权力"对人的压抑,首要的就是"解构"权力话语。当代社会应当是"话语平等"的社会,而不应当是"话语霸权"的社会。除此之外,还有人运用语言的生产与再生产功能研究社会的演进问题;运用语言的符号功能揭示消费社会的基本特征等等。如此看来,语言研究范式正在把我们从现代性研究的困境中解救出来,为

具体辩证法与现代性批判

我们破解现代性之谜指出了方向。

然而，正当现代性问题在语言研究范式中"高歌猛进"的时候，语言本身，特别是语言在现代性问题的一些重大方面的运用中，却日渐暴露出诸多难以克服的问题和矛盾。

其一，关于语言的意义问题。语言的意义问题几乎是每一种语言研究都力图寻求解决的问题。早在维也纳学派时期，卡尔纳普所提出的"可证实性"原则一直是众多理论中较有说服力的一种见解。在卡尔纳普看来，任何语言都与事实相关联才有意义，无论什么问题，要么是有意义的，要么是无意义的，凡是有意义的问题都是可以证实的。既然意义是由可证实性保障的，那么，有意义的问题就可以通过证实或者证伪来回答。人类思想中存在着很多诸如上帝、自由、形而上学等等既不能证实又不能证伪的问题，那么，这些问题统统是无意义的，无意义的问题也就是不存在的问题，是个伪问题。与此相关，现代性问题我们同样既不能证实，也不能证伪，因此，也是个伪问题。对于伪问题我们必须放弃研究，以便于从事更有意义的工作。这无疑给现代性问题带来了致命性的打击。

其二，关于语言的有限性问题。人类是运用语言揭示存在、表达意义的动物。然而，人类到底能够在多大程度上以及是否仅凭语言就可以揭示存在、表达意义却是时至今日争论不休的问题。早期的维特根斯坦就曾严厉警告人们："凡是可以说的东西都可以说得清楚；对于不能谈论的东西必须保持沉默。"[①]后来，维特根斯坦转向日常语言的研究，既表明了对上述立场的转变，也表明了对语言限度问题认识的转变。乔治·巴岱进一步推进这种认识。在乔治·巴岱看来，语言具有超越和限制双重属性，人不应该在语言的限制中窒息，而应当通过突破语言的限制逾越生命的界限。这种突破既包括语言之内的突破，也包括语言之外的突破。至于语言之外的突破，则更为重要。这一点，只要我们愿意回顾一下当代发生在艺术领域的"形体艺术"与"行为艺术"就足够了。显然，正当现代性研究在语言的鼓噪声中大举前进的时候，语言自身再次

---

① （德）路德维希·维特根斯坦：《逻辑哲学论》，贺绍甲译，北京：商务印书馆1996年版，第23页。

面临着新的危机。既然现代性的意义不完全存在于语言之内,那么,我们还能通过语言获得现代性意义的可靠理解吗?

其三,关于"能指"与"所指"的关系问题。语言研究范式的核心问题是语言与实在的关系问题,这一问题集中表现在"能指"与"所指"的相互关系中。语言研究,自索绪尔以来,一直面临着如何解开"能指"与"所指"真实关系的难题。直到德里达,利用"在场/不在场"理论,才真正揭开并阐明了能指与所指的虚假联系问题。在德里达看来,当我们用能指去指示或表现所指的时候,实际上是用"在场"的能指去指示和表现"不在场"的所指;而当所指呈现为"在场"状态时,原来在场的能指却变得"不在场"了。传统西方文化,也包括当代西方文化,始终利用"能指"与"所指"未被察觉的相互背离的游戏性编织、传播、建构着我们的文化观念、知识体系、道德伦理和社会制度。我们的现代社会之所以常常表现出许多荒谬性和虚伪性;我们的现代语言之所以总是见证太多的"狂欢的能指"和"飘浮的所指",原因就在于"能指"与"所指"的这种"在场/不在场"的背离性。"能指"与"所指"的固定关系被粉碎了,那么,就现代性的语言范式而言,失去了"能指"与"所指"的对应关系,现代性还"能指"什么? 它的"所指"又是什么? 现代性该如何在失去"能指"与"所指"对应关系的情况下应对新的问题、获得新的理解? 这迫使我们不得不再次回到问题的原点:到底什么是现代性?

由此可见,在经历了语言研究范式转换的洗礼后,现代性问题依然悬而未决。语言研究范式转换固然给现代性问题带来了一抹亮丽的曙光,却没能给我们带来破解现代性奥秘的永恒钥匙。

二、后现代研究范式中的现代性批判问题

在范式理论中,库恩把"反常和危机"时期看做是引起"科学革命",并形成新范式的重要阶段。如果我们乐于总结当代思想文化领域的总体状况,并把这种状况判定为后现代对现代的"反常"时期,恐怕不会引起太多的异议。所谓"后现代",是 20 世纪 60 年代左右发轫于西方发达国家的泛文化思潮,广泛存在于美学、文学、历史学、社会学、哲学以及自然科学等诸多学科和领域。它以否定、超越西方近现代主流文化的理论基础、思维方式、价值取向为基本特征,具有去中心、反本质、拒斥形而上学、解构权力话语的特

点,是在反思现代性过程中形成的最具强势的批判力量。"后现代"是一个极具包容性、复杂性和矛盾性的概念,其具体起始时间含混,边界模糊,性质众说纷纭,既常指某些特定的风格、观念和态度,又经常成为与"现代"相对立的一个包容广泛的代名词或历史时期的代名词。如果说后现代已经持续不断地渗透并影响了当今各个思想文化领域和日常生活世界或许没有问题,但是,人们对于后现代观念却是褒贬不一,对于后现代的意义更是莫衷一是。其中,主要争议集中于"后"字的理解和"后现代"作为社会范畴是否存在的问题上。有学者认为"后"表明了一种新社会形态的出现,20世纪60年代以后西方社会就已进入了"晚期资本主义社会"(或称"后工业社会"、"消费社会"),标志着后现代社会的到来;也有学者认为"后"不是一种历史的"断裂"概念,而是一种新的延续,虽然当代社会不同于传统现代性社会,但仍然是一种现代性,是现代性事业之未完成状态;还有学者认为,"后"仅仅意味着一种假设,一种态度,它只是指向未来的一种批判方式,无须确定的存在事实。除此之外,对于后现代到底是作为历史范畴,还是作为文化范畴,或者作为表达策略等等,亦存在着颇多争议。无论如何,这些争议都为我们理解现代性提供了更为广阔的空间和资源。

但是,令人遗憾的是,后现代所希望和主张的基本意图,迄今为止不仅没有得到彻底实现,反而身处欲进不能、欲罢不得的尴尬境地。我们仅从以下两个悖论中就可窥见一斑:

其一,"无前提"之悖论。后现代论者认为现代社会的任何一门学科或者思想都是建立在一定的前提(诸如本质、基础、中心等)之上的,现代思想中总是隐含着"本质"、"中心"、"前提"一类的东西,人们在表达思想、寻求意义的过程中又总是默许、因循这些"本体论承诺",这些东西构成了坚固的硬核和僵化的体系,已经严重束缚了当代文化的发展和人类自由的展现,所以,提出了"反基础、反本质、反中心"的口号。后现代主义者声称要以后现代的观念解构和颠覆传统观念,倡导没有任何前提的后现代观念。这种主张已经产生强大的声势和效应。如果不经反思,后现代的这种说法很容易就会被盲目地接受与认同。然而,表面上看,后现代观念固然没有任何前提,但是,它却潜在地预设了一个不容反驳的隐性前提,即认为一切文化和思想都应当是"无基础、无本质、无中心"的这个前提。正是这样的预设前提使得现代性的各种思想在面对后现代观念时"集体失语"，而后现代观念却获得了绝对"话语霸权"。后现代俨然一个"理论黑洞"，任何理论到这里都失去了既有的效力。这种惊人的现象背后实则潜藏着一个隐秘的悖论：后现代声称解构一切前提，却无法解构自身预设的"解构"前提，也就是说，后现代的解构本身反倒演变成了一种新的不易察觉的绝对"前提"或者"本体"。后现代悖论犹如黑格尔所说的"黑夜里黑色的牛"，后现代的"黑幕"吞噬了现代性的所有前提和话语，自身却演变成了绝对的前提和话语。

其二，"无总体"之悖论。无总体是后现代最具冲击力的观念之一，然而，也是最未被反思的悖论之一。后现代把现代看做是一种"宏大叙事"的观念，认为这种观念总是企图构造某种总体图景，并通过对某种总体图景的不断阐释和实践来达到某种未来的理想。在后现代主义者看来这不过是虚假的总体，根本没有实现的可能。所以，后现代首先就要从世界观、真理观和历史观上"祛除"虚假的总体性，以其杂糅性及其个体性解构现代的抽象性和统一性。后现代主义者指责现代是时间模式，寻求的是总体化的同一；后现代推崇的是空间模式，寻求的是历史的偶然。后现代认为现实的这种转化表明时至今日的现代历史已经"终结"了，人类已经到了一个自由、个性的个体化时代。然而，所谓的"去总体化"的现实却并非如此。去除总体化之后，个体的确可能变成自由的个体，但是，却是"伪自由"的个体。因为脱离总体的原子般孤立的个体变成了"漂浮无根"的个体，这样的个体若想获得存在就必须以微观的自我个体之总体作为唯一总体。如果说现代观念追求的是"他者总体"的话，那么后现代观念追求的则是"自我总体"，后现代仍然没有越出"总体"这个藩篱，只是换了副面孔而已。因此，后现代不仅未能一相情愿地实现"去总体化"的愿望，反而造成了新的潜在的总体化趋势与可能。

毫无疑问，后现代因其作茧自缚、悖论难解已经陷入了重重困境。尽管它对于我们追问、理解现代性提供了丰厚的养料，但是，现代性的出路显然并不在于后现代，而在于如何植根于人类思想文化的历史与传统并最终超越这一历史与传统之中。

具体辩证法与现代性批判

三、文化研究范式中的现代性批判问题

当语言研究范式和后现代研究范式在关于现代性的研究中面临困境的时候,与之并存的文化研究范式为我们摆脱现代性困境点燃了新的希望。人们开始越来越多地将目光转向文化的研究,试图通过文化研究范式的转换重新破解现代性的难题。文化成为人们研究和关注的重要领域,现代性问题也越来越聚焦于人类生活的文化维度,以至于人们"在描述日常生活中最基本的细节时不使用'文化'这个词已经是件不可能的事"①。但是,如同当代的其他研究范式一样,人们对于文化本身的认识也不尽一致。这虽然并不否定或者排除文化作为研究范式的既存性与有效性,但是,却同样使得人们对于现代性的研究存在着难以避免的困惑和不彻底性。下面,我们仅从文化研究范式中几个比较有影响的理论视角来透视文化对于现代性研究的影响。

(一)作为符号系统的文化对于现代性研究的影响

在关于文化的诸多理解中,文化符号论具有广泛的影响。文化符号论者认为,文化是人类在特定的生存环境中,基于其本身的生活需要,在同周围世界、社会和人的各种活动相遭遇而产生交互影响的情况下,所表现出来的生命存在形态。这种生命存在形态是以一系列的符号方式呈现出来的。在符号观念下,人不再被看成理性的动物,而被看成符号的动物。人就是通过构造各种各样的符号及其系统来表现自身存在的意义的。因此,透视人类符号也就透视了人本身;透视当代符号的本质也就透视了现代性的本质。符号论者声称,当代符号文化较之于传统的符号文化正在发生着巨大转变。传统符号文化,主要是通过构造符号者与使用符号者基于共同的理解及其对某个符号参照体系的主动想象,并通过使用符号的共同体所达成的"协议"或"共识"而创造和运作起来的。这种传统的符号文化是按照文化的"自然"本性与"习俗"本性发展起来的,具有一定的客观性和必然性。其优势在于强化文化发展的稳定性与连续性;其劣势则在于其中的稳定性所造成的僵

① (英)弗雷德·英格利斯:《文化》,韩启群等译,南京:南京大学出版社2008年版,第1页。

第
一
章
现
代
性
的
批
判
范
式
与
科
西
克
的
批
判
进
路

化性易于被占统治地位的掌控符号的社会集团所利用,从而为维护其自身利益或者巩固其自身地位而服务。相比之下,当代符号文化,由于人类文化创造力达到了前所未有的高度,已经不仅可以人为地将文化符号的更新和再生产引向特定的方向,创造出多种多样的文化形态,而且,也可以完全不考虑固定的参照体系,仅凭符号体系本身的变化,仅凭纯粹符号的形式变化,就可以构造和指涉某些意义关系。符号已经演变成以欲望和意志为中心,并随欲望和意志的变化而变化的存在。

受文化符号论的影响,在现代性的研究中,人们发现,现代性也是一个符号系统,现代性的很多观念正是通过一系列的符号概念构造出来的。现代性的研究就是要最大限度地把握现代性符号的本质。由此,有研究者认为,现代性符号的本质具有双重特性,其一,由于它产生于"自然"和"习俗"的土壤,所以,具有不可抗拒的传统性力量,它总是力图表征现代社会以及现代人对周围世界的真实感受和吁求;其二,由于现代性符号具有"可构造性"特征,它又极易从客观事物中"脱落"开来,成为符号生产者控制和指挥听看符号者,任意践踏与诱导听看符号者的理解和运用的钳制性工具。现代性的符号论者更倾向于后一特征,认为现代人可以通过打造新的符号体系而建构出一个"新社会",而"新社会"是否合理就在于新的符号体系是否合理。由此,现代性似乎变成了人们可以随意玩弄于股掌之中的东西。

(二)作为人类存在方式的文化对于现代性研究的影响

与文化符号论者不同,文化存在论者认为,文化不是一个中介物,不是置身于主体和对立物之间的第三者。文化不是"对象化的心灵",不是某种内在心灵生活的派生性的外在化,也不是某种精神的或观念的外显。毋宁说,作为人的存在方式,文化就是人本身。文化是历史地凝结成的生存样法。这种文化观所强调的是人类存在方式的历史性与当下性。把文化理解为人类的存在方式,突显了文化之于人类存在的重要意义。

但是,由于对"存在方式"的不同理解,有人强调个体的存在方式,有人突出共同体的存在方式。这进一步导致了人们对于公共领域和私人领域的严密划分。主张个体存在方式的人认为,公共领域与个人无关,人只有在私人生活中才存在自由。私人生活的世界是一个原初的生活世界，是一个不受外在力量浸染的世界。人们应当竭尽全力抵制各种来自公共领域的"殖民"与"入侵"，以保全个体本真的生活世界。而主张共同体存在方式的人则认为，如果一个人仅仅看到了私人领域的自由，那么这种自由是不全面的，他就是不自由的。公共领域的自由与私人领域的自由是不可分隔开来的。因为文化是一个整体，只有在文化当中——无论公共的还是私人的，事实上，文化是拒绝这种划分的——个体性才能得到发展。如果仅仅把公众文化和政治生活看成"斗争"的场所、"异化"的场所，而没有看到它的内在价值、普世价值，那么，我们就不仅使公众生活枯竭了，而且剥夺了个体有意义的生活源泉。此外，介于上述区分之外，还有一种对"存在方式"的不同理解。这种见解认为，文化本身是一种属人的创造性活动。这种活动不断地将人自身和人周围的世界"文而化之"。人是不断地生成着的文化，文化是不断地生成着的人。作为人类存在方式的文化，就是人类不断地超越自身和世界以寻求当下存在意义的创造性活动。

受这些观念的影响，现代性，也被看成是一种作为人类存在方式的文化。困难之处在于，人们一直对于现代性到底是作为公共性的存在，还是作为个体性的存在，抑或作为创造性的存在争论不休，莫衷一是。

（三）作为价值与阐释的文化对于现代性研究的影响

无论把文化理解为符号观念，还是理解为人的存在方式，我们都可以发现，文化绝不是一个中立性的概念。任何文化都携带着价值的要素。正如弗雷德·英格利斯所言，"文化可以被定义为一个'主导价值加解释'的体系"①。这个体系实则是一个价值的结构，是一个穿越了所有社会现象的重力场。文化之中的存在者，无论是人类学家、社会学家、文学评论家，还是普通的社会个体或者民众，都在寻找生活价值和可铭记的观念，并作出具体的自我判断。对此，劳伦斯·E.卡洪在《现代性的困境》也指出，"文化是一个社会群体的阐释性产品——无论是继承而来的还是创造出来

---

① （英）弗雷德·英格利斯：《文化》，韩启群等译，南京：南京大学出版社 2008 年版，第 159 页。

的——的总体性,该群体通过这些产品来理解它自身和它的世界"①。在卡洪看来,文化不只是精神性活动,它既是心灵的,同时,又是物理的,它总是用意义和价值来阐释或创造物理存在者。文化不仅把人与物联系在一起,而且把人们相互之间以及把人和过去的世世代代联系在一起,活着的人对世世代代的产品重新阐释,重新往里边填充意义。文化就是在价值判断和意义阐释的双重维度中不断展开的存在。

现代性,作为近现代文化发展的重要组成部分,其意义和价值也被视做只有在不断地阐释中才能得以显现的存在。也就是说,现代性的意义和价值是通过它与人的关系而得到显现的,如果某一现代性文化不与形成它们的创造者和阐释者发生关联,就不会有任何意义。同时,随着那些关系发生变化,意义也会与时俱变。这样,现代性势必变成了一种绝对自我意义的阐释,现代性文化变成了一种文化相对论,而其普遍性意义则被彻底沦丧了。

从当代几种主要研究范式对于现代性研究所产生的效果来看,它们对于现代性的研究起到了积极的推动作用。但是,由于这些研究范式自身仍然面临着诸多难以解决的难题和悖论,加之人们对于现代性概念本身的把握不尽透彻,导致现代性研究中的一些根本性问题远没有得到合理解决。所以,要想走出当代研究范式关于现代性研究的种种困境,我们还必须从现代性问题的始源深处探寻解决的办法与出路,而哲学恰是这样做的最为行之有效的办法。

第二节　作为哲学问题的现代性批判

我们之所以说哲学是关于现代性研究的最为行之有效的办法,是因为哲学在对现代性问题的研究上拥有其他方式无法比拟的自身优势和特点。哲学的研究方式与当代研究范式的研究方式之间存在着根本的不同。当代几种主要研究范式对于现代性的研究主要是把现代性作为外在的研究对象、作为"事质领域"、作为

① (美)劳伦斯·E.卡洪:《现代性的困境》,王志宏译,北京:商务印书馆2008年版,第388页。

"在者"来看待,而哲学则是把现代性作为哲学的内在组成部分、作为哲学自身、作为哲学的存在来看待。现代性是一个多种矛盾交互运作的复杂统一体,它的发展过程就是它的矛盾运动过程。当代研究范式对于现代性的研究固然起到了一定的推动作用,但是,它仅仅把现代性作为外在的对象并试图通过单纯的范式转换来解决现代性发展过程中存在的实质问题,这不仅忽视了现代性的内在矛盾性,而且遮蔽了现代性作为多种矛盾冲突的统一体所具有的内在的自我推动力量。而哲学,作为人类自我反思与批判的深层活动,不仅不回避现代性的矛盾性,而且善于正视它的矛盾性,并且能够按照这些矛盾本身所固有的矛盾运动过程来研究现代性、批判现代性。哲学对于现代性的当代理解内在地包含着哲学对于当代人类生存状况的理解。所以,哲学既要与其他研究范式一样探究"如何研究现代性"的问题,而且还要进一步探究"现代性是怎样形成的"问题,而后一问题恰好鲜明地构成并显露了哲学关于现代性批判的独特性、深刻性与根本性。因此,我们把现代性作为一个哲学问题来看待,就是要进一步探明当代哲学在何种程度上彰显了现代性的深刻本质,当代哲学是否已经把现代性问题推进到了临界状态,现代性如何通过当代哲学显现自身的意义。不过,我们这样做,又决不应当寄希望于哲学给我们提供某种终极性的答案。真正的哲学从不提供任何现成的答案,而是在对问题的追问与研究分析中提供给我们远比答案多得多的东西。诚然,现代性作为问题,不单单是哲学的问题,任何学科都有自己独特的话语,真正的哲学也从不声称这种特权,从不专断某个问题。哲学所要表明的无非是,在诸如现代性等一类既具有形下特征又具有形上属性的问题上,哲学有着与当代研究范式以及其他学科等完全不同的研究方式,透过这些方式,哲学能够使人们看到在别处所看不到的秘密和图景,能够发现和解决在其他研究方式中发现不了和解决不了的问题。

一、现代性问题的问题形式

每一门学科都有自己独特的研究方式、方法和范围,哲学也不例外。但是,正如我们所知,哲学却时常受到人们的怀疑与批判,经常遭遇"海枯巴"①般的命运。哲学的奇特命运,一方面是由哲学自身性质造成的;另一方面又是由于人们对于哲学的误解所造成的。人们对于哲学的误解大部分产生于哲学与其他学科的界限混淆。譬如,哲学与科学的关系,现代科学就一再声称"哲学不够科学",应当把哲学从科学的殿堂中驱逐出去。然而,所谓哲学被逐出科学的殿堂,并不是哲学的不幸,而是哲学的荣耀。因为哲学是"思想"的思想,而不是"在者"的思想,哲学本来就不是科学,何来"逐出"之说,那只不过是科学的一相情愿或者荒谬的说辞而已。真正的哲学从来都不想充当科学,误以为哲学是科学的科学其实是对哲学的一种亵渎与玷污。与之类似的种种错误理解,其实都说明了一个问题:很多人对"什么是哲学"、"哲学以什么方式研究问题"不甚清楚。在这样的前提下,如果我们来研究现代性问题,可想而知,会得出怎样的偏见和误识。所以,我们必须在明确哲学研究问题形式的前提下才能保证正确地研究现代性问题。

关于这一点,海德格尔在《存在与时间》的开篇就说,"存在"的问题已久被遗忘了,西方哲学自古希腊以来一直执著于追问"存在",但所赢获的却是"存在者",而"存在"本身始终处于晦暗、隐而不显的遮蔽状态。为什么会这样? 海德格尔认为,这是人们对"存在"的提问方式出了问题。所以,他首先对人们提出问题的方式作了一番清理。在海德格尔看来,任何提问都必须首先包含三层含义:一是"问之所问(Gefragtes)",二是"被问及的东西(Befragtes)",三是"问之何所以问(Erfragtes)"②。所谓"问之所问",是指我们所问的对象,所问对象必须明确,不能出现对象含混不清或者偷换对象的情形;所谓"被问及的东西",是指我们在所问对象之后所形成的东西,它通常以确定的概念形式出现;所谓"问之何所以问",是指我们为什么要提出这样的问题。海德格尔认为,西方哲学的根本问题,甚至人类思想中的许多根本性的问题都是由于这三个方面含混不清造成的。就他所要研究的"存在"而言,海德格尔说,我们之所以要重提"存在"问题、之所以要重新追问存

---

① (德)伊曼努尔·康德:《纯粹理性批判》,韦卓民译,武汉:华中师范大学出版社2000年版,第3页。

② (德)马丁·海德格尔:《存在与时间》,陈嘉映、王庆节译,北京:三联书店1999年版,第6页。

在,是因为以往在追问"Was ist sein(什么是存在)"时,其本意实质上是要追问谓格的 Sein(Ist 的原形,存在),而结果却变成了追问宾格的 Sein(存在者化的存在),最后所获得的存在概念根本就不是存在本身,而是存在者。由此,海德格尔指出,我们不能再问"什么是存在",而必须改变"存在问题的形式结构"①,把"是什么"变成"是怎样"。所以,追问"存在的意义",其实就是要问"存在是怎样存在的",从而达到解蔽存在的本真意义的目的。海德格尔对"存在"问题形式的清理意义十分重大,不仅引发了哲学的存在论转向,而且使哲学再一次回到了自身。

对于现代性,我们也经常会问:"什么是现代性?"的确,我们应当知道什么是现代性,但是,我们决不可以再以海德格尔所批评的方式理解什么是现代性,否则就变成了非哲学的理解方式。因为,"什么是……"是对"是者"的"问之所问",而不是对"是"的"问之所问"。也就是说,"是者"是现代性的"事质"形态,而不是现代性的"存在"形态。前者属于科学(包括各种非哲学学科)研究的对象,后者才是哲学研究的对象。所以,我们要想真正地从哲学上追问"什么是现代性"就必须严格地按照哲学的问题形式来进行。运用哲学的问题形式,我们所要研究的现代性问题就应当是:现代性是怎样形成的?我们追问现代性是怎样形成的,是要获得什么?我们为什么要追问现代性是怎样形成的这样的问题?

二、现代性概念的辩证结构

"现代性是怎样形成的?"人们追问现代性,但是现代性并不是现成在手的东西,不是拿过来就可以对之加以分析的东西。毋宁说,现代性是一种超验性的存在,是一种难以直接体认却又可以被人把握到的实在。它不是"本成事件",而是尚未;不是现象界之物,而是非现象之物。它尽管是超验的,却是真实的,它不像上帝或神那样在我们遥遥之外,而是就在我们的切近身处,它经常使我们感到触手可及,却又捕捉不到。它如此的真实,真实得仿佛就是我们当下每时每刻所看到的、所经历到的一切;但它却又如此的虚

---

① (德)马丁·海德格尔:《存在与时间》,陈嘉映、王庆节译,北京:三联书店 1999年版,第6页。

幻,以至于我们对它总是难以名状、难以言说。何以如此？乃是因为现代性实则是一个辩证的实在,是一个由"是"与"非是"矛盾冲突所构成的实在。现代性的本质就居身于这个实在之中,不了解这个实在就不了解现代性。而了解这个实在的最恰如其分的办法就是辩证法。辩证法是一种把两个完全对立的东西放在一个整体中来思考的方法。在其他方法敌视、不理解这些对立的地方正是辩证法发挥作用的地方。就现代性而言,如果我们不能恰如其分地分析它的辩证结构,就难免始终处于困惑和费解状态。然而,现代性的辩证结构又是一个极其复杂的总体,它的全部意义必须在其无限丰富的概念范畴的具体展开中才能捕捉得到。限于篇幅,也基于客观事实,我们不可能把它一一展开。这里,仅列举两对重要范畴来说明这个问题。

(一)现代性的概念性与非概念性

哲学不是以"直观"的方式反映世界,而是以概念的方式把握世界。概念既是思维的推理法,又是思维和被思维物之间的城墙。"哲学既不能绕开这种否定,也不能屈服于它。它必须靠概念极力超越概念。"[①]然而,哲学,包括以哲学方式理解的现代性,在对世界作出概念性研究的时候,不可避免地会造成"剩余概念"和"非概念之物"两种情形。前者是指,每一次运用概念来定义现代性时都不可避免地将被定义之物一分为二:合乎概念的实体与不合乎概念的剩余物(废弃物)。后者是指,每一有关现代性的定义最终都需要非概念的、直证的因素来构成,也就是说,任何概念都需要直观的、自明的要素作为中介性的支撑才能使概念本身获得意义。这两种情况都表明了概念与非概念之间存在着严格的对立。如果离开辩证法我们无法解决这些矛盾。相反,运用辩证法,我们将会看到,前者意味着任何概念都是不完满的,破除概念的不完满性,我们就获得了无限的阐释空间,从这个意义上说,现代性的未完成性就在于这个概念的可填充性和可丰富性。而后者意味着我们从何处着手研究那些自明的中介要素,即形成前提性批判。就现代性而言,现代性究竟涉及哪些自明性的要素,这些要素是否是纯洁

具
体
辩
证
法
与
现
代
性
批
判

---

① (德)阿多尔诺:《否定的辩证法》,张峰译,重庆:重庆出版社1993年版,第14页。

的？是否是必要的？而这正是哲学所要考量的。因此,借用阿多尔诺极其深刻的道白:"概念的觉醒是哲学的解毒药。"我们同样可以说:现代性概念的觉醒就是现代性自身的"解毒药"。

(二)现代性的自我确证与自我否定

就现代性作为人类的普遍价值诉求而言,现代性在其降生之初,是一个未分化的精神总体,是一个抽象的缺乏具体内涵的实在,可以说它的历史想象和技术想象还处于混沌或者萌芽之中,随着历史的演进,分化了的现代性逐渐从自身目的的虚假与真实的矛盾中痛苦地认识了自身。现代性对自我的寻求与认识也是一个辩证的过程,这个过程是通过现代性的自我确证和自我否定来实现的。自我确证的方面竭力确证现代性的自我意义与价值;自我否定的方面则极力批判现代性的幻灭与虚无。这两个方面一直存在着微妙的关系。每当一方失去作用的时候,现代性就会出现一种倾斜;每当双方激烈对抗的时候都预示着一场新的现代性风暴即将到来。这就提醒人们,现代性的自我确证与自我否定必须获得适度安置才能保证现代性的合理发展。而这就需要一种辩证的态度。辩证的态度告诉我们:现代性自我确证的本质在于它的自我否定性;现代性自我否定的目的则在于它的自我确证性。只有确证之中有否定,否定之中有确证,才能避免现代性再次踏上某种极端的迷途。关于这一点,哈贝马斯在他的《现代性的哲学话语》一书中率先作出了较为明确的表达,并由此得出了"现代性是一项尚未完成的设计"的中肯结论。

此外现代性中还有许多辩证的范畴,诸如:矛盾性与反矛盾性、确定性与非确定性、事实判断与价值判断等等,都印证着现代性的辩证结构。作为哲学问题的现代性不仅不回避这些矛盾,而且要善于辩证地认识和解决这些矛盾。无疑,辩证地认识和解决现代性概念的内在矛盾性问题是哲学所独有的,哲学正是以概念的矛盾分析方式来认识和解决现代性问题的。

三、现代性实在的内在基底

人们为什么要持续不断地追问现代性？现代性问题背后隐藏着什么？要回答这些问题,我们必须深入到现代性的内在性方面才能有所洞察。所谓内在性,是指一个事物和另一个事物发生关联的方式是必然性的,如果缺乏这种关联,那么,它就不会是其所是之物,我们说,这个事物和另一个事物的关系就是内在的。而外在性关系则不是构成性关系,也就是说,外在关系的缺席并不使某些事物不再成其为它们所是的那个事物。那么,现代性的内在性是什么? 我们知道,哲学与人的关系是一种内在关系,哲学是直接地把人作为人自身来看待的,而且以此为根据来衡量一切外在的存在。哲学的这种直接性拒绝了任何把人作为对象、客体、手段的倾向和可能。如果离开了人,哲学将不复存在。作为哲学问题的现代性,贯穿于其中的内在性显然仍然是人,即"人的问题",或曰"人是什么"的问题。

现代性问题表面反映的是时代或者社会的性质问题,事实上它所揭示的却是人和事物以及人和世界之间的关系问题,更进一步说,它内在地暗含着"人是什么"这样一个深层问题。现代性,作为人对当代世界的认识和表达,归根结底是要反映出当代人的生存处境问题,特别是要反映出当代人的前途和命运的问题。毫无疑问,人就是现代性的内在性,这个内在性构成了我们所思考的现代性的内在基底。这个基底是不可毁灭的,否则人类就失去了自我的根基,失去了人之为人的本性。人的问题深深植根于现代性之中,现代性的问题预示着人的问题。现代性的诸多历史、现代性的诸多追问、现代性的诸多反思与批判都是建基于人的问题之上,并由人的问题而展开。然而,"人是什么"人不仅是一个肉体的存在,人还有自己的精神维度,这个维度是任何科学式的研究所无法企及的,只有哲学的探究方式才能在这里有所斩获。近代以来,随着哲学与科学的分化,特别是科学技术的迅速发展,人的问题成为多门科学研究的轴心,医学、生物学、人种学、心理学等学科已经积累了大量的知识,用于这方面研究的技术工具也已经得到了相当的改进,使得对人的分析变得更加敏锐、更加深刻。然而,这些学科无一例外都无法对人的本质、人的命运、人的存在以及人的意义作出合理的解释,无法破解罪感、悔恨、愉悦、焦虑、自由、自我超越等属于人类自身的奥秘。正如巴蒂斯塔·莫迪恩在《哲学人类学》中正确地指出的:"'人是什么?'这是一个只有哲学才能探询的问题,也许只有哲学才能够在理性的层次上找到一个充足而彻底的答案。在这一问题上,用科学取代哲学来破解人类之谜显然是荒

具
体
辩
证
法
与
现
代
性
批
判

30

谬的。"①所以,要探究现代性的内在基底问题,即人的问题,只有哲学才能胜任这一使命。

作为哲学问题的现代性已经向我们表明:哲学不是把现代性问题看做外在的研究对象,而是视做人的内在本质;不是把现代性概念看做和谐一致的单一整体,而是看做矛盾冲突的辩证结构;不是把现代性实在看做由外在客体决定人的主体的存在,而是看做由人的主体意义决定物的客体意义的存在。也就是说,哲学不是把现代性看成给定的东西,事实上,现代性的精神内涵也不是在高级阶段才存在,而是在高级阶段才越来越表现为理性、批判性和超越性。而当代境遇中的现代性的这些表现方式恰是哲学的表达方式,从这个意义上说,当代哲学与现代性的自我超越性和内在反思性存在着根本的一致性。正是由于哲学对于现代性研究的一致性、独特性和根本性才有助于我们认识和克服以当代研究范式为代表性的诸多研究思潮在现代性研究中遇到的种种困境和难题,从而最大限度地彰显现代性的本质。

近现代以来,每当人们把现代性问题作为哲学的内在本质来看待,作为哲学的内在要求来看待,作为哲学实现自我批判的力量来看待,现代性就向合理性迈出一大步。譬如马克思的实践批判、尼采的意志批判、海德格尔的存在批判等等。在现代马克思主义哲学史上,卢卡奇的《历史与阶级意识》堪称西方马克思主义的"圣经",开启了西方马克思主义现代性批判的先河,对现代性的"物化"事实进行了深刻的揭露,把现代性的批判再一次向前推进了一大步。而同样可以与之相媲美的东欧新马克思主义代表人物之一科西克的《具体的辩证法》,进一步从存在论与辩证法的交互关系中展开对现代性的哲学批判,给现代性研究带来了一抹特有的光亮,特别值得我们研究、深思和探讨。

第三节　科西克的现代性批判范式及其独特性

科西克的现代性批判思想集中反映在《具体的辩证法》和《现

---

① （意）巴蒂斯塔·莫迪恩:《哲学人类学》,李树琴、段素革译,哈尔滨:黑龙江人民出版社 2005 年版,第 2 页。

代性的危机》两本重要著作之中。前者是以纯粹理论的方式对现代性问题作出的反思与分析;后者则是从具体社会政治层面上对现代性危机作出的回应与批判。

一、科西克哲学思想的现代性解读

人们习惯于把科西克的思想理解为纯粹意义的哲学思想,甚至于无论理解到什么深度,总不会有人提出异议或者反对。然而,一旦我们把科西克的主要思想解读为现代性思想,问题就不那么轻松了,这可能要承受许多人的质疑与指责的风险。但是,真理却常常居身于风险之中。事实上,科西克的思想除了一般地呈现为哲学的表现形式之外,其所探讨的根本问题实质上却是关于现代世界对于现代人究竟具有怎样的意义的深层问题。这样的问题在当代思想文化中的具体表现就是现代性的问题。这里的关键是,正如我们前文所论,哲学的批判性与现代性的内在反思性和自我超越性从本质上来说是内在统一的,二者存在着根本的一致性。哲学是现代性的独特话语和表现方式,现代性则是哲学的当代精神和存在本质的集中体现。科西克的哲学思想恰是反映并印证了当今时代关于现代性批判的核心论题。我们之所以把科西克的哲学思想指认为一种现代性批判理论,根据在于:

第一,科西克所处的社会历史背景。自近代以来,捷克斯洛伐克的历史总体上是寻求民主国家、民族独立、民族自由的历史,在短短70余年的历史过程中,由于特殊的地理位置和政治原因,加之各种历史观念的影响,它痛苦地经历并记录了近代的诸多重大世界性历史事件,有幸亦是灾难性地成为 20 世纪议会民主(1918—1938)、法西斯社会主义(1938—1945)、共产党社会主义(1948—1989)等各种政治形态的实验场。而这一切又是在一种时代性的历史观念——现代性观念——推动下形成的。现代性是一种强大的总体性和同一性。捷克斯洛伐克的历史就是在强大的同一性夹缝(法西斯主义和苏联社会主义)中艰难地向前发展的。作为东欧小国,如何在现代性的历史进程中获得自我存在与发展的空间和活力,是科西克不得不考虑的客观现实。

第二,科西克的理论资源和学术谱系。毫无疑问,科西克的具体总体的辩证法是对卢卡奇总体性革命理论困境的批判性继承。

科西克透过卢卡奇更本真地走进了马克思，把马克思的资本现代性批判理论发挥得淋漓尽致，以至于美国学者皮科纳盛赞《具体的辩证法》"忠实地根据马克思的观点成功地提出了我们时代的伟大哲学问题"。事实还远不止于此，科西克甚至还回溯到启蒙现代性的源头，从笛卡儿的"我思故我在"入手，分析理性思维主体的根据不是"我思"，而是"我在"，是主体"被抛"的先在性状态决定了"我思"，对启蒙理性的彻底批判必须建基于这种存在论前提之上，从而使马克思的现代性批判理论与海德格尔的存在论形成了历史性的"视域融合"。出现这种效果，与科西克的"西方"学术谱系有直接关系。科西克的老师捷克斯洛伐克哲学家巴托奇卡是捷克斯洛伐克第一位总统哲学家马萨利克的嫡传弟子。马萨利克早年曾和胡塞尔一起到维也纳听布伦塔诺讲课，共同研究过现象学，后转向海德格尔的存在论。正是这样的学术背景造就了科西克的独特的现代性批判视野，使其成为西方马克思主义和东欧新马克思主义中唯一一位海德格尔存在论意义上的马克思主义者，也是唯一一位海德格尔存在论意义上的现代性批判者。

第三，《具体的辩证法》理论指向。《具体的辩证法》不是一般地向人传达哲学思想，尤其思辨理论的著作，而是在抽象反思的背后向人们提出了如何正确处理自我与世界、自我与社会的重大关系问题。《具体的辩证法》的核心论题也并非是要研究一般意义上的辩证方法，而是一直在追问"社会实在是怎样形成的"这样一个现代性的重大课题。为了阐明这一课题，科西克具体而细微地深入到人们的惯常思维和日常观念中去，从日常生活、政治经济、文化艺术、社会历史等多个视角和层面深入分析批判人们认识和实践中的各种"伪具体"与"虚假总体"现象，为人们正确把握"社会实在"的形成过程，正确处理人与世界的关系、人与现代社会的关系、人与历史的关系等一系列现代性问题提供了有益的思想方法。

第四，《现代性的危机》总体内容。在《具体的辩证法》中，科西克完全是从纯粹的理论层面上来探讨人的存在、社会的存在以及人与世界的关系问题，关于现代性的思想尚处于隐性的话语状态。但是，在《现代性的危机》中，科西克则从现实层面入手，站在激进主义的立场上，对"人在现代社会中的地位"、"个人与历史的关系"、"技术的普遍控制与人的自由"等一系列现代性问题展开了犀利的分析与批判。其全部内容紧紧围绕当代世界,特别是当代社会对于人的意义而展开。但是,科西克关于当代社会的认识与批判并不仅仅局限于捷克斯洛伐克当时具体的社会历史与现实之中,而是把它提升到了当时乃至今天整个人类普遍的生存状况和共同的历史命运的高度。譬如,在科西克看来,捷克斯洛伐克的政治危机不是"政治制度"的危机,而是人们"政治生活"的危机;捷克斯洛伐克的危机不是捷克斯洛伐克人的"自我危机",而是现代社会的"普遍危机";捷克斯洛伐克的具体危机预示着整个人类的总体性危机等等。科西克诸如此类的见解,不仅揭示了当时捷克斯洛伐克以及东欧各社会主义国家建立起来的"社会主义制度"对人的自由与价值产生的负面影响,而且,已经远远超越了社会主义与资本主义两大基本社会制度的各自局限,从更宽广的视野中对人类建构起来的当代各种社会制度作了最一般性的审视与批判。

第五,科西克哲学思想与马克思思想的一脉相承关系。科西克的马克思主义思想最初并不为官方所接受,甚至被所谓正统的马克思主义视为"异端",而在后来才被人们广泛称道为"新马克思主义"。然而,科西克的新马克思主义到底新在哪里? 马克思曾说,哲学是时代精神的精华,马克思的思想本身最大限度地体现了那个时代的批判精神的精华。马克思所处的历史时代,正值人类社会步入以西方资本主义社会为标志的前所未有的现代社会时期。马克思指出:"资产阶级在它的不到一百年的阶级统治中所创造的生产力,比过去一切世代创造的全部生产力还要多,还要大。"[1]然而,"资产阶级的生产关系和交换关系,资产阶级的所有制关系,这个曾经仿佛用法术创造了如此庞大的生产资料和交换手段的现代资产阶级社会,现在像一个魔法师一样不能再支配自己用法术呼唤出来的魔鬼了"[2]。这个魔鬼,就是马克思曾经深恶痛绝的"异化"问题。异化使资本主义失去了人们孜孜以求的现代性社会的美好本质和特征。马克思运用实践的观点对资本主义进行了最为彻底的揭露与批判。并指出要通过唤醒资本主义社会内部的现实力量——资本主义的掘墓人,即无产阶级,来实现现代性社

具体辩证法与现代性批判

---

① 《马克思恩格斯选集》第 1 卷,北京:人民出版社 1995 年版,第 277 页。
② 《马克思恩格斯选集》第 1 卷,北京:人民出版社 1995 年版,第 277 ~ 278 页。

会制度的彻底变革。这充分体现了马克思思想的时代精神和现代性批判本质。然而，正统的马克思主义者严重忽视了实践的革命品性，仅仅把实践的变革作用局限于资本主义社会，误以为在社会主义建立之后就无须实践变革了，从而不能正确地运用实践的观点看待和解决自身面临的问题，这几乎葬送了马克思主义的革命性本质。而科西克等东欧新马克思主义者以及一大批西方马克思主义者则竭力坚持马克思的实践观点，认为对社会主义仍然要继续进行有关实践意义的理解、追问与批判。不仅如此，科西克甚至走得更远，他还把社会主义进程中面临的许多实质性问题视做与资本主义相关的现代性问题，对社会主义自身的批判不仅要坚持自由自觉的实践观点而且要将其置于现代性批判的总体背景中来进行。这就把马克思的批判思想，尤其是马克思以实践为核心的现代性批判思想一下子拉入了人类当代的历史境遇中来，从而最本真地坚持并恢复了马克思主义鲜活的理论本质和特征，拓展了马克思主义对当代现代性问题的崭新理解。正是从这个意义上说，科西克的马克思主义才是一种新马克思主义，而这个"新"就新在他对马克思主义的一脉相承的时代创新上。也正是从这个意义上说，科西克的哲学思想才是一种现代性批判思想，才是一种当代精神的充分体现。

二、科西克哲学思想的现代性内涵

毫无疑问，科西克的思想首先表现为一种十分深邃的哲学思想。科西克说："哲学是一项不可或缺的人类活动，因为事物的本质、实在的结构、'物自体'、实存之有（being of existents）并非径直地、无中介地显现自身。在这个意义上，可以把哲学确定为旨在捕捉物自体、揭示物的结构、展现实存之有的系统批判工作。"①但是，科西克的哲学批判工作并不是空洞的抽象思辨，而是充满着极其强烈的时代意识。这种时代意识具体说来就是现代性意识。所谓现代性意识是指能够自觉地把自己的思想同整个人类的当代命

---

① Karel Kosik, *Dialectics of the Concrete*, Dordrecht and Boston: D. Reidel Publishing company, 1976, p.4.（注：本书在《具体的辩证法》文献的使用上，主要依据英文文献进行解读，并适当参照 1989 年社会科学文献出版社的傅小平译本，同时不同程度地作出了新的理解，故在文献引用上统一以英文文献注释。）

运、同整个人类的现代社会的建构联系起来,把人在世界上的存在以及人和世界的关系问题作为研究的出发点的批判意识。科西克所处的时代正值人类刚刚经历了两次世界大战,当时刚刚建立不久的苏联社会主义和东欧社会主义又走向集权与专制。科西克不仅亲身经历过第二次世界大战,而且当时又正在经历苏联影响下的东欧社会主义的"历史性蜕变",这种在当代思想家中并不多见的独特经历使得科西克的思想显得格外现实而又深刻。在这种历史背景下,科西克所关注的核心问题只有一个:"人及其在宇宙中的位置。"①科西克的全部思想就是要从当代的痛苦现实出发,批判性地思考现代性的历史与文化,客观地探究人类的前途与命运问题,其哲学思想无处不透露出丰富的现代性内涵。

（一）具体总体的现代性批判观

科西克在《具体的辩证法》中最大限度地恢复发展了马克思的具体与总体的辩证法,认为具体与总体是一个辩证运动的过程,具体必须在总体的地平中存在,否则就成为伪具体;总体必须在具体的自我生成中才能存在,否则演变为虚假总体。他既反对绝对总体（绝对同一性）,又反对绝对具体（绝对差异性）,认为这两种极端分别是 20 世纪上半期机械论和唯我论的突出表现。在科西克看来,具体的总体不仅是说人类的正确认识与实践活动必须在具体与总体的辩证统一中才能展开并走向深入,而且更为重要的是,它是指人类以及所有事物的具体的"存在方式",而不是指具体本身"是什么"。因此,具体总体把人性的结构和矛盾具体化为一个实际的总体,在这个总体中存在着一个社会历史关系的开放体系,这种本质的关系只有辩证地才能获得。总体不是它的各个组成部分的固定之和,而是呈现为一个关系系统,这个系统是由实际地生活和行动着的相互关联着的个体所构成的。现代性的发展过程同样是一个具体与总体辩证统一的历史过程,是一个世界性与民族性、历史性与时代性、永恒性与暂时性、全球化与本土化相互矛盾运动的过程。从这个意义上说,科西克的现代性批判可以称为具体总体的现代性批判。这种现代性批判是从哲学本身、从哲学的始源

具体辩证法与现代性批判

---

① Karel Kosik, *Dialectics of the Concrete*, Dordrecht and Boston: D. Reidel Publishing company, 1976, p.152.

深处展开的现代性批判。

（二）实践哲学的现代性批判向度

科西克认为，"真理"并不直接地呈现在人的面前，认识"真理"需要付诸实践。实践是人类特有的存在方式，是人类存在的界域。人总是通过实践活动展示自身的存在，构造自身的存在。但是，在现实生活中，人类的实践活动总是遭受拜物教的侵蚀，实践异化为单纯的"操持"，使人失去了本真的存在方式。在异化的操持世界里，"物"控制着人、压抑着人，而生活在其中的人们竟然无所知晓。科西克揭露这一切，就是为了恢复实践的本真意义，通过本真的实践为人打开本真的存在向度。本真的实践是人类本真存在的前提。现代性既是一个认识过程又是一个实践过程，每一时代本真的实践活动都为我们超越现代性打开了一个新的界域，正是在这种本真的界域中，现代性通过人的本真实践获得了自身的意义。

实践概念是理解整个马克思主义人道主义的关键，确切地说也是当时所进行的正统的马克思列宁主义与新马克思主义之间斗争的焦点性概念。在新的理解方式中，实践被看做是人的生活世界的创造性模式，每个人都具有意义，并且能够参与到自我实在，从而普遍构成社会实在的创造性活动中去。这种方式根本上削弱了某种权威机构作为解释历史必然性和历史客观规律的唯一代理人的说法。科西克认为，"革命的人类实践"这一概念具有革命性，并不是因为"革命的"这个词，而是因为人创造它自己的社会实在，并能改变它。正是通过属于自己的实践，我们获得了相应的实在，它意味着实在是我们自己的产物。在科西克看来，社会实在不同于自然实在。对于自然实在，我们可以利用它或者超越它；而对于社会实在，我们却可以以革命的方式改变它，因为它是我们人类自身的产品。科西克的言外之意是说，现代性作为一种社会实在，也是一个"为我之物"，是否"为我"，其意义取决于创造这种现代性实在的人本身，如果某种现代性社会实在失去了"为我"的意义，创造这种现代性实在的人就可以"革命性"地改变它，直到它成为人道的"为我之物"。

（三）存在人类学的形而上追问

《具体的辩证法》的根本目的是什么？科西克在这本书的结尾

之处意味深长地表达了自己的想法:"辩证法探求'物自体'。但'物自体'绝非平常之物,确切地说,它根本就不是物。哲学研究的'物自体'乃是人及其在宇宙中的位置。换句话说,它是人在历史中发现的世界总体和存在于世界总体中的人。"①"人的问题"不仅构成了科西克全部哲学思想的核心,也构成了他的现代性批判思想的不变基调。

正如前文所言,现代性的内在基底是人的存在问题。科西克作为捷克斯洛伐克存在人类学的创始人,他的哲学思想以及现代性批判思想无不凸显出人的问题。但是,"问'人是什么',这是科学的特征,而哲学必须探问'人是什么'"②。哲学所要探讨的是如何生成具有超越维度的人。对此,在《具体的辩证法》和《现代性的危机》中,科西克深入研究分析了经济活动中、日常生活中、实践中、历史中、道德中人的异化与本真、凡俗与超越、认同与变革的矛盾冲突,从中揭示了人的内在的不可抗拒的形而上超越本质。1968 年,科西克在接受捷克斯洛伐克记者兼电影批评家 Antonin Liehm 的访谈时,曾深刻地谈道:"另一个问题一直使我困惑不解,即,为什么我们的文化显示得那么有效力、那么有活力。在文学、艺术和哲学之间存在着无限的交互滋养,以至于我们能够从更广泛的意义上言说文化……在过去几年里,这个具体文化始终体现出'共同的母题',尤其体现在电影之中……捷克斯洛伐克基本的文化实在始终围绕着这个问题:'人是什么?'这是政治的、批判的、革命的本质……我们文化的根本性争论在于反对官方的——有人可能会说'统治的'——人的概念,它所推导出的是完全不同于自身的概念。"③科西克指出,官方的人的概念隐含于统治者的政治、经济和道德功用之中,同时,它是由统治者批量生产出来的,因为统治者就是需要这种人。解决"人是什么"这个问题,实际上,文化已经作出了截然不同的回答。当官方用有限性、空洞性、简单性来

---

① Karel Kosik, *Dialectics of the Concrete*, Dordrecht and Boston: D. Reidel Publishing company, 1976, pp. 152－153.

② (美)A. 唐诺索:《科拉科夫斯基、科西克和马尔科维奇关于人的概念》,载《世界哲学》1983 年第 1 期。

③ 转引自 Karel Kosik, *The Crisis of Modernity*, Edited by James H. Satterwhite. Boston and London: Rowman & Littlefied Publishers, 1995, p. 8.

看待人的特征的时候,捷克斯洛伐克文化强调的却是人是一个复杂的存在物,它持续生存、顺势而生,为克服冲突而斗争,是一个不能减缩为单一维度的存在。科西克关于人的存在人类学思考,充分体现了现代性批判追问人的本性、高扬人的本性的精神实质。

三、科西克现代性批判的存在论与辩证法视域

科西克的《具体的辩证法》的根本宗旨是要探讨人与世界的关系问题,即人和世界如何存在的问题。对于这个问题,以往的哲学,或者主张存在论,或者突出辩证法,或者将二者生硬地结合在一起,往往缺乏辩证法的具体特性。科西克恢复存在论与辩证法的本真意义,并且在二者的交互关系中研究人和世界的现代性问题。在科西克看来,我们存在于其中的世界是一个真理与假象并存的世界,我们必须运用辩证思维和革命实践摧毁假象,才能获得真实的世界和真实的自我。在《具体的辩证法》中,他从存在论的根基上展开辩证法的维度,又从辩证法的维度上阐明存在的意义,为我们正确认识人与世界的关系打开了存在论与辩证法相统一的视域。

科西克把存在论与辩证法结合起来,作为一个研究视域,把存在论与辩证法思想提升到了一个新的高度,其思想引人之处,魅力所在,不在于方法的新颖性,而在于其表述、论证以及所得结论的深刻性,因为它真正触及了哲学本身。科西克格言式的话语背后总是隐藏着某种巨大的思想能量,一次又一次将我们带到了哲学的中心地带:"人是什么?"科西克关于现代性批判的存在论与辩证法视域充分体现了哲学本身的意义和价值,尽管我们现在对它还很难作出适当的估量。但是,齐格蒙特·鲍曼的话语总能给我们一定的启示:"历史地说,这种理解曾是消逝的世界的最后一声叹息,是新生现代性的第一声啼哭。"①

(一)存在论:超越性诉求

当代西方哲学,自从海德格尔提出"重新追问存在的意义"以来,开始了存在论转向。深受海德格尔思想影响的科西克,在他的

---

① (英)齐格蒙特·鲍曼:《现代性与矛盾性》,邵迎生译,北京:商务印书馆2003年版,第8页。

哲学思想中也处处拒绝"是什么"的"在者"式的研究方法,而是紧紧围绕"人是什么""人是怎样存在的""实在是怎样形成的"等存在论的方式研究问题。这可以说是科西克与西方马克思主义者以及其他东欧新马克思主义者的明显不同之处,因此,有人干脆把他的思想称为"海德格尔的马克思主义"。存在论不同于认识论。认识论所追问的"在者"是给定的,其意义是有限的;存在论所追问的"存在"是"尚未",其意义是不断生成的。因而,存在论实际上是一种超越论。人只有在不断的超越中才能赢获自身存在的意义。然而,科西克的存在论较之海德格尔的存在论具有更现实更丰富的超越性内涵。主要体现在三个方面:一是"烦"的超越性。科西克借鉴了海德格尔关于"烦"的思想。但是,克服了海德格尔仅仅把"烦"看做人的自然存在状态的看法。而是认为"烦"乃是人之生存的重重牵挂,它既包含着指向物质的凡俗要素,又包含着指向神圣的超越要素。凡俗要素总是把人拉向拜物教的世界;神圣要素则不断地把人引向存在的本真状态。存在论的超越性首先就是由"烦"的神圣要素所推动的。二是实践的超越性。在科西克看来,实践是人的存在方式。在实践中,人不断地打开实在的界域,实在也不断地向人敞开。实践的超越性规定了人之存在的超越性。三是意义的超越性。存在论的超越不是对事实的超越,而是对意义的超越。科西克曾谈到,捷克斯洛伐克历史上存在着很多关怀人关注人的事例,诸如,赞扬人民的勤劳、顺从,给予人民虚浮的待遇,鼓励人民勤奋工作等等,但是,这些仅仅是人道主义的事实。他提醒人们,人类存在的意义和事实是完全不同的。我们必须用人的存在的意义问题抵制人的存在的事实问题,因为我们是拥有无限超越性并时刻实现这种超越性的人。他说:"我们不能无情地被自己的过去(要么善,要么恶)所规定。如果过去的人民建立了一个伟大民主的传统,那么这个事实本身并不意味着那些民主价值会内在于这个国家的今天和明天。"[①]所以,存在论是一种超越性的诉求。这种超越性赋予了科西克哲学思想以及现代性批判理论深刻的批判性和革命性特征。

具体辩证法与现代性批判

40

① Karel Kosik, *The Crisis of Modernity*, Edited by James H. Satterwhite. Boston and London:Rowman & Littlefied Publishers,1995, pp. 28 – 29.

（二）辩证法：确定性之反面

辩证法作为哲学探究问题的重要方式，自近现代以来一直受到人们的普遍重视。人们已经提出了概念辩证法、唯物辩证法、主客体相统一的辩证法、理性的辩证法、否定的辩证法等等诸多的辩证法思想，加深了对辩证法的理解。从某种意义上说，人们对辩证法的研究深度几乎代表着不同时期哲学的研究水平。科西克在遵从一般意义的辩证法的前提下，特别提出了"具体的辩证法"思想。这种辩证法不是对于给定之物、确定性之物的直接的、表面的研究，而是对其形成过程中的确定性的反面的研究，以此来透视一切实在的真实性。由此这种关于确定性之反面的辩证法可以概括为两方面内容：一是从具体与总体的关系中透视事物确定性的反面。在科西克看来，人与世界（包括社会）的关系是一种具体与总体的关系，具体性的东西固然可以在其自身之内获得一定的意义，但是，仅仅在自身之内其意义却是片面的、不完整的。由于任何事物都普遍处于总体性的观照之中，其意义必须在总体性的视野中才能得到真正的理解。如果具体无视总体的存在，那么，它终将演变成伪具体，而不是真正意义上的具体。同时，更为重要的是，总体又决不是高高在上的总体，而是具体中的总体，是以具体的方式存在的总体，任何总体要想呈现自身的真正意义，其首要的前提条件必须是确保其中的具体具有自身的丰富意义，否则，总体也将是空洞的总体、虚假的总体。所以，在科西克那里，无论具体还是总体，都决不是仅仅在其自身中获取其全部意义，而是在其对立面中，即在其确定性的反面中获得自身的意义。二是从事物内部诸要素间的关系中透视事物确定性的反面。科西克在《具体的辩证法》中开篇就断言："辩证法探求'物自体'。但是'物自体'并非直接地显现在人面前。把握'物自体'不仅需要付出一定的努力，而且还要走迂迴的道路。"①这说明，对于"物自体"，无论人们采取思辨方式，还是采取实践方式，都意味着不是作为确定性的外观直接地接受它，而是研究它所呈现出来的确定性的内容背后对人保留着什么。科西克认为："哲学对平常意识和拜物教化日常生活现实提出

① Karel Kosik, *Dialectics of the Concrete*, Dordrecht and Boston：D. Reidel Publishing company, 1976, p.1.

质疑,对它们的适宜性和'合理性'提出疑问,打破了它们的确定性。"①因此,在研究事物的时候,"辩证法不把固定的人造物、事物的结构、客体以及物质世界、观念世界和日常思维世界的整个综合体看做是某种始源的和独立自存的东西。辩证法不是在现成形式上接受它们,而是对它们加以研究。在研究中,客体世界和观念世界的物化形式都溶解了,丧失了它们固定的自然属性和虚幻的始源性,进而显现出它们原本是派生的、被中介的外观,是人类社会实践的积淀物和创造物"②。这恰如马克思所说:"辩证法在对现存事物的肯定的理解中同时包含对现存事物的否定的理解,即对现在事物的必然灭亡的理解;辩证法对每一种既成的形式都是从不断的运动中,因而也是从它的暂时性方面去理解;辩证法不崇拜任何东西,按其本质来说,它是批判的和革命的。"③所以,辩证法是对给定的、看似确定不移的东西的否定,即确定性的反面。但是,并不是对确定性的全然否定或者抛弃,而是,一方面,通过分析确定性得以形成、存在和发展的"隐秘"力量,从而揭示出被遮蔽的意义;另一方面,通过对确定性不合理之处的批判获得一种对确定性的某种抵制,也就是说,在批判的过程中获得一种与确定性相对立的力量,并把这种相反的力量与确定性的力量结合在一起,在二者相互矛盾对抗中发现事物发展的某种趋势,辩证法就是要力求对这种趋势作出正确的理解和判断。这样,上述两个方面就构成了具体的辩证法关于确定性之反面的独特内涵。正是基于这样的内涵,在科西克看来,辩证法作为确定性的反面,才成为了摧毁伪具体和虚假总体的有效方式之一。科西克认为:"辩证 – 批判的思维方法是对伪具体的摧毁。它溶解物的世界和观念世界中的拜物教化人工制品,以透视它们的实在性。"④同样,如果人们想要发现并摧毁现代性中的伪具体,也必须善于运用辩证的思维研究现代性的确定性之反面,以透视现代性的实在性。正所谓:"辩证理性是

① Karel Kosik, *Dialectics of the Concrete*, Dordrecht and Boston: D. Reidel Publishing company, 1976, p.134.

② Karel Kosik, *Dialectics of the Concrete*, Dordrecht and Boston: D. Reidel Publishing company, 1976, p.6.

③ (德)马克思:《资本论》,北京:人民出版社 2004 年版,第 22 页。

④ Karel Kosik, *Dialectics of the Concrete*, Dordrecht and Boston: D. Reidel Publishing company, 1976, p.7.

否定性。这种否定性把认识的每一个完成了的步骤和实现人类自由的每一步骤,都置于发展着的总体背景之中,在理论上和实践上不断超越这个步骤。"①所以,透视现代性的实在性目的就是要研究"现代性是怎样形成的"。

(三)存在论与辩证法的内在融合:以实践为基础的具体总体
　　的现代性批判观

　　存在论与辩证法是科西克从事现代性批判的重要手段,正是通过运用存在论和辩证法的批判思想,科西克对现代性问题中存在的各种虚假认识进行了行之有效的批判。在科西克的现代性批判思想中,存在论与辩证法始终是不可分割的两个方面,二者的关系,不是外在的并存关系,而是内在的统一关系。辩证法离不开存在论,存在论需要辩证法。对于辩证法来说,由于存在论旨在阐明事物是如何获得自身存在意义的,它时刻警醒人们形成一种不断追问自我存在意义的独特意识,所以能够有效地抵制"虚假的辩证总体"和"抽象的辩证总体"的出现。而对于存在论而言,由于辩证法旨在表明对事物肯定性理解中包含着否定性理解,对事物的确定性理解中包含着非确定性理解,所以它能够为人们把握存在的意义提供一种总体性的观照,可以有效地避免存在转变为非辩证的存在、伪具体的存在或者孤立的存在。因此,存在论与辩证法密不可分。离开存在论,离开人对自身和世界意义的具体追问,辩证法很容易走向空洞抽象的思辨;离开辩证法,离开人与自身和世界关系的辩证总体,存在论也很容易走向孤立的自我的存在。正是基于人之存在的意义,辩证法的意义才得以可能;同时,也正是借助于辩证法的对立统一,存在论才不至于成为唯我论。

　　虽然存在论与辩证法之间存在着密切的内在关系,但是,在科西克看来,这种关系决不仅仅是一般的理论关系,而是建立在人的实践活动基础之上的现实关系。存在论与辩证法之所以能够形成一种深刻的现代性批判力量,其力量的来源不在于理论自身,而在于人的自由自觉的实践,实践是形成存在论与辩证法批判力量的

①　Karel Kosik, *Dialectics of the Concrete*, Dordrecht and Boston: D. Reidel Publishing company, 1976, p. 60.

源泉。在科西克看来，一方面，"实践是人类特有的存在方式"①。人与世界的关系首要的不是认识关系，而是一种存在关系。事物存在的意义不是单纯通过认识活动，而是通过人的实践活动（即时间性的展开过程）呈现出来的。实践既是人的对象化和对自然的主宰，又是人类自由的实现。实践渗透着人类存在的本质，人的存在的超越性正是通过自由自觉的实践活动得以生成并实现的。实践渗透着人的整体性，在总体上决定着人，决定着诸存在的意义。另一方面，"实践是人类存在的界域"②。在实践中，人不断地打开新的界域，又不断地由具体走向总体，由总体反映和规定具体。人类的实践活动构成了一种开放性，但是这种开放性不是直线式的，而是辩证的。人只有在实践造成的开放性的基础上，才能理解事物及其存在，理解世界的诸种特殊性和它的总体性。人在实践中并在实践的基础上超越了动物世界和无机自然界的封闭性，建立起自己与世界总体的关系。在这种开放性中，人作为有限存在超越他自身的有限性，成为展现世界存在意义的所在。概而言之，正是在实践的基础之上，存在论关于事物的超越性和辩证法、关于事物的非确定性的批判力量才得以成为可能。

但是，人们在关于存在论与辩证法的日常理解中却经常出现偏离实践这个基础的情况，由此造成了很多思想上的混乱、误识和扭曲。其中，把存在论看成存在主义和把辩证法视做思想方法就是两种最常见的错误。就前者而言，脱离实践，存在论演变成了存在主义。存在论强调的是人与世界的共同存在的意义问题，而这个意义又是通过"此在"的阐释性实践活动得以呈现的。而当人们放弃了阐释性的实践活动，仅仅把此在的"生存"作为存在的全部意义时，存在论的实践维度丧失了，存在论也就逆转成了存在主义。在科西克看来，存在主义把人的不可避免的命运、纯粹的定在抬高成一种思想品质，个人必须去选择它，但又没有选择的确定理由。存在主义者恐惧物化，对物化无计可施，只好避开实物。他们不知不觉地把概念与实物相分离，一方面，使概念成为了绝对的抽

具体辩证法与现代性批判

---

① Karel Kosik, *Dialectics of the Concrete*, Dordrecht and Boston: D. Reidel Publishing company, 1976, p. 137.

② Karel Kosik, *Dialectics of the Concrete*, Dordrecht and Boston: D. Reidel Publishing company, 1976, p. 136.

象;另一方面,使实物成为了僵死的客体。当转而面对这两种经过他们思想"清洗"的东西时,他们只好求助于孤独自我的选择来寻求自由,结果却变成了"带镣铐的舞者"。就后者而言,脱离实践,辩证法蜕变成了抽象的方法。在《具体的辩证法》中,科西克一再强调,辩证法不是方法论训条。"辩证法不是从外部或者作为一种后思进入认识,它也不是认识的一个特性。宁肯说,认识就是辩证法本身。"①人类的认识活动是在实践中形成的,实践本身就是辩证法的展开过程,辩证法的发展也就是实践的发展。相反,如果离开实践,辩证法就变成了单一的存在,变成了与事物自身相分离的东西,于是就会出现事物自身是否存在辩证法的问题。在当代马克思主义的论辩中,关于恩格斯的自然辩证法受到质疑就是最典型的例证。无论声称事物自身(自然界)存在辩证法还是不存在辩证法都同样陷入了辩证法的方法论教条。遗憾的是,20世纪人们在批判反击自然辩证法的同时,却几乎把全部辩证法遗产都扭曲、丧失殆尽了。一些人研究科西克的具体辩证法,也企图获得"方法论"的指导,企图从中发现辩证法的某种秘密,凡是抱有这种幻想的人,无不空手而归。因为,科西克并不是要给予我们一种什么方法以及研究工具一类的东西,他不是说方法是具体的,而是说人的存在是具体的,以具体的方式存在的辩证法就是要对否定人的具体存在的一切给定之物进行批判。因此,科西克的具体总体的辩证法思想的核心主题才始终是:以人的自由自觉的实践存在方式为基础的具体总体的批判观。

所以,在科西克的思想中,无论存在论还是辩证法都不是纯粹的思辨,而是建立在实践基础上的人对自身以及世界的意义的理解方式。在这种基于实践的理解方式中,存在不是孤立的存在,也不是给定的或者先验的存在,而是实践之中的存在;辩证法也不是抽象的思辨或者外在的方法,而是在实践活动中对客观事物的正确反映和改造。这样一来,当科西克把这种观点运用于现代性问题的研究和批判时,就形成了实践基础上的具体总体的现代性批判观。正是透过这种现代性批判观科西克形成了自己关于现代性

① Karel Kosik, *Dialectics of the Concrete*, Dordrecht and Boston: D. Reidel Publishing company, 1976, p. 4.

第一章 现代性的批判范式与科西克的批判进路

问题的独特见解和思想观点,为我们理解现代性问题提供了极其有益的思想视角和理论资源。

行文至此,我们有必要对科西克的现代性批判思想加以概括界定,以便接下来顺利地展开关于现代性的研究与批判工作。关于现代性,科西克并没有给我们作出具体的界定。但是,结合上述分析,透过科西克文本思想的字里行间,我们仍然可以捕捉得到它的精神实质。在《具体的辩证法》中,科西克把现代性视做"社会-人类实在"的形成过程,在这个过程中,实在是一个结构性的、进化着的、自我形成的总体,而人则是处于这个总体之中的自由自觉地从事实践活动的主体,是构造现代性实在的主体。人"不仅再生产出社会-人类实在,他还把实在总体以精神的方式再现出来"①。也就是说,现代性既是人的实践产物,又是人的精神产物,人是现代性的主体,而不是它的客体,人可以根据自己的现实需要改变现代性(无论精神还是实体),改变人与世界的关系,从而改变自己的命运。在《现代性的危机》中,科西克以批判性的口吻写道:"现代性之所以处在危机之中,是因为它已经止步于'现-时代',已经堕落为纯粹的暂存性和短暂性。现代性不再是聚焦于过去和将来,并植根于自身和它所处环境中的实在性的东西,而是变成了一个纯粹的暂存性与临时性转瞬即逝的点。"②换句话说,"现代性已经丧失了时间的一个维度,已经失去了自身的实在与本质"③。概而言之,在科西克的现代性批判思想中,现代性是指自启蒙运动以来,人类通过自由自觉的实践活动和辩证的精神理智活动构造属人的、结构性的、进化着的、自我形成的社会-人类实在的总体存在方式。这种现代性内在地包含着以实践为基础的人的主体与自由两大基本要素,包含着以实践为基础的理性精神与社会机理两大基本层面。同时,它还突破特定地域以及社会制度差异,不仅把现代性视做某一具体时空范围内的现代性问题,而且把它看做整

① Karel Kosik, *Dialectics of the Concrete*, Dordrecht and Boston: D. Reidel Publishing company, 1976, p.152.

② Karel Kosik, *The Crisis of Modernity*, Edited by James H. Satterwhite. Boston and London: Rowman & Littlefied Publishers, 1995, p.45.

③ Karel Kosik, *The Crisis of Modernity*, Edited by James H. Satterwhite. Boston and London: Rowman & Littlefied Publishers, 1995, p.45.

个人类普遍存在的总体性问题。

从科西克对现代性的理解中我们可以发现,现代性是当代人类社会的普遍存在状况,是人类对自由和存在意义的普遍诉求。在科西克看来,现代性是一个自身充满矛盾和内在张力的总体,它内在地蕴涵着自我批判的无限动力,现代性的发展过程就是其内在的矛盾和张力的辩证运动过程。基于现代性的这种特点,科西克的现代性思想特别注重揭示现代性的内在矛盾性,揭示人们构造现代性过程中的各种虚假意识,揭示人类如何获得属人的社会 – 人类实在。所以,科西克的现代性思想主要表现为批判思想。但是,科西克的批判又不是一般性的批判,而是有所侧重的批判。它不是以批判现代性实体本身为主,而是以批判现代性何以可能的内在力量和精神观念为主;不是以批判现代性的具体构成要素为主,而是以批判现代性构成要素间的矛盾关系为主;不是以批判现代性本身"是什么"为主,而是以批判现代性"是怎样形成的"为主,而且,即使是在批判技术的本质和社会制度的建构以及社会运行机理时,也是特别突出对人们的各种虚假意识和错误观念进行批判。总之,科西克的现代性批判主要表现为精神理智层面的批判,事实上,也就表现为实践基础上的文化批判。这是科西克现代性批判思想的突出特点,也是我们理解和运用科西克现代性批判思想的关键所在。

总括上述分析,我们基本廓清了本书的潜在性动因和可能性意义。本书试图研究论证东欧新马克思主义中科西克不可多得的现代性批判思想,阐明其理论自身的观点、方法和独特性,为我们研究现代性提供新的视角、观点和参照系。一方面,就东欧而言,捷克斯洛伐克社会历史过程具有鲜明的现代性特质,科西克的现代性思想也具有鲜明的时代气息。科西克是第一位站在马克思主义立场上,发现东欧机械论社会主义的现代性危机并展开批判的思想家,后来的鲍曼、赫勒都要较之晚一些才开始进入现代性问题领域中来。如果不是由于在"布拉格之春"之后被剥夺了工作权和发表文章的权利,科西克的现代性理论无疑会更加精彩、更加凸显、更加系统全面。在本书中,我们将打开一个久被遮蔽的现代性视域,为我们继续从哲学上研究现代性问题提供适宜的引线。另一方面,就中国而言,现代性是当代中国哲学的当然问题域,回答现代性在中国如何可能的问题是中国当代哲学的重要使命。而目前国内学术界虽然对于西方现代性问题的研究浩繁迭卷,但大多集中在关于某些西方学者或者马克思本人的现代性思想研究中,而对于西方马克思主义者,特别是对于亲身经历多种现代性历史境遇的东欧新马克思主义者的现代性问题进行专题性研究的却凤毛麟角。本书旨在推动中国的现代性问题研究拓展新的视野,尤其是主张回到现代性与哲学的本源关系中来,从更始源、更根本的视角上来反思批判我们当下的现代性问题,为我们免遭西方现代性的覆辙提供可资借鉴的思想资源和理论支撑。

第二章　科西克关于理性主体与
虚假总体现代性的批判

　　20世纪,人类历史上呈现出两大奇特现象:以崇尚科学与民主著称的西方资本主义社会越来越背离启蒙运动的宗旨,日益发展成为"物化社会";某些以取代和超越资本主义制度为目的的社会主义国家不同程度地表现出权力高度集中的特征,以至于有的研究者把这一倾向概括为"极权社会"。对此,有很多人认为,西方资本主义社会的问题出在它已经步入现代,且"过于"现代,从而走向了现代性的反面;社会主义社会的问题出在它尚未步入现代,还"不够"现代,很多方面还落后于现代。这种看法暗含的观点是,现代性作为现实问题仅仅是西方资本主义社会发展过程中特有的现象,社会主义社会还远没有发展到"现代性"的程度,尽管它特别期待现代性。似乎,只要人们认清资本主义现代性问题的本质,就既可以为资本主义"疗伤",又可以为社会主义"防病"。这一点,单从人们把马克思对传统资本主义社会所作的批判置换为现代性批判,又把现代性批判等同于对发达资本主义社会所作的批判的理论逻辑中就可以看得清清楚楚。

　　然而,在科西克看来,20世纪人类所经历的两种截然不同的历史命运其实是同一个问题——现代性危机——所致。那些仅仅看到两种社会历史进程差异的人,完全忽视了产生二者的共同根源:近现代西方文化精神。近现代西方文化精神主张祛蒙昧性与祛传统性,倡导摒弃人类蒙昧、未开化的精神世界,相信人类理性的无限能量和拓展空间,崇尚人类社会永恒进步的价值理念。随着现代社会的开启,这种指向美好未来价值追求的精神观念逐渐被称为现代性观念。作为产生于西方社会，并且与资本主义社会形成巨大对抗的社会主义来说，它的许多思想无不深受现代性观念的浸染。所以，科西克在《具体的辩证法》中以"关于人与世界问题的研究"作为副标题就是要突出地向人们表明，他所要研究的问题不是某一具体方面或者某一特定层面的问题，而是要抛开具体社会制度的差异，从近现代以来的人的总体存在状况、精神观念和历史遭遇中，深层研究人的存在意义问题，研究世界的存在意义问题。随后，在《现代性的危机》中，科西克又采取了另一种反向的方式，从一个个具体的现实问题出发，分析论证了产生现代性危机的各种社会历史动因和思想文化根源，从而为我们准确地把握现代性的本质提供了独特而又适宜的视角与方法。

在这一章中，我们将从科西克关于现代性批判的理性问题入手，追溯现代性的源头，从启蒙主体中解析认知主体的理性限度，分析理性主体的认知同一性误识，分析启蒙理性的本质内涵，揭示辩证理性与虚假理性、理性主体与主体主义在现代性发展过程中的演变及其不同作用，进而对蜕变为虚假总体的现代性进行批判。

第一节　理性、虚假理性与辩证理性

在现代性的研究中，人们掌握了许多有益的方法，诸如现象学、语言学、解释学、历史学等等。其中，现象学的"还原"、词源学的"回溯"、历史学的"返本"等方法特别受到人们的热衷与推崇。人们误以为通过这些方法就可以"正本清源"获得现代性的"本真"。但是，令人遗憾的是，结果常常事与愿违，所获得的答案要么无济于事，要么悖谬百出。原因在于，人们在使用这些"方法"时自觉不自觉地落入了还原论的误区。所谓还原论，是一种主张把高级运动形式还原为低级运动形式的哲学观点。它认为现实生活中的每一种现象都可以看成是更低级、更基本的现象的集合体或组成物，因而可以用低级运动形式的规律代替高级运动形式的规律。还原论派生出来的方法论手段就是对研究对象不断进行剥离分析，恢复其最原始的状态。这种方法在过去的几个世纪里，乃至今天，一直影响着人们的思维进程。对此，科西克批评性地指出，还原论"把实在的丰富内容转换为某种基本要素。世界的全部丰富性都被抛入了不变实体的深渊"①。相反,科西克认为,"辩证法不是一种还原的方法,而是一种精神地、理智地再现社会的方法。它是在历史性的人的客观活动基础上,展开和阐释社会现象的方法"②,所以,"对实在的解释不是将它还原为某种与它自身所是之物相异的东西,而是展开并阐明其运动的各个阶段和方面,让它自己展示自己"③。在科西克看来,"还原论不能合理地解释新现象,不能解释质的发展。它把任何新的东西都还原为一些条件和先定前提,所谓新的东西'只不过是'原来的旧有之物。……这里,新东西似乎是某种外在的东西,似乎是物质实在的附加物。物质运动着,但不具有否定性。只有在物质本身中发现否定性,即发现产生新质和更高阶段的潜能的物质的概念,才能唯物主义地把新东西解释为物质世界的一种特性。一旦物质被当做否定性来把握,科学的解释就不再是还原,不再是把新的东西还原为先定的前提、把具体的现象还原为抽象的基质;相反,科学的解释变成了对于现象的解释"④。所以,"研究的出发点必须在形式上与结果同一。出发点必须在整个思维过程中自始至终地保持同一,从而保证思维不会从纯洁的狼开始,在大恶狼那里结束。但研究的意义在于,精神运动能达到在起点上不曾知道的结果。因此,虽然出发点和结果在形式上保持同一,但思维在终点达到了内容上不同于出发点的东西"⑤。

我们对现代性的研究也必须遵循这一方法论原则。无论对于现代性自身,还是对于与现代性密切相关的理性、主体、实践、文化等范畴的阐释与研究,都要既分析它们原初的存在形态,又分析它们辩证展开的过程与结果,从而围绕现代性的同心圆厘定理性与

① Karel Kosik, *Dialectics of the Concrete*, Dordrecht and Boston: D. Reidel Publishing company, 1976, p. 13.

② Karel Kosik, *Dialectics of the Concrete*, Dordrecht and Boston: D. Reidel Publishing company, 1976, p. 17.

③ Karel Kosik, *Dialectics of the Concrete*, Dordrecht and Boston: D. Reidel Publishing company, 1976, p. 14.

④ Karel Kosik, *Dialectics of the Concrete*, Dordrecht and Boston: D. Reidel Publishing company, 1976, p. 14.

⑤ Karel Kosik, *Dialectics of the Concrete*, Dordrecht and Boston: D. Reidel Publishing company, 1976, p. 14.

虚假理性、绝对理性与辩证理性、理性主体与主体主义的本质差异,为我们科学地阐明现代性的演进历程提供值得信赖的理论和依据。

一、启蒙的目的与理性的限度

我们知道,现代性主要体现为一种理性精神,这种理性精神与启蒙存在着天然的联系。理解现代性必须理解启蒙。一般认为,"启蒙"的基本含义是用光明驱散黑暗,以理性代替神性,用批判取代迷信。启蒙开启了现代社会的进程,启蒙精神规定着现代性的本质。但是,当代的理性却被所谓的"启蒙"扭曲了。被误解的启蒙造成了理性的滥用,以至于现代性步入了歧途。那么,启蒙与理性之间究竟存在着哪些必然联系? 理性如何才能保证启蒙目标的实现? 要弄清楚这些问题,我们必须彻底弄清楚如下三个紧密相关的问题:究竟什么是启蒙? 启蒙的目的是什么? 启蒙所需的理性是什么样的理性?

关于什么是启蒙,18 世纪的两位著名思想家伊曼纽尔·康德和摩西·门德尔松分别在《对这个问题的一个回答:什么是启蒙?》和《论这个问题:什么是启蒙?》中为我们作了最好的时代性解答。在康德看来,"启蒙就是人类脱离自我招致的不成熟。不成熟就是不经别人的引导就不能运用自己的理智。如果不成熟的原因不在于缺乏理智,而在于不经别人引导就缺乏运用自己理智的决心和勇气,那么这种不成熟就是自我招致的。Sapere aude(敢于知道)!要有勇气运用你自己的理智! 这就是启蒙的座右铭"①。门德尔松也认为:"相比较而论,启蒙似乎与理论问题的关系更加密切:按照它们对人的命运的重要性和影响,启蒙关系到(客观的)理性知识,关系到对人类生活进行理性反思的(主观的)能力。"②可见,启蒙的精神实质是敢于运用自己的理性。康德把"必须永远有公开运用自己理性的自由"看做是启蒙的必要条件,因为"唯有它才能带来人类的启蒙"。也就是说,启蒙的工具是运用理性,敢于批判,凡

具体辩证法与现代性批判

---

① (美)詹姆斯·施密特:《启蒙运动与现代性》,徐向东、卢华萍译,上海:上海人民出版社 2005 年版,第 61 页。
② (美)詹姆斯·施密特:《启蒙运动与现代性》,徐向东、卢华萍译,上海:上海人民出版社 2005 年版,第 57 页。

是有碍人类成熟的东西都应当受到批判。所以，1781 年，康德在《纯粹理性批判》的开篇就郑重地宣告："我们的时代在特殊程度上是一个批判的时代，一切都必须受到批判。宗教想通过它的圣洁，立法想通过它的最高权威，企图避免受到批判。但是，这样一来，它们只是唤起正当的怀疑，不可能要求得到真诚的尊重，因为只有那些已经能够经受自由和公开的审视这个检验的东西，理性才能予以尊重。"①这种精神连恩格斯都不得不佩服地说："启蒙学者是'非常革命'的，他们不承认任何外界的权威，不管这种权威是什么样的。宗教、自然观、社会、国家制度，一切都受到了最无情的批判；一切都必须在理性的法庭面前为自己的存在作辩护或者放弃存在的权利。思维着的知性成了衡量一切的唯一尺度。"②

　　然而，启蒙的目的究竟是什么？显然，决不是简单的无原则的批判。霍克海默和阿道尔诺对启蒙的目的可谓心领神会："从进步思想最广泛的意义来看，历来启蒙的目的都是使人们摆脱恐惧，成为主人。"③怎样才能成为主人？康德已经作出回答："脱离自我招致的不成熟。"这里的不成熟不是自然、生理状态的不成熟，而是在权威下的不成熟。这些权威包括宗教、法律、道德以及政权等等。为了达到成熟，必须对主体进行启蒙。但是，对主体的启蒙是要有所区分的。门德尔松"把'公民的启蒙'与'人的启蒙'区分开来，认为前者必须按照它所针对的社会的等级来进行自我协调，而后者，因为是针对'人之为人'，不是针对'作为公民的人'，所以无须留心社会分层，也无须关注社会秩序的维护"。之所以作出这样的区分，是因为在门德尔松看来，"人的启蒙可能与公民的启蒙发生冲突。某些对人之为人有用的真理，对于作为公民的人来说有时候可能是有害的"④。对此，康德也深有同感，他特别用心地向人们说明了理性的使用应当区分为"私人使用"与"公共使用"两种情

---

① 见（美）詹姆斯·施密特：《启蒙运动与现代性》，徐向东、卢华萍译，上海：上海人民出版社 2005 年版，第 16 页。这是康德《纯粹理性批判》序言的内容，比较多个版本，选用此译法。
　　② （德）恩格斯：《反杜林论》，北京：人民出版社 1999 年版，第 1 页。
　　③ （德）霍克海默、（德）阿道尔诺：《启蒙辩证法》，渠敬东、曹卫东译，上海：上海人民出版社 2006 年版，第 1 页。
　　④ （美）詹姆斯·施密特：《启蒙运动与现代性》，徐向东、卢华萍译，上海：上海人民出版社 2005 年版，第 58 页。

况。值得注意的是,康德的这两种区分和我们日常中的理解刚好相反。所谓"私人使用",是指"一个人在委托给他的公民岗位或职务上对其理性的运用"①。所谓"公共使用",则是指"任何人作为一个学者在整个阅读世界的公众面前对理性的运用"。康德的意思是说,在理性的私人使用中,一个人是"消极地"行动的,受到"人为的一致同意"的约束,一个人乃是"作为一部机器的一部分"而发挥作用,一定是"不允许争辩的"。而一个人对理性的公共使用则不同,一个人乃是充当"整个国家乃至一个全球社会的一个成员"。在这种情况下,他一定是"可以争辩的",并且"不因此而伤害他作为一个消极的成员部分地从事的活动"。康德的用意旨在表明,启蒙的目标不在于理性的私下使用,而在于理性的公共使用。只要理性的公共使用是自由的,就能够"在人们之中产生启蒙"。

那么,理性的公共使用与"使人成熟起来"的启蒙目的有什么内在联系呢? 达到启蒙目的所需要的理性是一种什么样的理性呢? 原来,在启蒙中,"使人成熟起来"还需要一个重要的条件:"扬弃知识,以便为信念腾出地盘。"②这原本是康德在《纯粹理性批判》中所要达到的主要目的之一,但对于启蒙来说,这恰是康德顺理成章地为启蒙预先奠定的一个基础或者一个重要的前提条件。如果启蒙对这个条件的把握失衡的话,就难以达到自身的目的。所谓"扬弃知识"指的是扬弃理性的知性能力;而"为信念腾出地盘"则是针对理性的实践能力来说的。我们知道,康德通过对纯粹理性的批判,已经证明了"物自体"是构成"知性"的一道"屏障"。认知理性根本无法获得世界的"本真",无法与"物自体"形成同一,所获得的"同一",只不过是现象界的"同一"。于是,在康德看来,对知性纯范畴(人类知性的纯形式)的应用只能限制在经验领域,即这种应用必须有经验对象才是合法的;任何无经验对象的知性纯范畴的应用都是不合法的,将会导致先验幻象的产生。而先验幻象的产生就在于理论理性(知性)应用的僭越,本来这些内容应当是实践理性的势力范围。这样,康德就把理性的真正作用引向

————————

　① (美)詹姆斯·施密特:《启蒙运动与现代性》,徐向东、卢华萍译,上海:上海人民出版社 2005 年版,第 62 页。

　② (德)伊曼努尔·康德:《康德著作全集》第 3 卷,李秋零译,北京:中国人民大学出版社 2006 年版,第 018 页。

了实践理性,认为只有实践理性才能呈现理性的"属人"作用。这里,康德已经为我们指出,我们的理性能力其实具有两个不同方面:作为认知能力的理性可以称为思辨理性,它只有内指的用途,即只能在经验的界限之内使用;作为欲求能力的理性可以称为实践理性,它具有超越的用途,即它的使用必须突破经验的界限。也就是说,和人们通常的认识刚好相反,在康德看来,认知理性是有限度的,而实践理性则是具有超越性的。在认知理性中,由于理性受到"物自体"的限制,所起的作用只能是规范性的,人们不可能从认知理性中获得绝对的自由和终极价值;而在实践理性中,由于理性受到"自由意志"的牵引,所起的作用则是范导性的,人们可以按照合目的性原则寻求人的自由,特别是人的终极价值的实现。这正是康德实践理性的革命性意义所在。从某种程度上说,这一点,恰与马克思所强调的实践所具有的革命性遥相呼应。在当代,人们对于康德提出的实践理性的重大意义尤为重视,其中,哈贝马斯领悟得最为彻底,他的"以言行事"的"交往行动理论"正是康德实践理性思想的当代注解;他的"公共领域的结构转型"又是理性的"公共使用"的时代拓展。因此,启蒙不仅仅是传统意义上的针对宗教世界的人类掌握和运用自然知识的知性启蒙,更重要的是在实践领域中如何实现以人的终极价值为目的的实践理性立法的启蒙。而在当代,就其现实性上来说,首要的则是在社会交往领域中如何实现以合目的性为根本的主体间性的实践理性启蒙。

然而,对于康德的伟大见解,许多所谓正统的马克思主义者或者未能领悟,或者片面误解。科西克,则如同康德一样,不是把理性看成是浑然一体的东西,也不像反理性主义者那样简单地否定理性、拒斥理性,而是认清理性的真实面目,区分出虚假理性与真实理性、绝对理性与辩证理性以及理性与良知等等,从而最大限度地恢复了理性被遮蔽的一面,同时也深刻地批判了理性被误用的一面。因此,在科西克看来,在当今的时代,由于人们片面地追求认知理性,使得认知理性被世界性地扭曲了:资本主义通过科学技术的方式把认知(工具)理性推进到"物化"的一极;某些社会主义则通过政治治理的方式把认知(工具)理性运用到"专制"的另一极。二者都把理性仅仅作为了认知理性,而且是工具性质的认知理性。可见,由于人们忽视了理性的限度、错误地理解理性而导致

"启蒙"与"理性"双双变得神秘化了,变成了虚假意识的创造物。而哲学的本质就在于理解神秘化,在于剔除现象的外观获得现象背后的本质,在于揭示事物的隐匿基础显示"实存之有"。

二、理性与良知

人们研究理性,惯于把认知理性作为理性演变的起点,可以说这没有问题,但这种做法往往容易把理性问题窄化了。科西克不是从概念本身抽象地研究理性,而是深入到捷克斯洛伐克的历史文化传统之中去研究理性。他发现,15世纪捷克知识分子有一个共同的特征:捍卫理性与良知作为一个整体,就如同今天人们捍卫一个专门的理性概念和专门的良知概念一样。科西克说:"理性和良知同时存在,构成一个整体,而且,只有它们作为一个整体才构成了人类存在的基础。后来,包括我们自己,只是把理性和良知看做是两个彼此独立的变量,一方冷漠或者对抗性地处置另一方。"①但是,"统一对于理性的特征与良知的本质来说是如此重要,以至于一旦这种统一体缺失,理性就失去了实质性,良知就失去了实在性"②。因此,理性与良知的分离,意味着人性的分裂,这种分裂一旦演化开来,就会不可避免地造成"单向度的人"和"单向度的社会"。

众所周知,良知是人类对生命意义的特有意识。良知使得人能够就人的存在以及它的意义、价值和目的形成具有普世意义的关怀和情感。良知是一种绝对向善的直觉,但它不是来自宗教的启示,而是来自人自身的思想和判断能力,自由的思想和判断因此而成为人之为人的心灵特征。所以,它与纯然理性密不可分。良知又是一种对人本真存在的直接把握。良知需要排除任何中介而直接去把握人间实事,直接用心去体验人生的意义和目的。即使当人受制于最邪恶的环境时,良知仍然有所现身。可见,良知是人之为人的善良本性。但良知成其为良知,却决不是理性的定在,不是摆在那里、偶尔现成在手的状态。良知乃是一种彻头彻尾的"生

---

① Karel Kosik, *The Crisis of Modernity*, Edited by James H. Satterwhite. Boston and London:Rowman & Littlefied Publishers,1995, p. 13.

② Karel Kosik, *The Crisis of Modernity*, Edited by James H. Satterwhite. Boston and London:Rowman & Littlefied Publishers,1995, p. 14.

存现象"，作为一种生存现象，尤如海德格尔指出的那样，良知"只'存在'于此在存在方式中；它只同实际生存一道并即在实际生存之中才作为实情宣泄出来"①。也就是说，一切片面的认知理性都无法从其对象性式的思维中构建出良知的人与良知的世界，良知乃是来自人类心灵深处的一束至善之光。

然而，"在现代，理性和良知的任何一种联系都遭到怀疑"②。但是，当人们探索真理时，这种怀疑却是十分苍白无力的。在科西克看来，我们不是要怀疑二者的关系，而是相反，我们必须要问，那种看似自然而且时至今日仍然把理性和良知相分离的做法对我们人类已经产生了怎样的后果，还会带来怎样的后果？

科西克指出，当下，没有良知的理性已经变成了功利主义的和计算的技术理性，建立于这种理性之上的文明是一个没有理性的文明，建立于这种理性之上的人是一个臣服于事物和技术逻辑的人。这样的人看似主体，实则是虚假主体，他已经背离理性的良知退化为一种无助的内在渴望。而用计算交易理性的人以及压抑良知屈从邪恶的人则是一个没有理性和良知的人。他已经变成了没有价值的人，被虚无所征服的人。如果我们懂得"无"意味着"虚无"，那么，一个失去理性和良知的人就是真理中的虚无主义者。也就是说，他根本没有获得拥有良知性质的真理。

理性与良知的分离是一个可怕的后果。因为，作为理性的纯然科学在指导人们有效地利用工具、技术和资源的时候，从不讨论目的本身或目的的正当性与合理性。所以，"如果价值判断被排除在科学之外，如果科学在研究人类行为时（舍此就会丧失其科学性）只能理性地判断手段的有效性，而不能判断目的的适宜性，那么，理性的作用就仅仅限于行为的技巧方面。而且属于'理性'领域的手段、操控和技巧等问题就从根本上与价值和目的相脱节，即与人类主观性的世界相脱离，把这个世界遗弃给了无理性，亦即不

---

① （德）马丁·海德格尔：《存在与时间》，陈嘉映、王庆节译，三联书店 1999 年版，第 309 页。

② Karel Kosik, *The Crisis of Modernity*, Edited by James H. Satterwhite. Boston and London：Rowman & Littlefied Publishers, 1995, p. 13.

合理性"①。无理性的世界是一个良知备受压抑的世界,也是一个充满苦难的世界。

环视我们的生活,在现实中,我们经常会感受到理性总是战胜良知。但是,那种战胜了良知的理性只是徒有理性虚名而已。它不是真正的理性,而仅仅是片面的理性,甚至仅仅是虚假理性。现实主义者为了获得所谓的"纯粹理性"一直对良知予以抵制,然而,这种虚假理性不仅没有获得真实的理性,反而失去了一切——既失去了理性,又失去了良知。

因此,理性与良知是一个不可分割的整体,只有在整体之中,理性才能是其所是。理性不能在派生的片面的意义上来理解,而必须在其始源的意义上来理解,也就是说,在理性占有事物、人、实在的意义上来理解,在良知的层面上来理解。而对于良知,同样只能在这个统一体中才能得到恰当理解,它是人类的本分、家园和非异化性。科西克的许多哲学思想和政治理念都是以良知为出发点的。它先是一种理论的申辩,后来逐渐形成了一种与海德格尔的存在论相贯通的直接把握实事和人的本真存在的理论特质。

根据科西克对理性的始源性研究,我们发现,"原初理性"作为一种解放力量,不仅从一开始就内在地蕴涵着无限的人性关怀,而且更为重要的是从一开始它就是一种具有辩证的内在张力结构、悖论结构的存在。而在后来的发展中,由于人们过分地关注认知理性,才使得良知从理性中脱落下来,并被放逐"异乡"。伴随着理性与良知的分离,作为总体的现代性也就从一个侧面丧失了内在的超越性、反思能力和自我完善的能力,从而导致某一时期的现代性在其展开的过程中距离它所期许的"使人类社会更加美好"的目标不是越来越近,而是越来越远了,甚至走上了与良知目的性相反的道路。具体说来,现代性由最初的"元现代性"分化为科学(理性)现代性与人文(良知)现代性两股潮流,前者崇尚科学精神与工具理性,追求认知理性对自然的胜利,将人与自然之间的和谐统一关系转变成了征服与被征服的背离关系;后者关注人的心灵与社会价值,关心人在物化社会中如何提升思想境界、完善人生意义、

具体辩证法与现代性批判

① Karel Kosik, *Dialectics of the Concrete*, Dordrecht and Boston: D. Reidel Publishing company, 1976, p. 58.

实现生命价值,探求人如何实现自由与终极解放。这两个方面在其各自的发展过程中还进一步呈现出更深层次、更复杂的分化。但是,作为总体的现代性,无论怎样分化都难以避免科学(理性)与人文(良知)的对抗。只是人们必须清醒地认识到这种对抗事实上是作为总体的现代性在其发展过程中必不可少的内在要素之间的辩证对抗。否则,忽视了任何一个方面都会导致现代性发展的片面化、极端化。而20世纪人类历史的发展历程恰好见证了这一悲剧性的历史进程。在20世纪,人类片面追求科学(理性)的高度发达,无视人文(良知)的重要意义。二者之间的内在张力结构和辩证的对抗关系几乎消失殆尽,科学现代性逐渐占据上风,社会越来越单一化。受此影响,自19世纪末20世纪初以来,科学主义、主体主义、理性主义成为西方发达国家的主导意识观念,这些观念旋即被发达国家推向全世界,几乎所有国家和地区都受到这种理性进步路线的影响甚至钳制,作为与之对立的社会主义亦莫能外。

三、唯理主义理性与辩证理性

步入现代社会,随着理性的膨胀,人们已经发现,理性化与理性的丧失形影相随。随着理性化的进展,理性本身消失殆尽,非理性却开始蔓延开来。于是,人们在研究理性问题的时候,存在着一种抵制理性的思潮。人们错把"原初理性"与"当代理性的变种"对峙起来。对此,科西克批评说,把结果与原因对立起来,就是无视问题的本质。要想真正理解理性,我们必须首先弄清一个问题:"理性化何以转变为一种排斥理性的力量,理性化如何招致非理性? 要系统地研究这个问题,必须透视这个逆转的起点,必须对理性做一历史分析。"[1]由此,科西克对现代性的批判就不是一般地从现象层面批判现代文明的过度理性化,而是具体地从理性自身的演变机制和过程中来研究理性,寻找我们正确对待理性的态度与方法。正如阿多尔诺所言:"在今天就像在康德时代一样,哲学要求对理性进行合理批判而不是放逐它或废除它。"[2]

---

[1] Karel Kosik, *Dialectics of the Concrete*, Dordrecht and Boston: D. Reidel Publishing company, 1976, p.56.

[2] (德)阿多尔诺:《否定的辩证法》,张峰译,重庆:重庆出版社1993年版,第14页。

如同研究理性问题的人们经常采取的路线一样,科西克也是从近代理性的代表人物笛卡儿入手来分析理性问题的。与之不同的是,科西克并非简单批评笛卡儿的"我思"理性,而是侧重努力探寻这种理性是如何演变为非理性或者绝对理性的。在科西克看来,笛卡儿的理性是一个自由的独立个人的理性。这一理性不仅支撑着当代科学,即唯理主义理性的科学,而且它还连同其理性化和非理性一起渗透到当今的实在之中。但是,由于笛卡儿的理性仅仅是"独立个人的理性",并且,在后来的逆转中,独立的理性既丧失了独立性又丧失了合理性,表现为依存性的东西,而这一理性的产物则成了理性和自主性的寓所。理性不再寓于人类个体和他的理性之中,而是外在于个人和个人的理性。无理性成了现代资本主义社会的理性。社会的理性超越了个人(笛卡儿理性的代理人)的理性、力量和能力。所以,"唯理主义的理性以其技术和科学成就创造了现代文明,但它在塑造了理性的个体,即能够进行精确科学推理的个体的同时,也造就了'理性个体'所无力反抗的非理性力量"①。科西克断言,这种非理性的力量是唯理主义的理性既无法把握和解释,又不能以一种连贯的理性方式加以组织的实在。

　　科西克把诸如此类的理性逆转称为"唯理主义理性"的逆转。他分析说,这种逆转不是一个神秘的转变,它之所以发生是因为整个过程的出发点是唯理主义的个人理性,这种理性既是理性的一种特殊历史形式,又是个体的特殊历史形式的理性。科西克深刻地指出:"这一理性注定会把某些实在弃置于理性的疆域之外:要么因为它无法捕捉这些实在,在这个意义上这些实在是非理性的,这构成了非理性的第一种含义;要么因为它不能主宰或者控制这些实在,它们脱离了它的管辖,在这个意义上它们也是非理性的,这构成了非理性的第二种含义。"②可见,"动态的术语掩盖着静态的内容;理性只是在达到某一确定历史阶段之前是历史的辩证的,

---

　　① Karel Kosik, *Dialectics of the Concrete*, Dordrecht and Boston: D. Reidel Publishing company, 1976, p. 57.

　　② Karel Kosik, *Dialectics of the Concrete*, Dordrecht and Boston: D. Reidel Publishing company, 1976, p. 57.

从这个转折点之后,它就变成超历史的和非辩证的理性了"①。

唯理主义在把非理性的东西搁置一边的同时,还用这种非理性构成自己的现实化形式和实存形式,使之理性化。主要体现在:一方面,唯理性主义的理性假定个人可以把自己的理性用于一切,并在这个意义上反对任何权威和传统。它要用自己的理性去研究和认识一切。另一方面,唯理主义的理性把自己当做直接给予的东西,理性就是理性自身,它在实践上和理论上都不包括世界的总体。因为它把自己当成直接给予的东西。这两方面直接导致了唯理主义的理性把自身理性绝对化了。

所以,科西克得出结论说:"理性化和非理性是唯理主义理性的两个化身。"②当代唯理主义正是借助于这两个化身隐而不显地大行其道的。而在这个过程中,唯理主义理性把合理性等同于有效性,并通过与技术进步的联姻,把技术看做是理性的完美表现,把理性看做是行为和活动的技巧,更使得理性化与非理性"如鱼得水"。但是,这个过程却造成了人类自身所不愿意看到的结果——"人类实在从理论上和实践上被划分为两个领域,一是效用的领域,即理性化、资源和技术的世界;二是人类价值与意义的领域,这个领域成了一个佯谬形态的非理性王国"③。前者称之为客观性的世界;后者称之为主观性的世界。自从当代社会日益分化为明晰的两重世界以来,人们一次又一次地努力重新统一世界,或者弥补它的片面性。然而,由于唯理主义把理性与合理性作了形而上学的把握,无论各种学术思潮的理论综合,还是各种各样的非理性主义运动,都无法实现自己的纲领和任务。

针对这种状况,科西克沿着理性的正确发展路线提出了可行的解决办法。他认为,现代辩证法的历史已经表明,辩证理性能够扬弃各种"理性的实存和非理性的实存",而且,以人的名义、以广义理性的名义逐步征服那些在形而上学理性看来纯属非理性王国

---

① Karel Kosik, *Dialectics of the Concrete*, Dordrecht and Boston: D. Reidel Publishing company, 1976, p.103.

② Karel Kosik, *Dialectics of the Concrete*, Dordrecht and Boston: D. Reidel Publishing company, 1976, p.58.

③ Karel Kosik, *Dialectics of the Concrete*, Dordrecht and Boston: D. Reidel Publishing company, 1976, pp.58-59.

的"区域"。为了阐明自己的看法,科西克给出了令人信服的精彩论证:"辩证理性既是认识的普遍必然性过程,又是构造实在的普遍必然性过程。它没有把任何东西弃置于自身之外,因而,它既变成科学和思维的理性,又变成人类自由和人类实在的理性。理性的无理性,以及理性的历史局限性,在于它拒斥否定。理性的合理性在于它把否定设定并预期为自身的产物,在于它把自身把握成一种连续的历史否定性,并由此认识到它自身的活动就在于以矛盾为出发点并解决矛盾。辩证理性并非存在于实在之外,它也不把实在置于自身之外。它只有通过实现自身的合理性才能存在,也就是说,它只有在历史进程中构造出一个合理的实在,才把自身构造为辩证理性。"①

显然,辩证理性具有一个最为突出的特征,即否定性。科西克说,这种否定性把认识的每一个完成了的步骤和即将迈向人类自由的每一个步骤,都置于发展着的总体背景之中,在理论上和实践上不断超越这个步骤。它没有把绝对和相对混淆起来,而是在历史过程中把握并实现相对与绝对的辩证法。

可见,科西克批判理性,但并不反对理性本身,他所要反对的乃是"唯理主义的理性","唯理主义的理性"把整个世界都置于理性的统治之下。同时,科西克对理性的批判也进一步超越了韦伯对理性的理解,因为韦伯严格把理性自身限定在了工具理性、操控理性和技术理性之内,而忽视了价值和目的。也就是说,事实上,科西克不仅揭示了我们当代社会工具理性的本质,而且,从更普遍和更根本的意义上揭示了当代社会(无论发达资本主义社会,还是社会主义社会)的共同的现代性根基——唯理主义的理性。

第二节 主体、理性主体与主体主义

从进步的意义上说,现代性可以被理解成一种觉醒的时代意识。自从文艺复兴"发现了人",强调人的尊严、个性和自我价值以来,现代性就以理性为根基,以人的主体自由为目标,把主体性原

---

① Karel Kosik, *Dialectics of the Concrete*, Dordrecht and Boston: D. Reidel Publishing company, 1976, p. 60.

则贯彻到了思想、政治、技术、文化的各个方面,整个近现代以来的历史俨然是主体不断张扬和扩展的历史。启蒙运动吹醒了人们的理性意识,宗教改革改变了人的信仰方式和权威的基础,培根"知识就是力量"的划时代口号给人们认识自然、改造自然提供了巨大的主体性力量。"近代哲学之父"笛卡儿提出的"我思故我在"命题,明确表述了人以理性为根基的主体性地位。对此,黑格尔相当中肯地评价道:"笛卡尔事实上是近代哲学真正的创始人,因为近代哲学是以思维为原则的……哲学在奔波了一千年之后,现在才回到这个基础上。"①所谓"回到这个基础上"就是回到了人的主体性这个基础上来。然而,如果按照黑格尔对哲学的理解,这一次"回到这个基础上"最终也不过是"回到""哲学大全"(总体性)途中的一个小小的"圆圈"而已。因为,哲学再次经历了几百年的"奔波"之后,尚需对这一次"回到"有所反思,以期下一个新的"回到"到来。

一、主体的在世状态与在世方式

人是一种怎样的存在?近代西方思想和哲学观念在反抗宗教对人的压迫时正确地"发现了人",特别是从古代的认识论传统出发,把人定义为"理性的动物",理性成了人的根本属性,甚至是特有属性。从某种意义上说,这种对人的理解并没有错。如果离开理性、失去理性,人的确很难再称之为人。但近代以来的哲学在强化这一概念的过程中,却对它作出了极端化的理解,自觉不自觉地把理性当成了人的唯一属性,把理性作为人之为人的唯一尺度,这导致了人们把一切都要拿到理性的"法庭"上来审视的极端做法。这种做法不仅造成了思想的危害,而且早已引起另一股持批判见解的思想家们的关注。叔本华、尼采、克尔凯郭尔,直至海德格尔,许多伟大的思想家们分别从"表象的世界"、"权力意志"、"存在"等各个角度对理性问题展开批判与对抗。可以说,这些批判所形成的力量和精神直到今天还在继续。这种批判和对抗与理性主义的根本区别在于:它把人的存在状态问题放在首位来探究"人的问

---

① (德)黑格尔:《哲学史讲演录》第 4 卷,贺麟、王太庆译,北京:商务印书馆 1978 年版,第 63 页。

题"与"世界的问题",而不是在没有任何存在论基础的前提下就直接地研究人的理性问题,然后从这个理性出发来理解世界、理解人本身。对于这种方式,我们可以称之为"主体在世状态的先行分析"。它旨在说明人们在没有搞清楚人是怎样存在的问题之前就一味地以人的理性认识能力来思考世界、思考实在存在着严重的不合理性。它提出这样一种见解:认识论哲学只有奠基在存在论的坚实基础之上才是合理的,否则就会变成"无根的"认识论。

那么,在科西克的那个时代,科西克也已经敏锐地注意到了当代西方思想的重大转变,并且开始自觉地将这些思想融入自己关于马克思主义的研究当中。可以说,科西克是东欧新马克思主义者中为数不多的敢于把马克思主义直接与当代西方哲学前沿成果紧密联系起来并鲜活地表现为新马克思主义的思想家之一。在科西克看来,"人不是一个抽象的认识主体,不是一个思辨地对待实在的沉思着的头脑,而是一个客观地实际行动着的存在,一个历史性个体,亦即在与自然和他人的关系中进行着实践活动,并在一个特殊的社会关系综合体中实现着自己目的和利益的个体"①。也就是说,人总是带着自己的观念、带着自己的生存状态、带着自己的社会关系等等来看待问题的。恰如马克思所指出的:"人们的观念、观点和概念,一句话,人们的意识,随着人们的生活条件、人们的社会关系、人们的社会存在的改变而改变,这难道需要经过深思才能了解吗?"②正因为如此,人类个体在处理问题时才体现出多种多样的丰富性和个体性,尤其是体现出某种观念上的差异性。所以,科西克说:"当参涉个体实践 – 功利主义地处理物时,实在表现为手段、目的、工具、需要和操持的世界,而参涉个体则形成自己关于物的概念,并且发展出诸种适宜的直觉形式的完备系统,以此来捕捉和固定实在的现象外观。"③科西克强调从现象形态入手来研究问题。他说:"有人认为,现象形态的实在对于哲学认识、对于人来说是一种肤浅的可忽略的东西。这导致了一个基本错误:忽略

---

① Karel Kosik, *Dialectics of the Concrete*, Dordrecht and Boston:D. Reidel Publishing company,1976,p.1.

② 《马克思恩格斯选集》第1卷,北京:人民出版社1995年版,第291页。

③ Karel Kosik, *Dialectics of the Concrete*, Dordrecht and Boston:D. Reidel Publishing company,1976,p.1.

了现象形态也就关闭了认识实在之门。"①这种现象实质上已经内在地包含了人的在世状态,因为,科西克所关注的现象形态主要是人们在日常生活中所表现出来的生活现象,而这种生活现象恰是人的存在状态在日常生活中的外在表现之一。所以,在科西克看来,上述现象不是绝对的错误,或者说绝对的不可以。而是说,这是人的一种常态,一种正常现象。只不过是说,这种现象是人的在世状态的"消极"外观。但人本身决不是"消极"的,人类总是努力运用新的思想、新的方式不断地克服各种"伪具体"与"虚假总体"使人趋向于本真的存在。

那么,人究竟怎样才能趋向于本真的存在?这引申出另一个问题,即人(主体)的在世方式的问题。人以怎样的方式在世界上存在决定着人能否合理地克服其"在世状态"中的消极方面。传统西方哲学,把理性作为人的唯一属性,因此也就把"理性"作为了人的在世方式。在这个观念的主导下,人们运用理性祛除神性、认识自然、开发自然、构建理性的社会,形成了一个完全理性化,甚至走向唯理主义的当代格局。这种观念越来越受到人们的质疑和批判。自现代以来,人们重新追问人的存在方式问题,于是,尼采提出以"强力意志"作为人的在世方式,海德格尔认为"语言"是人的在世方式,伽达默尔则以"阐释"作为人的在世方式等等。而科西克坚持马克思的观点,以"实践"作为人的在世方式。在当代,由于文化的凸显,人们开始把"文化"作为人的存在方式,这种观点已经越来越多地受到人们的接受和认可。总之,人们对人的存在方式的理解越来越多元化。这表明了人类认识的进步。因为,人不是一个给定的存在,他是一个具有开放性和超越性的存在,他始终随着历史的演进生成出适合自身存在的存在方式。当然,时至今日,"实践"仍然是关于人的在世方式的最有效的解释模式。关于这一点,我们将在后文详细论述。

总之,科西克已经拒绝了仅仅把主体理解为理性的主体的片面做法,而是从主体的存在状态与在世方式上来理解主体,进而理解马克思主义、理解现代性。科西克正是在洞察了当代人类思维

---

① Karel Kosik, *Dialectics of the Concrete*, Dordrecht and Boston: D. Reidel Publishing company, 1976, pp.36 –37.

弊端并且准确地把握到了当代存在论转向的重大前提下才体现出了他的海德格尔的马克思主义的倾向。可以说这个倾向正确地反映了当代人类认识的正确走向。但是,略感遗憾的是,科西克在他的《具体的辩证法》中仅仅提及了人的众多存在状态中的一个方面(即"烦"),也许是限于篇幅,其他的,譬如"意志"、"欲望"、"畏"、"死"等等都没有叙述。不过,仅此一点,作为认识的开端已经具备十分重要的意义。从这个视角看开去,当代马克思主义关于马克思的人学理论研究、萨特的存在主义马克思主义、法兰克福学派以人为本的社会批判理论,乃至于弗洛伊德的精神分析的马克思主义,事实上都从不同层面和视角彰显了人的存在状态对于人的存在意义研究的重要性和指导意义。科西克作为东欧新马克思主义者在当时具有如此的远见卓识的确是难能可贵的。这对于我们今天重新思考马克思主义、重新思考现代性不无重大启示和意义。

二、理性主体与主体主义

西方哲学,以笛卡儿的"我思故我在"命题为标志,开始进入近现代的理性发展时期。近现代西方哲学通过弘扬人的理性的完善性,确定了人的理性主体地位,取代并颠覆了中古时期神的至高无上的中心地位与权威。但是,真正确立人的主体性地位的是德国古典哲学,康德论述了人的主体性思想和理性原则。在三大"批判"中,康德通过对纯粹理性的批判,确定了理性主体的地位与权威,使得理性的建筑术在客观知识、道德实践与审美判断领域得到了充分的肯定与展示。理性不仅是知性的力量,同时也是理性认知、道德实践与审美鉴赏的先天原则,理性主体依靠自我的自主、自律、自由成为整个世界的绝对立法者。这样,康德就把人的主体性发挥到了极致。不过,正如我们所知,康德对理性还是有所区分、有所限制的。只是在后来的演进中,人们恰恰片面地发展了康德所限制的一面,即"认知理性",而忽视了康德努力寻求的一面,即"实践理性"。离开康德,近代理性越走越远。

费希特不满意康德对理性主体的限制,通过"自我设定自身"、"自我设定非我"、"自我设定自我与非我的统一"三个命题,突出强调人作为主体在行动中的能动性和创造性。黑格尔进一步认为人的本质在于理性,而且正因为人具有思想,才有自由。在黑格尔那里,"现代世界的原则就是主体性的自由"。而理性既是思想,又是事物的本质、存在的真理,同时又是真理的实现,现代主义哲学的"理性"、"自我"及"主体"概念的弘扬达到了登峰造极的地步,成了一种无所不能的"神话"。由此可见,"西方文化逐渐地用人类主体性代替了上帝"。这个主体是认识自然、征服自然的理性主体和自由主体。

在《经受无穷拷问的现代性》(*Modernity on Endless Trial*,1990)中,科拉科夫斯基曾清晰地指出,正是由于对理性主体的迷恋与幻觉构成了现代性危险与野蛮的一面,这源自于启蒙主义的信念。启蒙运动虽然包括很多积极方面,诸如反对迷信、拒绝传统、张扬人性等等。但是这些积极的因素,也有助于促使现代性产生一种危险性的倾向,就是过于相信人类问题可以有一个人为的技术性解决方案。但实际上人类生活的许多方面,人为干涉不仅无济于事,还可能导致灾难。从 20 世纪血腥的历史中,我们见证了每一种可能的激进试验,这些试验致力于极端的人类自由与社会完善,但结果发现,人完全自主的乌托邦以及对无尽完善的期望,恰恰是人类有史以来所发明的最有效的自杀工具。这种对进步主义的盲从与启蒙之后的神圣性丧失有关。神圣性的丧失产生了一种对文明的危险幻觉,以为人类生活可以无限制地改进以臻于完美,以为社会在原则上是可以任意构成的,并认为如果否认这种完美性与任意性,就是对人的自主性的否认从而也否定了人本身。

然而,当理性上升为唯理主义理性而达到至高无上的自主性与绝对性的时候,也就预示着理性的危机行将到来。恰如哈贝马斯所言:理性"走得越高,就越失去根基,直到最终枯萎凋落,成为隐蔽而异在的源始力量的牺牲品"[1]。以主体为中心的理性遭到了哲学家们的质疑,打破现代性的理性外壳,重新澄清理性得以可能的条件及辩证地运用理性,成为哲学的根本任务之一。就当代而言,首要任务是打破以理性主体建构起来的主体主义原则和理念。何谓"主体主义"? 劳伦斯·E.卡洪异常正确地指出:"主体主义意味着个体的思维主体是世界上唯一内在地就具有价值的存在者,

第二章 科西克关于理性主体与虚假总体现代性的批判

---

[1] (德)于尔根·哈贝马斯:《现代性的哲学话语》,曹卫东等译,南京:译林出版社 2004 年版,第 357 页。

因此,它是有限世界范围内所有价值的核心。"①在主体主义理论和思维中,自然界和物理现实没有固定的价值,而主体自身则被认为比自然界拥有更多的内在的价值。当主体主义者把这种观念推及整个社会实在时,主体本身就成了整个世界的全部主宰。

主体主义仅仅把人类理性中的一个方面无限放大,甚至不加控制地无限放大,使得理性成为高于一切的东西。主体主义是一种理性的形而上学,它存在着两个常常被忽视的方面。一方面是,主体主义把心灵的全部内容包括情感意志等等统统等同于个体意识,而把内心发生的事件或者内心特质都归属于主体的理性事件或者特质。另一方面是,除了不能被归属于主体的东西之外,都被看成是主体之外的自然、物质或者他者。这两个方面的结合就形成了主体仅凭自己的理性需要而操控世界的主体主义。主体主义是现代性危机的显著特征。

可见,近代以来为了把人从自然与宗教的双重束缚中彻底解放出来,人类高扬自己的主体地位,历史地说,这本没有错。只是随着历史的发展,当理性与主体性联姻,主体性演变为理性主体,理性主体进而演变为主体主义时,理性才一步步出现了危机。对此,科西克清醒地认识到,对于理性,我们决不可以以抽象沉思的方式来把握,而应当在历史中来把握。他说:"理性不是为了在历史过程中作为理性展现出来而在整个历史之前建成的。相反,它在历史进程中构造自身成为理性。天意观认为,理性设计着历史,并在历史的现实化过程中逐步显露自身。与此相反,按照唯物主义的观点,理性之初只能在历史中形成。历史不是预先注定为合理的,而只是变为合理的。"②所以,"在历史中,理性在实现自身的过程中成为理性"③。理性始终应当是在场的批判理性,而不是脱离历史的不在场的抽象理性,或曰绝对理性。

————————

① (美)劳伦斯·E.卡洪:《现代性的困境》,王志宏译,北京:商务印书馆 2008 年版,第 50 页。

② Karel Kosik, *Dialectics of the Concrete*, Dordrecht and Boston: D. Reidel Publishing company, 1976, p.144.

③ Karel Kosik, *Dialectics of the Concrete*, Dordrecht and Boston: D. Reidel Publishing company, 1976, p.145.

三、普遍操控与主体的丧失

现代性过程是一个理性主体确立自身主体性地位和意义的过程，同时也是主体的地位与意义一步步走向丧失的过程。在这个过程中，普遍控制发挥着至关重要的作用。在科西克看来，普遍操控制度作为20世纪的一个本质特征是19世纪商业形式发展和完善的结果。在这个意义上说，我们这个世纪是过去世纪的继续，虽然发生了一系列重大的历史性革命和事件，但是，直到今天，我们还没有超越这样一个基础，即普遍的商业、交换、实用主义、异化以及操控制度和决定我们时代前景的可操控性。

科西克认为，人的被操控性的形成与人的对象性认识活动密切相关。可以说，对象性认识活动是人不可避免的认识世界的方式，本身没有什么错误。然而，一旦对象性受到主体主义的浸染，这种对象性就会反过来成为制约主体、使主体丧失自身独立地位的东西。对此，科西克正确地指出："一个个体可能会非常彻底地沉溺于对象性之中，沉溺于操控和操持的世界之中，以致他的主体完全消失在这个世界里，而对象性本身则凸显出来成为真实的主体，尽管这个主体是神秘化的。"[①]于是，作为主体的人就消失在"外部"世界中，因为他反倒被客体化为对象性主体的实存。

主体被改造成客体的实存仅仅是主体丧失的第一步，接下来，在技术理性的推动下，普遍操控最终造成了主体的沉底沦丧。对此，科西克指出："普遍操纵制度被建立在实在的技术安排之上。技术理性把实在组织成了被征服、被估算、被超越的客体。"[②]因而，人（以及与人相伴的物、自然、观念、感受性）就会变成普遍操纵制度的不可分割的一部分。这样，一个根本的史诗性的变化必须被实施，即存在被归结为现存，自然被归结为开发的对象或者物理－数学公式的总和。人转变成受到相应客体限制的主体。真理被归结为有用性的精确度，辩证法被归结为一种纯粹的方法或者规则的总和，从而最终被归结为一个完全技术的实体。

---

① Karel Kosik, *Dialectics of the Concrete*, Dordrecht and Boston：D. Reidel Publishing company, 1976, p. 47.

② Karel Kosik, *The Crisis of Modernity*, Edited by James H. Satterwhite. Boston and London：Rowman & Littlefied Publishers,1995, pp. 56 −57.

在普遍操控的制度中,人作为可操纵的个体被整合进制度。虚构了专门的虚假意识的当代人,他的伟大幻想之一就是先入为主地认为实在(存在)可以被作为客体,作为供我们开发、征服和剥夺的对象来组织和处置。这种观念既用来对付事物又用来对付人自身。所以,事实上,人本身总是通过这种安置并以适当的方式被整合进了制度之中,成了制度的必不可少的组成部分,顺应制度的逻辑。因此,如果现代人意识到了他的处境的成问题之处,如果他试图从社会、哲学、历史等方面解释这些现象,那么,他只是在解决后果。他的检验并没有触及问题的核心,没有触及根本,尽管他可以发现很多意义和价值。

继而,"在一个普遍操纵的制度中人失去了区分的能力和需要,也就是说,失去了从非真理中辨别真理、从恶中辨别善的能力和需要。这种操纵制度是一种冷漠无情的制度,在那里真理同伪善相混淆,善与恶相混淆"①。冷漠意味着真理与非真理、善与恶、崇高与卑鄙以及普遍抬高与普遍贬低相等同了。一切都同样的既有价值又没有价值,因为一切都被剥夺了自身的价值和内在的意义。因此,科西克深刻地指出,在一个普遍操纵的制度中,虚假意识不是建立在非真理和谎言之上,而是建立在真理与非真理、善与恶的盲目和混淆之上。在这样的制度中,冷漠出现了,一方面,因为人在这样的日常氛围中被转换成了活着和行动着的大众;另一方面,因为人们对于差异丧失了能力和兴趣而变得冷漠、单调、困惑、麻木等等。在科西克看来,意识形态的多样性和虚假观念的差异性掩盖了那些基础和本源,结果,一方面,多样性的现象表面上呈现出互相对立和互相排斥的特点,另一方面,这些现象混淆了革命或者激进变革的本质,而这种革命或者激进的变革恰恰是所有取代当前普遍操纵制度的办法中最有效的途径。

但是,科西克说,他并不认为在所谓的斯大林主义与西方的大众社会、富裕社会、消费社会之间没有本质的区别,也不认为这两种现象属于完全不同的社会经济模式。"然而,我要问——为什么虚假意识和人的操纵在这两种社会形式中发挥了如此重要的作

① Karel Kosik, *The Crisis of Modernity*, Edited by James H. Satterwhite. Boston and London:Rowman & Littlefied Publishers,1995, p.56.

具
体
辩
证
法
与
现
代
性
批
判

用;我的结论是,使这两种现象得以可能的基础和根源在于它们都存在着隐而不显和含混不清的人与实在的概念化。"①对于"概念化"这个词,科西克认为,我们不是用它来指理论意识,而是指在交互主体关系中,在人与物及本质的联系中,在发现真理的方式中,在真理与非真理之间,人和存在产生了现实分裂,并被固化在特定的环境中。实在在数百万人的日常生活中被再生产出来,在此基础上人们形成他们关于自身和世界的设想。普遍操纵制度的特征不仅主导着人们关于自身和世界设想的虚假意识,而且从根本上造成了人们关于真理与虚伪的辨别能力的丧失和退步,同时致使人们对于真理与非真理、善与恶的区分普遍丧失兴趣或者兴趣乏味。至此,理性主体不仅在控制自然的过程中丧失了自身,而且在整个社会实在的形成过程中也彻底丧失了自身,变成了失去意义的客观对象。

第三节 虚假总体的现代性批判

"具体的总体"是马克思主义的核心概念之一,也是唯物辩证法的重要范畴。科西克在《具体的辩证法》中说:"总体范畴在 20世纪被广泛地接受和承认。但是,它始终处在被片面地把握的危险之中。"②"片面地把握"使总体被降格为一种方法论训条,一种研究实在的方法论准则。"片面地把握"也使总体成为了与自身正好相反的东西,它已经不再是一个辩证概念,而是退化为两个极为浅薄的老生常谈:"每一种东西都与其他的一切东西相联系";"整体大于部分之和"。这样,辩证的总体就已经演变成了虚假的总体。一旦人们运用这种虚假的总体观念来认识世界、改造世界,就会不可避免地造成灾难性的后果。20 世纪,人类(无论社会主义还是资本主义)在现代性的历史途中所追逐的各种"宏大构想"以及由此所造成的历史伤痛与文化危机都与其密切相关。科西克重新提出马克思的具体总体的辩证法思想,并赋予它以当代的最新理

---

① Karel Kosik, *The Crisis of Modernity*, Edited by James H. Satterwhite. Boston and London:Rowman & Littlefied Publishers,1995, p.55.

② Karel Kosik, *Dialectics of the Concrete*,Dordrecht and Boston: D. Reidel Publishing company, 1976, p.17.

解,目的就在于最大限度地恢复和高扬马克思主义的唯物辩证法,为人们克服虚假总体与伪具体扫清道路,同时也为人们正确地理解现代社会、理解现代性铺平道路。

一、具体总体与虚假总体

近代以来,人的思维一直在趋向于一种认识的辩证法,一种辩证的认识观。同时,人的思维也一直在趋向于对客观实在本身的辩证理解。在科学研究与人文思想的双重推动下,总体的概念应运而生。人们运用"总体"来理解被科学分化的世界、理解偶然性与规律性、理解产品与生产活动等等。总体被视做辩证的概念。马克思用唯物主义的方式发展了总体的概念,使之成为唯物辩证法的核心范畴之一。在马克思那里,总体被视做从实在的内部规律来把握实在,并且从表面的偶然现象底下发现必然的内部联系的辩证批判观点。马克思用它有力地批判了形形色色的唯心主义和旧唯物主义。但是,马克思之后,特别是两次世界大战之后,"总体"问题再次凸显。人们围绕"能不能用革命的方式来改变实在?社会 – 人类实在能否从根本上作为一个整体的存在来改变,即能否全盘地改变它的总体? 或者是不是只有部分的改变才是可行的和现实的,而整体的存在是不变的统一体或者是不可捉摸的境遇"①等一系列总体性问题展开斗争与辩论。经验主义和存在主义反击诋毁总体性概念,认为世界的总体已经崩塌,把它组织起来是主体的事。而唯物主义又没能很好地理解、把握它的实质,结果,在片面的理解中,总体变成了僵化的方法论教条,变成了空洞的虚假总体。

科西克指出,虚假的总体有三种表现形式:一是空洞的总体,它"缺乏反思"、"拒绝反思",尤其"拒绝把实在当做一些个别要素来占有";这种总体把一切现实的存在都"置于括号之中",对具体现实反应迟缓,对各种新的现象和倾向缺乏洞察力。二是抽象的总体,它把整体形式化,成为与部分对立的东西,成为"高级的实在"。这种总体"没有产生和发展,没有整体的形成过程,没有建构

具体辩证法与现代性批判

---

① Karel Kosik, *Dialectics of the Concrete*, Dordrecht and Boston: D. Reidel Publishing company, 1976, p. 34.

和解构",是一个"封闭的整体"。这种观点的变种包括有机体论、整体主义以及一切把历史的本质和经验事实强行割裂开来的历史观,它们都把历史神秘化了,历史被误解为一个在人的背后自行完结的超验实体。三是恶的总体,在这种总体中,"社会实在被设想为一些互相影响的自主结构的总和或总体。这样,主体便消失了,或者更确切地说,真实的主体(作为客观实践活动主体的人)的位置被神话化、物化和拜物教化的主体所取代,被结构的自主运行所取代"①。概括起来,各种虚假总体的共同之处在于,它们都把具体的活生生的人排斥在了总体之外,使总体变成了一种外在化的、控制着人的自律力量。而事实上,"对具体的总体性的辩证观点来说,重要的是,总体不是在牺牲部分的前提下才被认为是实存的,它是动态的和开放的,是通过人类实践活动而非各种异化结构的相互作用被创造出来的"②。如果说理论的认识实质上就是现实的回应的话,那么,在科西克看来,总体问题与革命问题的密切联系,经过适当的改头换面在捷克斯洛伐克的条件下也表现出来。也许,这正是科西克提出具体的辩证法的现实原因之一。

然而,从理论上来说,要使人从被动中解放出来,使具体辩证法得以实现,就必须深刻理解"总体"概念。那么,到底什么是总体? 在科西克看来,在唯物主义哲学中,要想回答"什么是总体"的问题,首先必须回答"什么是实在"的问题。只有唯物主义地回答了第一位的问题之后,才能正确地回答第二位的问题,即什么是总体的问题。科西克认为:"实在是一个具体的总体,是一个结构性的、进化着的、自我形成的整体。"③关于科西克对实在概念的丰富论证没必要在此全部展开。我们所要强调的是,科西克的"实在"概念是一个完全从客观"事实"出发的概念。科西克之所以这么做的根本原因在于他试图表明"实在"本身就是一个运动变化着的客观总体。作为对实在进行反映的认识,要想获得真理,就必须遵从

---

① Karel Kosik, *Dialectics of the Concrete*, Dordrecht and Boston: D. Reidel Publishing company, 1976, pp.30-31.

② (南)马尔科维奇、(南)彼得洛维奇:《南斯拉夫"实践派"的历史和理论》,重庆:重庆出版社1996年版,第40页。

③ Karel Kosik, *Dialectics of the Concrete*, Dordrecht and Boston: D. Reidel Publishing company, 1976, p.18.

客观"实在"的固有属性。如此,才能正确地反映世界、认识世界。可以肯定地说,科西克以这种方式既保证了总体概念的合理性,又为总体概念确立了唯物主义根基。正是经过如此一番清理,科西克才和盘托出了他对"总体"概念的理解。首先,科西克认为,具体的总体不是一切事实的总和,而是一个自我生成、自我建构着的整体。"总体意味着实在是一个结构化的辩证的整体,在这个整体中并通过这个整体,任何特殊的事实(或任何事实的组合、系列)都可以得到合理的理解。"①更确切地说,"辩证的总体概念不仅意味着各个部分既相互作用、相互联系,又与整体发生联系和作用;而且意味着不能把整体僵化在高于事实的抽象之中,因为,整体恰恰是在各个部分的相互作用中把自己构造为整体的"②。其次,科西克进一步指出,尽管具体的总体是一个自我建构的过程,但是对人而言它并非是自律的,而是由人的社会生产建构的。因为,世界总体的运动既包含这个总体向人展现自己的途径,又包含揭示着这个总体的人。也就是说,具体的总体的生成基础是人的革命的和批判的实践活动。所以,科西克特别强调指出:"人是真正的历史主体(实践的主体),在社会生产和在生产中,人既建构基础又建造上层建筑。他把社会实在构造成社会关系、制度和观念的总体,在构造这一客观社会实在的过程中,他还把自己塑造成具有人类本性和潜能的历史社会存在,从而实现着'人化之人'的无限过程。"③

　　总之,科西克从具体总体的生成与虚假总体的批判两个方向上阐明了总体的概念。与"正统的"马克思主义者有所不同的是,科西克不是僵化教条地理解马克思的思想,而是把它深深地植根于人与社会发展的现实活动中,鲜活地理解马克思,鲜活地理解人们所处的时代。他对这个时代的理解就是对现代性社会的理解。他通过对"总体"概念的辩证分析和独特阐释,深刻地批判了现代性社会把总体理解成高于日常生活,凌驾于人之上,从而只强调社

具体辩证法与现代性批判

---

　　① Karel Kosik, *Dialectics of the Concrete*, Dordrecht and Boston: D. Reidel Publishing company, 1976, pp. 18 – 19.

　　② Karel Kosik, *Dialectics of the Concrete*, Dordrecht and Boston: D. Reidel Publishing company, 1976, p. 23.

　　③ Karel Kosik, *Dialectics of the Concrete*, Dordrecht and Boston: D. Reidel Publishing company, 1976, p. 30.

会制度的重要性,蔑视人的主体地位,使人屈从于社会结构的错误观念。

二、主体的解放之路与奥德赛之旅

文艺复兴以来,欧洲文学、哲学、科学作品普遍充满"奥德赛"主旨,任何与知识有关的主体(无论人、精神还是劳动)都要经历一个彻底认识世界、周游世界的旅程。为了完成这种自我认识的奥德赛,主体在世界上有所作为,改变世界,同时改变主体的自我认识。主体周游世界后返回到自身,这个返回到自身的主体已经超越了出发点时的主体,由此构成主体的解放之路。于是,有些人试图表明马克思的《资本论》如同黑格尔的《精神现象学》一样,也不过是奥德赛的一种表现形式而已。并认为,马克思对资本主义的批判事实上并没有超出黑格尔的思想体系以及所设定的任务。但是,科西克认为,对现象学和资本论的理解必须弄清楚这种广义的文化和方法中的具体差异。

首先,从具体内容上看。人们不能把资本论中的奥德赛仅仅比做现象学中的奥德赛,因为,"精神的奥德赛或者意识经历的科学并不是'实现'漂泊历程的唯一的或者普遍的形式,而仅仅是方式之一"①。现象学实现奥德赛的方式是通过知识活动;资本论既存在一个不同的主体,又存在一个不同的实现它的奥德赛的方式。资本转向了具体历史实践的"奥德赛","它从基本劳动产品出发,经过人在生产中的实践 – 精神活动对象化、固定化的一系列现实形态,最终,不是在关于它自身是什么的认识中,而是在基于这种认识的革命实践活动中,结束自己的旅程"②。而对精神的奥德赛来说,生命的真实形式只是意识从普遍意识向绝对知识、从日常生活意识向绝对哲学知识前进演化中的一些不可缺少的环节。但是,在绝对知识中,一旦奥德赛运动完成了,它同时也封闭了自身。精神的奥德赛完成的仅仅是理智的活动,"智者"的活动。而《资本论》不是精神的奥德赛,而是包含着深刻的唯物主义要素的奥德

① Karel Kosik, *Dialectics of the Concrete*, Dordrecht and Boston: D. Reidel Publishing company, 1976, p.111.

② Karel Kosik, *Dialectics of the Concrete*, Dordrecht and Boston: D. Reidel Publishing company, 1976, p.111.

赛。所以,《资本论》不是从意识出发。相反,它是实践的具体历史形式的奥德赛,因此它要从商品开始。

其次,从二者的宽广背景来看。科西克认为,我们抵制、反对"宏大叙事",并不意味着反对总体性,而是反对那种空洞的、"钳制"具体的研究方式。把《资本论》放置在奥德赛主旨的宽广背景中,已经不是一般意义的"宏大叙事",而是要扼杀马克思的唯物主义哲学本质。然而,正如具体历史实践的奥德赛一样,《资本论》是以商品开始的。这种奥德赛揭示了资本主义财富的规律以及劳动主体对当前剥削制度的认识。劳动主体对剥削制度的认识十分关键,因为实现劳动主体对资本的认识方式不是一个沉思的知识活动,而是一个摧毁剥削制度的实践活动。这样一个主体发现异化、摆脱异化的过程,从而实现自我解放的历程已经绝非精神意识的抽象宏大所能包容、所能涵盖,因为劳动的主体本身就是一个不断扩展精神实在从而走向宏大的主体。所以,马克思主义研究的普遍任务是产生一种对资本主义制度的批判意识,如果没有对当前劳动的历史形式进行辩证的"奥德赛"研究,就不可能获得正确的马克思主义哲学观点。换句话说,对于马克思主义的经济研究不能从过去的教条的马克思主义开始,不能不加反思地把它们运用到已经经历了一定历史发展过程的当代背景中来。

很显然,一个多世纪以来,在资本主义社会里,劳动的历史形式在诸多方面都发生了重大变化。因此,对于不断发展的批判意识来说,有必要重新对资本主义经济进行历史性研究。然而,无论考虑到马克思对 19 世纪资本主义的研究,还是考虑到马克思主义对当代后资本主义的研究,马克思主义哲学的结论都始终具有普遍适用性:只要劳动主体通过历史研究揭露了剥削,并且具体地认识他们自身,那么一种革命的实践活动就是必须的。因为,"马克思的《资本论》不是一种关于资本的理论,而是对资本的理论批判或批判理论。除了描述资本的社会运动的客观形态以及与此相符合的资本代理人的意识形式,除了追溯系统运行(包括它的动乱和危机)的客观规律,它还要研究将对这个系统实行革命性摧毁的主

具
体
辩
证
法
与
现
代
性
批
判

体的起源和形成过程"①。这才是马克思《资本论》所存在的奥德赛精神的实质。

正是因为马克思对黑格尔的批判,展现于特定经济范畴中的人类对象化的历史形式才能够被理解为一种超越哲学沉思的现实运动。然而,这种现实运动经常被现象观念所伪装,破除伪装,需要辩证概念。但被发现的本质必须要通过一种现实的实践活动才能被克制。科西克需要找到这种现实化的通道。对科西克来说,精神意识的奥德赛缺乏这种功能,而"劳动则是一种浸透人的全部存在并构成人的特征的进程"②。劳动不仅仅控制产品,更重要的还在于,劳动是人控制时间,而不是人被时间所控制。正是劳动,使时间的永恒性出现了暂存性的特征。暂存性是由劳动产生的,因为劳动是通过对象化来进行的,没有对象化,就不存在暂存性。由此,劳动造成的暂存性,为人的解放提供了可能。但是,科西克同时也提醒人们说,"把人的时间问题与他的客观活动联系起来,是马克思主义哲学与存在主义的暂存性概念的根本不同之处"③。存在主义把暂存性闭锁在了自我的主观性之内,无法实现对世界的真正超越,也就根本无法实现自身的自由与解放。

在上述前提下,科西克开始把经济与自由联系起来。科西克重申了马克思关于必然王国与自由王国的区分。由于马克思的区分,人们能够看到经济本身并不能与其中任何一个自由王国联系起来,经济本身仅仅意味着它是一个必然与自由、动物性与人性构成了历史的统一体的人类实在领域。而其中,劳动与经济之间的联系是问题的关键,正是劳动意义的重新提出才决定性地推动了历史的人道化进程。所以,在现代性的历程中,如果主体要获得解放,就不可避免地要经历一个经济上的奥德赛之旅。但是,这决不是一个被动之旅,也不是一个甘受经济苦役之旅,而是实践基础上的人对经济的超越之旅。如是,人的解放之路就不仅仅是奥德赛

① Karel Kosik, *Dialectics of the Concrete*, Dordrecht and Boston: D. Reidel Publishing company, 1976, p. 112.

② Karel Kosik, *Dialectics of the Concrete*, Dordrecht and Boston: D. Reidel Publishing company, 1976, p. 119.

③ Karel Kosik, *Dialectics of the Concrete*, Dordrecht and Boston: D. Reidel Publishing company, 1976, p. 131.

之旅,而是实践过程中的自我意义的不断生成之旅。

三、历史与自由

自从文艺复兴"发现了人"以来,人便开始独立地创造自己的历史。随着历史的推进与时间的延伸,历史与人的自由问题逐渐关联起来。人怎样看待历史成为制约人能否获得真正自由的重要前提和理论依据。近现代以来,人们形成了各种各样的历史观,诸如决定论的与非决定论的、理性的与非理性的、天意的与浪漫主义的等等。但是,在科西克看来,在论证历史是怎样的之前,我们必须先知道历史是什么,它如何是可能的。他说,历史学家研究历史上发生了什么,哲学家则问历史是什么,它究竟如何是可能的。然而,历史的真正难题在于"已经发现历史是人类实在的一个基本向度的历史意识,其本身却不能在自身内证明历史的真理是什么"①。因此,每一种深刻系统地阐述历史之本性的尝试,都难免带有神秘化的特征。如何看待历史的问题之所以重要,是因为这其中暗含着人的自由问题。人不是被动的历史存在物。历史决定论颠倒了人与历史的关系,历史成了主体,成了主动的东西;而人原本是作为主体存在的东西,现在反倒变成了客体物。科西克认为,关于历史是什么,我们必须在祛除神秘化的批判过程中才能发现它的真实意义。科西克通过对天意论历史观、决定论的历史观、浪漫主义历史观等等的批判来揭示历史的含义,从而使人们明确了历史与自由的关系。

首先,历史不是给定的。科西克认为,近代以来,存在着两种主要的历史决定论思想,它们都把历史视做给定的东西,从而导致把历史中的人的自由也视做被动的给定的自由,即被历史规划好了的自由。这两种历史决定论思想一种是天意论的历史观,另一种是规律论的历史观。天意论的历史观主要体现在维柯、谢林和黑格尔的历史哲学中,"天意"被作为历史建构的重要要素。他们认为,历史是某种天意、"看不见的手"、"理性的狡黠"或者"自然的意图"等等的结果。历史在这些要素的作用下总是趋向于合理

具体辩证法与现代性批判

78

---

① Karel Kosik, *Dialectics of the Concrete*, Dordrecht and Boston: D. Reidel Publishing company, 1976, p.140.

性。历史总是存在的,存在的历史总是合理性的。自由是历史唯一的合理性目的。纯粹的理论推演似乎具有一定的意义,但是,历史是一个现实过程而不是一个理论过程,逻辑应当反映历史而不是相反。对此,阿格尼丝·赫勒在《现代性理论》一书中曾指出,如果自由作为历史的基础也就意味着一切都根本不存在着基础。因为,每一项政治行为都可以据此以自我所谓的自由为根据,每一种生活都可以据此以自我所谓的自由为基础,每一种哲学都可以据此以自我所谓的自由为奠基。所以,自由"可以以各种可能的方式得到解释,这些解释往往不只是在理论上相互矛盾,而且在实践上——在判断和行动中——相互矛盾。作为基础和目的的自由是欧洲的发明,它也可以被用来反对欧洲,它还可以被用来反对现代性。现代性建立在不成其为基础的自由之上,它不单是没有获得确定性,而且无法抵抗确定性(不管它们的来源如何)"①。因此,天意论的历史观是建立在抽象的自由基础之上的虚假的历史观。

规律论的历史观则从另一方面曲解历史。这种历史观主要体现在当代伪马克思主义者对马克思主义的错误理解之中。一些人以马克思的代言人的身份教条地理解运用马克思的历史思想,把历史变成了"铁的规律",人则变成了服从这一规律的工具。科西克对这两种历史观提出深刻的批判,认为在他们貌似对立的现象之后存在着共同的本质:人类理性的误用。天意论的理性历史"把历史预先设计为合理的,并且只有在这个没有事实根据的形而上学设想基础上,才能构造出'理性的狡黠'、'看不见的手'、'自然的意图'等概念。也只有借助于这些概念,亦即借助于神秘的辩证变形,无序的、特殊的人类活动才能得出合理的结局。历史之所以是合理的,只是因为它被预先设计和规定为合理的"②。而在规律论的历史中,人们虽然在历史中行动着,但他们只是看上去像是在创造历史。事实上只不过是"工具和实施武器"。上述两种历史观表面上各执一词、互相抵制和反对,然而,这两种历史观都是决定论的历史观,都把历史看成了理性给定的东西。科西克指出,历史

① (匈)阿格尼丝·赫勒:《现代性理论》,李瑞华译,北京:商务印书馆2005年版,第29页。

② Karel Kosik, *Dialectics of the Concrete*, Dordrecht and Boston: D. Reidel Publishing company, 1976, p.144.

决定论把实在分裂开来:一端是易逝的、空寂的、贬值的事实;另一端是实在之外价值的先验存在。也就是说,实在被分解为超历史事实的相对化世界和超历史价值的绝对化世界。历史变成了伪历史与反历史的东西,人也就毫无自由可言。

总的来看,历史决定论的基本命题是人不能超越历史;唯理主义则主张人必须超越历史达到某种形而上的东西,达到某种能够保证知识和道德的真理性的东西。这两种主张有个共同的假设:历史就是易变性、不可重复性和个别性。在各种历史决定论观点里,历史消弭于环境的易逝性和暂时性之中。人们通过对人类精神的阐释形成一种历史类型学,以此作为诸种特殊性的秩序调节观念。这个观念高于人,人不能走出历史,因为历史是一种绝对。对此,科西克批判说,如果绝对、普遍和外观是不变的,如果永久是独立于变异的,那么历史就只在表面上是历史。相反,辩证法不承认任何先于历史、独立于历史或作为历史终极构想的绝对和普遍。辩证法认为绝对和普遍是在历史进程中形成的。"历史之所以是历史,是因为它既包含着环境的历史性(historicity),又包含着实在的历史行状(historism)。短暂的历史性沉入过去,并且一去不复返。历史行状则是连续持存持着的事物的形成过程,是历史的自我形成和创造。"①也就是说,在科西克看来,人类历史是连绵不断的对过去的总体化。在这个总体化过程中,人类实践对过去的各种要素进行整合,从而把它们保存下来。在这个意义上说,人类是在不仅是新事物的生产,而且也是旧事物的批判的辩证的再生产。总体化就是生产和再生产的过程,是保留和更生。唯有如此,历史才成其为历史,人才成其为自由的人。

其次,历史不是任意的。与历史决定论相反,浪漫主义的历史观则把历史看成是任意创造的。对此,科西克质疑道:"假如人们可以任意地行事,任凭自己的激情和兴趣去从事他们的利己主义事业和各自的特殊偏好,那么历史就不是朝着一个末世的终点前进,而是在理性与非理性、善良与邪恶、人道与非人道之间循环往

① Karel Kosik, *Dialectics of the Concrete*, Dordrecht and Boston: D. Reidel Publishing company, 1976, p. 83.

复,永无穷期。"①显然,历史离不开历史实在本身。马克思和恩格斯在《德意志意识形态》中曾指出:"历史的每一阶段都遇到一定的物质结果,一定的生产力总和,人与自然及个人之间历史地形成的关系,都遇到前一代传给后一代的大量生产力、资金和环境,尽管一方面这些生产力、资金和环境为新的一代所改变,但另一方面,它也预先规定新的一代本身的生活条件,使它得到一定的发展和具有特殊的性质。"②但是,"迄今为止的一切历史观不是完全忽视了历史的这一现实基础,就是把它仅仅看成与历史过程没有任何联系的附带因素。因此,历史总是遵照在它之外的某种尺度来编写的;现实的生活生产被看成是某种非历史的东西,而历史的东西则被看成是某种脱离日常生活的东西,某种处于世界之外和超乎世界之上的东西"③。正是基于对马克思和恩格斯历史观的准确把握,科西克进而从历史的连续性角度,对浪漫主义历史观提出了进一步批判。他指出:"如果人类开创的每一个时代都与另一个时代毫无瓜葛,如果每一个行动都没有先决条件,那么,人类将永远停留在一个地方而无法前进半步,人类存在将运动于绝对开端和绝对终点周期循环的圆圈之中。"④

最后,历史是人创造的。在科西克看来,历史是人创造的,这是历史的第一个前提。人在历史中实现他自身,在历史之外,人不知道自己是谁,甚至根本不成其为人。所以,人既不是在天意的蓝图上创造历史,也不是在主观随意性中创造历史。相反,人在历史中阐明着自身。这种历史的阐明(也就是人和人性的形成过程)是历史的唯一意义。人决不是机械地被构造出来的,既不存在过去决定现在和将来的天然法则,也不存在抽象的将来决定现在的定律。"人不同于下落的石头,人的存在不同于物体的存在。"⑤人是历史的真正主体,他通过自身的实践活动构造着历史实在。所以,

① Karel Kosik, *Dialectics of the Concrete*, Dordrecht and Boston: D. Reidel Publishing company, 1976, p. 142.

② 《马克思恩格斯选集》第 1 卷,北京:人民出版社 1995 年版,第 92 页。

③ 《马克思恩格斯选集》第 1 卷,北京:人民出版社 1995 年版,第 93 页。

④ Karel Kosik, *Dialectics of the Concrete*, Dordrecht and Boston: D. Reidel Publishing company, 1976, p. 145.

⑤ Karel Kosik, *The Crisis of Modernity*, Edited by James H. Satterwhite. Boston and London: Rowman & Littlefied Publishers, 1995, p. 36.

只有当一种历史是作为人的自由与意义的实现而存在时,这种历史才是真正的历史。"这种历史观和唯心主义历史观不同,它不是在每个时代中寻找某种范畴,而是始终站在现实历史的基础上,不是从观念出发来解释实践,而是从物质实践出发来解释观念的形成,由此还可得出下述结论:意识的一切形式和产物不是可以通过精神的批判来消灭的,也不是可以通过把它们消融在'自我意识'中或化为'幽灵'、'怪影'、'怪想'等等来消灭的,而只有实际地推翻这一切唯心主义谬论所由产生的现实的社会关系,才能把它们消灭;历史的动力以及宗教、哲学和任何其他理论的动力是革命,而不是批判。"①对此,马克思在《1844 年经济学哲学手稿》中也说:"历史的全部运动,既是它的现实的产生活动——它的经验存在的诞生活动,——同时,对它的思维着的意识来说,又是它的被理解的和被认识到的生成运动。"②正是在这种人类自由自觉的运动中,人类才实现着自己的自由。当然,自由不是某种终极的存在,科西克清晰地指出:"自由是一个历史过程,它被'历史载体'(社会、阶级、个人)的活动所扩展和实现。自由不是一种状况,而是一种历史活动。这种历史活动构造出相应的人类共同存在模式,即构造出一个社会空间。"③在这个社会空间里,"将是这样一个联合体,在那里,每一个人的自由发展是一切人的自由发展的条件"④。所以,现代性的历史一定是属人的历史,任何非人的要素都是应当受到抵制与批判的。现代性不是外在于人的他物,现代性是现代人不可逃脱的历史,作为历史,正像科西克所说的那样,它是内在于人的,人必须把现代性作为实现自身的过程,只有在这个过程中,并通过不断地辩证反思与实践,才能趋向历史的进步与人的自由。

因此,要解决人在历史中的获得自由的可能性及其条件的问题,人们必须解决人的问题,而不单单是历史的问题,因为历史什么都没做,人却做了一切。因为人创造了历史,而不是相反,所以,理性不是为了在历史过程中作为理性展现出来而在整个历史之前

① 《马克思恩格斯选集》第 1 卷,北京:人民出版社 1995 年版,第 92 页。

② 《马克思恩格斯全集》第 3 卷,北京:人民出版社 2002 年版,第 297 页。

③ Karel Kosik, *Dialectics of the Concrete*, Dordrecht and Boston: D. Reidel Publishing company, 1976, p.147.

④ 《马克思恩格斯选集》第 1 卷,北京:人民出版社 1995 年版,第 294 页。

具
体
辩
证
法
与
现
代
性
批
判

建成的。相反,它在历史进程中构造自己成为理性。如果历史成为合理的,而不是被预设为合理的,那么使历史成其为合理的决定性因素就是人的创造性、人道化和批判性的实践活动。人们必须知道,"实践是人类存在构造实在过程的决定性因素"①。也就是说,历史不是以抽象的自由为基础,而是以自在自为作为人的存在方式的实践为基础。通过把实践根植于历史的基础地位,科西克认识到了古典哲学关于历史的历史性问题。在古典历史哲学中,不管人们假定历史是合理的还是有一个更高的目标,人都是把自身堕落为历史的工具。这样,古典历史哲学中的自由实际上是虚构的。通过反思那种把绝对自由和绝对必然加以片面抽象化的做法,科西克把自由和必然看成是辩证地构建着的历史过程。由此,他得出了如下深刻结论:"一切哲学问题从本质上说都是人类学问题,因为人把他与之发生理论的与实践的联系的一切都人类学化了。"②人是历史的核心,人的自由是建立在实践基础上的历史性的自由。尽管我们已经有足够的理由证明马克思开创了人学辩证法,但是,要进一步研究历史与人的自由问题还有待于我们沿着科西克所坚持并开拓的批判性道路继续走下去。

① Karel Kosik, *Dialectics of the Concrete*, Dordrecht and Boston: D. Reidel Publishing company, 1976, p.137.

② Karel Kosik, *Dialectics of the Concrete*, Dordrecht and Boston: D. Reidel Publishing company, 1976, p.149.

第三章　科西克关于审美主体与
伪具体现代性的批判

　　现代性是一个总体性的历史范畴,存在多重含义,包括多种类别。卡林内斯库(Calinescu)就认为,在近现代西方历史上存在着两种现代性,一种是源于科学技术进步、工业革命和资本主义带来的全面经济社会变化的作为文明史阶段的现代性;另一种是源于波德莱尔的美学现代性(审美现代性),这两者之间存在着紧张的冲突和分裂,从而构成现代性的内在矛盾运动。审美现代性是作为启蒙现代性的对立面而出现的。审美现代性不赞同启蒙现代性对于社会政治经济文化的理性抽象建构,不同意文化的大众化庸俗化,试图与现实保持一定距离。审美现代性具有感性、求新、乌托邦的特征,它的"为艺术而艺术"的口号为人们寻求解放与自由打开了另一个通道,并且对启蒙现代性具有一定的警示作用。然而,由于审美现代性过分强调自我存在的浪漫性,忽视了社会实在的辩证连续性,因此,它可能造成的社会"断裂"与"崩塌",始终是现代性发展中值得警醒的方面。

　　作为历史总体的"延异"部分,现代性的内在动力还没有完全耗尽,不可能以浪漫主义的方式突然结束。正如齐格蒙特·鲍曼在《现代性与矛盾性》一书中所揭示的那样,"现代性是一种不可遏制的向前行进——这倒不是因为它希望索取更多,而是因为它获得的还不够;不是因为它变得日益雄心勃勃、更富冒险性,而是因为它的冒险过程已日益令人难堪,它的宏大抱负也不断受挫。之所以这一行进仍须进行下去,是因为它到达的任何一个地方都不过是一临时站点。没有一处地方特别让人垂青,也没有一处地方

具
体
辩
证
法
与
现
代
性
批
判

会比另一处地方更为理想"①。于是,"现代性的历时过程延展于无以为继的昨日和不可企及的未来之间。这里没有中间过渡。光阴如流,时间最终消融于苦难之海,从而使指示物得以继续漂浮下去"②。

在科西克的现代性批判思想中,审美现代性也是作为启蒙理性的对立面呈现出来的。他关于"现实主义与非现实主义"、"劳动与艺术"、"艺术作品与社会实在"、"伪具体与间离"等问题的阐释与分析深刻反映了他对于现代性审美维度的独特见解。但是,正如我们所知,在科西克的思想中,审美现代性并不是作为一个独立的问题域或者专门的概念表现出来的,而是渗透在他的思想背景域或者辩证理性批判张力之中以潜在的批判对象的方式存在的。这给我们理解和阐述科西克的审美现代性造成一定的困难。但是,在科西克具体总体思想的帮助下,尤其是透过他的社会-人类实在的总体性概念的棱镜,我们依然会领略到一幅独具时代特征的审美现代性批判图景。因此,在这一章中,我们将从启蒙理性现代性的对立面审美现代性入手,分析现代性中审美主体的存在方式及其困境,阐明审美救赎的可能性与不可能性,批判伪具体世界的虚幻性。

第一节 审美现代性的辩证反思

人总是试图把握实在,但常常只"掌握"了它的表面或假象。那么,实在究竟如何实实在在地展现自身? 人类实在的真理如何向人显现自身? 人通过专门科学了解社会-人类实在的各个局部领域,确立关于它们的真理。人还有另外两种不同的"手段",使他能达到人类实在的整体认识,可以实实在在地展示实在的真理,这就是哲学和艺术。艺术与哲学的特殊地位和特殊使命的基础就在这里。由于艺术与哲学具有生机勃勃不可缺少的功能,它们是不可替代和不可移除的。用卢梭的话说,它们是不可剥夺的。实在

---

① (英)齐格蒙·鲍曼:《现代性与矛盾性》,邵迎生译,北京:商务印书馆2003年版,第17页。

② (英)齐格蒙·鲍曼:《现代性与矛盾性》,邵迎生译,北京:商务印书馆2003年版,第18页。

在伟大的艺术中向人展现自身。真正意义上的艺术是非神秘化的和革命性的。因为它引导人们远离虚假观念和偏见，引导人们进入实在本身和实在的真理。

科西克的具体辩证法是一种批判性理论。作为一种批判理论，它从不寻求某种理论体系的建构，而是在辩证的反思与批判中形成一种内在的观点和思想。科西克关于审美现代性的问题也同样是在他关于"文化的形而上学"的批判中演进开来的。为了准确把握科西克的审美现代性批判思想，我们必须沿着科西克关于"人类－社会实在"的形成过程的批判分析才能领会他的批判意旨。

一、现实主义与非现实主义

科西克所生活的历史时期，正值东欧教条的历史唯物主义盛行的时期。马克思的思想被所谓"正统的马克思主义"片面地理解为"经济决定论"。人类社会的一切活动都被理解为经济活动，任何实践活动都是由经济活动所决定的。其他任何实践活动都必须依据经济的需要而存在。艺术作为人类独特的审美活动，其现实性与非现实性成为人们关注的核心。围绕这个问题形成了现实主义与非现实主义之争。而科西克关于审美现代性问题的探讨就是内在于他关于艺术的现实性与非现实性的批判反思之中的。

在科西克看来，关于现实主义和非现实主义的争论，总是促使人们重新制作更精确的定义，改造概念，用一些新名词代替旧名词等办法来表明艺术的现实性或非现实性。但所有这些都建立在一个未经审查的暗含的假定之上。人们在艺术家对实在的态度问题上争论，在艺术家描述实在的手段问题上争论，在他反映实在的这个或那个方面的适当性、忠实性和艺术精确性的问题上争论，但是却始终心照不宣地假定，实在本身当然是最明显最熟悉的东西，是最不需要质疑和研究的东西。因此，科西克质问道："到底什么是实在？如果把基本的问题留在黑暗之中，只在第二性的问题上做文章，关于现实主义与非现实主义的争论能有多大的成果呢？"①以往有关现实主义或非现实主义的一切观念，都以某种有意识或无

具体辩证法与现代性批判

① Karel Kosik, *Dialectics of the Concrete*, Dordrecht and Boston: D. Reidel Publishing company, 1976, p.67.

意识的"实在观"为基础。艺术中什么被看做现实主义,什么被看做非现实主义,往往取决于什么是"实在",取决于人们如何理解"实在"。所以,对这个问题的唯物主义考察,必须首先以艺术与实在的依存关系为前提和基础。

科西克以诗歌为例来分析这个问题。他说,诗歌并不是比经济低一等的实在。虽然它属于不同的类型和形式,具有不同的使命和意义,但是,它同样是一种实在。无论是直接的还是间接的,有中介的还是无中介的,经济总不能生出诗歌来。人创造了经济,也创造了诗歌,它们都是人类实践的产物。唯物主义哲学不能用经济来说明诗歌。它不能把经济看成人类唯一的实在,其他不那么实在的方面,诸如政治、哲学、艺术都是来装扮经济的。相反,这里我们缺乏对经济的真正认识,缺乏对经济起源的真正了解。在科西克看来,"现代唯物主义是一种激进的哲学,它不是仅仅限于分析人的创造物,而是深入到社会实在的根基,即深入到作为客观的主体、作为创造社会实在的人的存在来进行探究"①。作为客观的主体,人遵循自然的规律,依存于自然这个不可缺少的条件,利用自然的材料构造出一个新的社会－人类实在。只有在这个基础上,我们才能把经济解释为"基础"和"发源地"。由此可见,科西克认为,在一切存在当中,人的存在是首位的,其他的一切存在都是围绕人的存在而存在。经济既不能决定人,也不能决定艺术,而是人决定经济。进而推知,人的存在既决定着经济又决定着艺术及社会的其他方面。那么,回到艺术的现实性与非现实性问题中来,科西克试图表明,这个问题不是由经济来决定的,而是由人的存在来决定的。人是一个具有多种欲求的存在,他所创造的每一种符合人性的具体的人类－社会实在都是他所需要的。艺术作为人类审美活动的重要方面,也正是人的存在不可或缺的组成部分。

通过运用唯物主义思想对艺术的现实主义与非现实主义的哲学分析,科西克既批判了"经济决定论"的错误思想,又批判了人们对艺术的态度问题。科西克告诉人们,作为审美活动的艺术,是与经济、政治、文化等处于同等地位的社会等价物,在人的存在中具

① Karel Kosik, *Dialectics of the Concrete*, Dordrecht and Boston: D. Reidel Publishing company, 1976, p.67.

有不可替代的价值和意义。

二、劳动与艺术

在论证了艺术与经济处于同等重要的外在关系之后，科西克转而进一步探讨艺术与劳动的内在关系。这个关系的揭示阐明了艺术是作为人的存在方式的实践活动的始源组成部分。劳动与艺术是同一的。本真的劳动就是艺术审美，艺术审美是劳动的本真含义。

科西克认为，文艺复兴发现了人和人的世界，揭开了近代的历史纪元。但是，文艺复兴对人的沉思是从劳作开始的。这里的劳作是广义的创造。劳作是人与野兽的区别，是人所专有的东西。上帝也创造，但他不劳作。而人则既创造又劳作。在文艺复兴时期，创造与劳作还是统一的。创造是某种已提升的和正在高扬的东西。特别重要的是，在当时，作为创造活动的劳作与劳作的高扬着的创造物之间存有直接的联系。创造物指示着它们的创造者。"它们不仅表明人已经变成了什么、已经成就了什么，而且还表明他可能会成就的一切。它们显示了他的实际创造力，更显示了他的无限潜能。"[①]

但是，资本主义切断了这一直接联系，把劳作与创作活动分开，把创造物与创造者分开，把劳作变成非创造性的使人精疲力竭的苦役。对此，科西克批评说，创造是艺术，而工业劳动则是呆板的程序，是千篇一律的重复，因而是毫无价值和自我贬低的东西。文艺复兴时期人是创造者和主体，现在人却沦落到了创造物和客体的水平，沦落到与桌子、机器、铁锤一样的水平。人失去了对自己所创造的世界的控制，也就失去了自身。现在，物和物化人类关系的客观世界是真实的实在。与此相比，人则表现为错误、主观性、不精确和任意性的根源，一句话，表现为一个不完整的实在。现代社会里，艺术与劳动彻底分离了。

在科西克看来，艺术与劳动的分离经历了一个扭曲的思想过程。艺术一直被认为是典型的人类活动或人类行动，是一种与劳

具体辩证法与现代性批判

---

① Karel Kosik, *Dialectics of the Concrete*, Dordrecht and Boston: D. Reidel Publishing company, 1976, p. 68.

动不同的自由创造。黑格尔把真正的劳动放在艺术创造的位置上，而艺术创造则被谢林看做是唯一的实践。但是在谢林看来，艺术创造是独立于外在目的的。"这样一来，人类实践被划分为两个领域。在一个领域中，实践活动是在必然性的压力之下实施的，名之曰劳动；在另一个领域中，实践活动是作为自由创造来实现的，名之曰艺术。"①这种划分把劳动视做了一种由外来目的策动的人类行动。当人的行动由外部必然性的压力所激起并由这种必然性所决定时，他是在劳动。对这种必然要求的满足维持着他的生存。同一个活动既可以是劳动，又可以是非劳动，这取决于它是否作为自然必然性来完成，是不是生存的必要前提。科西克举例说，亚里士多德不劳动，但一个哲学教授却劳动。因为教授对亚里士多德《形而上学》的翻译和解释是职业需要，是受社会条件制约的为生活和生存谋取物质资料的必然性。

所以，把人类行动划分为劳动（必然王国）与艺术（自由王国）只是大致地捉住了劳动和非劳动问题的某些方面。这种划分是以劳动的一种确定历史形式为基础，是个未经批判审查就接受的假定。但是，这样的一种划分却揭示出劳动特征的另一个本质属性，即劳动是一种超越必然王国的人类行动。这种活动虽未离开必然王国，却在必然王国中构造人类自由的现实前提。而艺术走的则是另一面，它总是在以非现实的方式启示着人类自由的基本向度。可见，劳动与艺术的内在联系深深地影响着现实主义与非现实主义的关系。人们常常站在现实主义与非现实主义的角度，或者以审美的方式看待现代性的问题，或者以现实主义的方式看待现代性问题，事实上，都忽视了现代性的现实主义与非现实主义的两重性，而导致了对现代性理解的片面性。

人在劳动的基础上，在劳作中并且通过劳动塑造了自己。劳作使人变成了不同于自然的存在。虽然人超越着自然，但他出于自然，并且是自然的一部分。他与他的创造物的关系是自由的，他可以从这些创造物中间走出来，探寻他们的意义，并探寻自己在宇宙中的位置。

---

① Karel Kosik, *Dialectics of the Concrete*, Dordrecht and Boston: D. Reidel Publishing company, 1976, p.124.

三、艺术作品与社会实在

科西克反对把艺术当成产品,实践活动创生的艺术不是拟态和复制。他认为,艺术品不仅是某一时代的总和,而且也是抵制和反对超越那个时代的相关要素的总和。也就是说,某一历史时期艺术品的总和不仅包括这一时期所有艺术品自身,而且这个总和之中也包括当时或者后来试图反对和超越那个时代的艺术品的东西。每一次为消费而成功的再生产都意味着把过去带到将来。人类每一次的再生产活动都试图把过去当成渴望,进而期待净化出美的现实。也就是说,艺术品不仅具有个体的审美价值,而且还具有形成新的社会实在,进而实现认识社会、改造社会的功能。

科西克说,一座中世纪的大教堂,是封建世界的一个表现或表象,但同时又是这个世界的一个构成要素。大教堂不仅艺术地再现了中世纪的实在,它也艺术地生产出中世纪的实在。每一件艺术作品都有不可分割的两重性:它表现实在,同时也构造实在。它所构造的实在,既不存在于作品之外,也不存在于它之前,只能存在于作品本身之中。实在不是已知的观念,不是仅仅对现实的描绘和图解。作为一件艺术品,作为艺术,它既描绘实在又构造实在,构造美与艺术的实在。描绘和构造是同时并存不可分割的。古希腊的神庙、中世纪的大教堂和文艺复兴时期的宫殿都表现实在,但它们同时也构造实在。当然,它们所构造的不仅是古代的、中世纪的或文艺复兴的实在,不仅是这些社会的建筑方面的要素。"作为完美的艺术作品,它们所构造的实在,是一种超越了它们各自世界历史性的实在。这种超越显示了它们的实在的特殊性质。"①一座希腊神庙(艺术品)的实在不同于一枚古代钱币(一般物品)的实在。后者随着古代世界的崩溃而失去了实在性。它失去了原有的效力,不能再充当支付手段和贮藏手段。随着历史性世界的崩溃,功能性要素也失去了实在性。古代神庙失去了做礼拜和举行宗教仪式的场所的直接社会功能;文艺复兴宫殿也不再是文艺复兴时期君权的可见象征和君主们的实际住所。但是,尽

具体辩证法与现代性批判

① Karel Kosik, *Dialectics of the Concrete*, Dordrecht and Boston: D. Reidel Publishing company, 1976, p.73.

管历史性的世界已经崩溃,尽管它们的社会功能已经消逝,古代神庙与文艺复兴宫殿仍然不失其艺术价值。那么,艺术向人保存了什么? 在科西克看来,一座文艺复兴宫殿就标志着一个完整的文艺复兴世界。"一件艺术品,只有构造一个完整的世界,才能表现一个完整的世界。只有当艺术作品展示了实在的真理,只有当实在通过它表达时,它才能构造一个世界。在艺术作品中,实在对人有所表达。"①

然而,科西克指出,为了弄清楚实在与艺术作品的关系,既要反对把艺术作品和它的艺术性看成一种"超社会的"存在,又要防止把某种主观性的东西看成"超社会的"存在。这两种做法都是把实在与艺术作品对立起来了。在现代资本主义社会,社会实在的主观运动从客观运动中分离出来,而且两者作为独立的实在互相对峙:一边是纯粹的主观性,另一边是物化的客观性。这样就造成了双重的神秘化:作品与环境的自主性与主体的心理学化和被动性。科西克批评说,实在不仅以"客体"的形式存在,而且首先是作为人的客观活动存在。当代人们对艺术的分析,之所以失败,是因为它们建立在缺乏客观人类实践要素的实在概念之上。一件艺术品是一个综合结构,一个有结构的整体。它把观念、命题、乐曲、语言等等形形色色的要素联结在一个辩证的统一体中。仅仅宣布作品是一个意义结构,是向社会实在开放的,在整体上和个别构成要素上都由社会实在决定,还不能对作品与社会实在的关系作出充分的说明。仅仅从"文化社会学"或者社会历史方面的根源、影响和被接受情况等等来考察艺术作品的意义是远远不够的。

科西克说,艺术作品毫无疑问是由社会决定的,社会实在与艺术之间存在着密不可分的内在关联。如果作品(特定的意义结构)不进入社会实在的分析和研究之中,社会实在就变成一个纯粹抽象的框架或一般的社会决定作用,具体总体就会变成虚假总体。同时,如果人们不把作品当做一个意义结构来研究(它的具体性根植于它作为社会实在要素的实存中),那么,原为相对自主意义结构的作品就会变成绝对自主结构,具体总体也会变成虚假总体。

① Karel Kosik, *Dialectics of the Concrete*, Dordrecht and Boston: D. Reidel Publishing company, 1976, p.74.

所以，一件作品不是一个实体，而是一个实在。作品之所以是作品并作为作品而赋有生命，是因为它需要解释，因为它是具有多种意义的感染作品。"一件艺术作品的感染力不是一件物体、一本书、一幅画或一件雕塑的物理特性，不是自然物体或人造物体的物理特性。它是作品的特殊生存方式，而是它作为社会－人类实在的生存方式。"①也就是说，作品不是生存在死气沉沉之中，而是通过总体化，通过不断的再生而存在。作品的生命不是它的自主性生存的结果，而是它与人相互作用的结果。在科西克看来，作品之所以有生命是因为：一是，作品本身灌注着实在与真理；二是，人类有"生命"，亦即生产着和感知着的主体有生命。正是这两个方面的内容决定了艺术作品既具有永恒性又具有暂存性。人类的存在意义就是在这种两重性的交互作用中不断生成的。因此，科西克断言："社会－人类实在的每一种构成要素都必须以这种或那种形式显示这一主－客观结构。"②

第二节　审美主体的存在论困境

　　从上述科西克对审美现代性的辩证反思中，我们可以发现，科西克特别强调每一种具体的社会实在都具有同等重要的存在意义，我们决不能把一种社会实在强加于另一种社会实在之上。科西克反对经济决定论，反对用经济来决定审美艺术的存在。同样，反过来，他也坚决反对以艺术审美来决定或者取代其他社会存在。这两种做法都是不可取的，都有各自的片面性。然而，科西克发现，随着资本主义的发展，资本主义社会越来越处于分裂之中。"一方面是筹划、操作、控制、精密科学、计量化、支配自然、实用等等，一句话，是客观性的世界；另一方面是艺术、内在情感、美、人类自由、宗教等等，一句话，是主观性的世界。"③面对世界的分裂状态

具
体
辩
证
法
与
现
代
性
批
判

92

---

①　Karel Kosik, *Dialectics of the Concrete*, Dordrecht and Boston: D. Reidel Publishing company, 1976, p.80.

②　Karel Kosik, *Dialectics of the Concrete*, Dordrecht and Boston: D. Reidel Publishing company, 1976, p.81.

③　Karel Kosik, *Dialectics of the Concrete*, Dordrecht and Boston: D. Reidel Publishing company, 1976, p.59.

（也就是人的分裂状态），人们总是一次又一次地试图把分裂的世界统一起来。但是人们总是过分地强调一个方面，而忽视了其他多个方面。譬如，唯理主义的理性化，或者浪漫主义的审美观念等等。关于理性的问题，前文已经有所探究。在这里，我们着重分析审美作为现代性的反转力量，其审美主体自身所面临的存在论困境，从而表明审美现代性作为未来现代性诉求的替代性方案的困境。

一、审美主体与自我同一性

科西克在谈论"人"的时候曾说："人不仅是能认识的存在，而且是经验着、行动着的存在，人是认识的主体、经验的主体、行动着的主体。"[①]也就是说，人是一个多重维度构成的主体，而不是单一维度的主体。据此分析，审美主体也应当是人的一种合理性存在。这种判断应当没有问题，审美本身的确是人的一种合理的存在方式之一。但是，如果我们把审美作一种宽泛化的理解，尤其是把审美与现代性相关联而提出审美现代性时问题就会变得复杂起来。因为此时的审美主体已经不仅仅承载着审美的功能，还潜在地承载着变革社会的功能。然而，以往人们在谈论审美现代性时，并没有先行考察审美主体的功能变化，就直接推论审美主体具有这样一种社会功能。那么，这里的问题是：为什么审美主体难以担当如此重任？这需要我们对审美主体作一番透彻的考察。

审美，一般来说，是指通过创造特定的符号或者象征来表达我们所生活的世界及其意义的艺术性活动，并且通过这种活动人获得了相应的愉悦感、崇高感、美感等等心理体验。那么，从根本上说，审美是一种关乎人类内部精神世界的自我相关性活动。它既不像科学，主要是一种关乎外部世界的对象性活动，也不像商品生产活动，主要是一种关乎事物对于人类的实用价值或者功利价值的活动。审美的终极意义在于给人一种快感体验和精神超越。审美犹如宗教，根本上是一种自我同一性体验。所谓自我同一性体验，是指在个人瞬间的直觉体悟中，达到感性个体与绝对理念的完

① Karel Kosik, *Dialectics of the Concrete*, Dordrecht and Boston: D. Reidel Publishing company, 1976, p.150.

全契合,从而使审美主体获得有限自我与无限存在、相对存在与绝对存在、短暂在者与永恒在者的泯然交融;审美主体由此获得个体生命性灵的超越和解脱,绝对的自由和个体生命性灵得到一定程度的实现。然而,审美主体的自我同一性只能是在自我这个范围内才是绝对有效的。尽管审美体验可能在他者之间产生共通感,能够被他者所接受认同,但这种自我同一性却不具有普遍性,因为具体的审美体验只具有时间的暂存性,而不具有时间的永恒性。凡是以永恒的方式存在的审美,都只能是不在场的抽象审美,真正的具体的审美一定是时间在场的审美。

从科西克所倡导的"实践是人的存在方式"这个角度来讲,虽然审美活动也是一种实践活动,但是,它本身却不具有实践所具有的人类存在的普遍性。从根本上说,审美活动仅仅是一种个体性的实践活动,而不是典型的社会性实践活动。从这个层面说,它无法承担现代性所给予的全部理念。诚然,我们并不否认审美本身对现代性所具有的批判作用,特别是它作为一种积极的对抗力量所具有的批判意义。但是,我们决不能无限度地把审美上升到统领现代性的高度。否则,我们难免会再一次遭遇非理性的历史性灾难。所以,透过科西克的思想我们旨在阐明审美现代性的实质是一种自我同一性。自我同一性是在反对主 – 客二元对立的同一性过程中产生的同一性的另一个极端。现代性批判既要批判绝对主客体同一性,又要批判自我认同的审美主体同一性。

二、审美主体与非审美主体

人,是一个多元化的主体。他只有作为多元化的主体才能存在。正如科西克批判理性在非辩证的发展过程中易于出现唯理性主义倾向一样,在对待审美问题的态度上,人们同样可能会导致唯审美主义的倾向。有些人总是试图把审美主体由具体的主体提升为普遍性的主体,这不仅使审美主体面临着同一性的困境,而且使审美主体面临着与非审美主体之间矛盾激化的困境。具体体现为两个方面:一是审美主体在趋向审美现代性主体的过程中难免会使自身失去审美的特性,变成非审美化的主体;二是审美主体在取得现代性主体地位的过程中必然造成现代性多元主体地位和作用的失衡,使现代性出现极端化倾向。现将这二者分述如下:

具体辩证法与现代性批判

首先,就审美主体自身而言,审美主体由具体的主体地位跃迁到现代性的总体主体地位是对其他主体形式和主体权利的褫夺。在现代性的总体中,审美主体只有占据自身的位置才能形成巨大的内在张力,构成对非现代性的东西的一种批判和超越。一旦审美现代性失去自身的位置,审美主体也就失去了自身的位置,失去自身位置的主体已经很难再称得上审美主体。审美主体变成了非审美主体。那么,不再是审美主体的主体缘何能称得上现代性的审美主体? 不再具有审美功能的现代性又缘何能称得上审美现代性?

　　其次,就审美主体与其他现代性主体之间的关系而言,各个主体之间是彼此独立、互相并存、互相牵制的主体间性关系。仅从审美主体与以启蒙为主导的理性主体的关系来看,美国学者卡林内斯库曾说:"可以肯定的是,在 19 世纪前半期的某个时刻,作为西方文明史一个阶段的现代性同作为美学概念的现代性之间发生了无法弥合的分裂。"[①]卡林内斯库的意思是说,在西方现代性的历程中,自 19 世纪前半期以来出现了两种现代性,即审美的现代性与启蒙的现代性。审美的现代性是以审美的感性方式来批判和抗议启蒙的理性的现代性的。这二者并存,是一种常态。也就是说,卡林内斯库并不认为哪一方对另一方具有绝对的统治力或者优势。所以,现代性是一个具体的总体,是多种力量并存、多种力量共同推动才得以存在和发展的现代性,而不是某一种单极的现代性。这恰好回应了科西克的看法。在科西克看来,现代人生活在一个总体性的系统里,"现代人的完整性与被浪漫化了的宗法式的人的完整性不同,它出现在不同的地方。在较早的时代,完整性处在一定的形式和形态的约束之中,而现代人的完整性则处于多样性的统一和矛盾之中"[②]。在古典的浪漫主义视野中,审美主体是生活在一个自我约束和自我控制的"独立体系"之中,而不是生活在受某一系统或者机制约束的"社会体系"之中,那样的主体自身可以作为一个孤立的个体而存在。然而,现代社会是一个已经完全分

　　① (美)卡林内斯库:《现代性的五副面孔》,顾爱彬、李瑞华译,北京:商务印书馆2003 年版,第 47～48 页。

　　② Karel Kosik, *Dialectics of the Concrete*, Dordrecht and Boston: D. Reidel Publishing company, 1976, p.55.

化为众多"脱域"的社会,脱域之间既相互独立又彼此牵制,构成了一个系统,而且是一个多样化统一的系统。这是人类的一个进步,而不是倒退。我们可以反对系统的不合理性,但不可能消灭人类已经建立起来的整个系统本身。所以,科西克指出,浪漫主义审美主体轻视系统,轻视其他主体,但是,"他们忘记了,人的问题,人的自由和具体性问题,永远是他与系统的一种关系"①。也就是说,人永远是生存于系统之中的存在。

然而,科西克所说的人在系统中存在,并不是说人是被动地受系统的支配和制约,而是呼唤人们建构一种充分体现人的真正自由与发展的"系统"。事实上,这个系统正是马克思和恩格斯孜孜以求的未来社会的"人类共同体"。"只有在共同体中,个人才能获得全面发展其才能的手段,也就是说,只有在共同体中才可能有个人自由。在过去的种种冒充的共同体中,如在国家等中,个人自由只是对那些在统治阶级范围内发展的个人来说是存在的,他们之所以有个人自由,只是因为他们是这一阶级的个人。从前各个人联合而成的虚假的共同体,总是相对于各个人而独立的;由于这种共同体是一个阶级反对另一个阶级的联合,因此对于被统治的阶级来说,它不仅是完全虚幻的共同体,而且是新的桎梏。在真正的共同体的条件下,各个人在自己的联合中并通过这种联合获得自己的自由。"②

三、审美主体与伪审美主体

科西克曾说,"烦"是人的一种存在状态,烦包含着"凡俗"和"神圣"两重性。由于烦的神圣性,人具有了内在的超越冲动,当这种冲动以积极的实践活动的方式表现出来时,人便获得了更多的存在意义。然而,这个过程并不是直线式的,也并不是人有了"神圣"的诉求就自然而然地完成的。在这个过程中,有一种倾向特别值得我们注意,那就是"主观性"。在科西克看来,主观性不仅仅是一种偏见,而且是一种壁垒。人决不能把自己闭锁在主观性的壁垒之中,否则,人只能是原子式的无法存在的孤立自我。相反,科

① Karel Kosik, *Dialectics of the Concrete*, Dordrecht and Boston: D. Reidel Publishing company, 1976, p.55.

② 《马克思恩格斯选集》第1卷,北京:人民出版社1995年版,第119页。

西克在论证"烦"的概念时,为了避免人们的误解,一再强调烦的客观性。他认为,烦不是一种主观的"心理状态",不是"一系列观念",而是经过主观转化的人的客观主体实在,是一种实际参与,归根结底,是一种实践。在科西克的视野中,审美也是一种实践活动。既然审美是一种实践活动,那么,它就决不是主体的一种主观活动,而是人在对象化的实践过程中的主 – 客观相统一的活动。只有审美主体具备这种实践特性时,其审美活动才具有一种改造社会的功能。但是,我们一定要注意到,科西克在这里强调审美的社会变革作用决不是要把审美置于实践活动本身之上。因为,在科西克看来,虽然审美活动可以作为变革社会的一种途径,但是,它只是起到了有限的"间离"作用和功能,而不可能取代实践本身担当彻底变革社会的使命和重任。

作为实践活动的主体必然是内在于世界之中的主体,并承载着社会再生产的目的与愿望的主体,如此的主体,具有一个根本特征:主体必须承担其实践活动所带来的后果与责任。真正的审美主体在任何时候都不逃避这个问题。但是,伪审美的主体却经常无视这种实践活动本身所具有的内在要求而任意地曲解实践基础之上的审美本身。当代审美观念提出较为激进的观点,譬如,"日常生化审美化"、"审美游戏化"等等,审美游戏化被视为实现人的自由与解放的途径和旨归。而这种审美恰是一种无视任何责任与后果的审美。对此,我们不妨借助于赫勒关于"游戏"的分析来认清审美自由的实质。在赫勒看来,"有一种形式的活动(包括语言活动)及其伴随的知识,从不直接进入社会血流之中,因而我们对它不承担责任,这就是'游戏'。游戏的实质在于运用人的能力和爱好,而不必经受它们的实际生活的后果,并可以保留权利在愿意的时候放弃它。当你扮演一个杀了自己儿子的国王,你不必承担后果:因为儿子并没有真死。当你打某人脸时,没有后果,因为没有造成伤害。当这一公式的确不再适用之时,即是说,当框架虽然依旧是那一演出,那一游戏的框架,但后果的确随之而来时,它意味着'游戏'之外的成分进入了内容之中:那些超出'游戏'的成分

处于危急之中。这是所有职业运动中的情形"①。因此,赫勒指出:
"由于没有后果,游戏的道德与实际生活的道德迥然不同。在游戏
中只有一个道德规定:按规则进行,尽管这只适用于有规则的游
戏。在这一框架之内,任何事情都是可能的,什么都行,并不要求
一个游戏者'考虑'他的对手:没有人会故失水准以让对方获
胜。"②也就是说,游戏只求规则而不求后果,更不求责任,甚至失职
会造成更精妙绝伦的游戏效果。因此,游戏更多的时候是受想象、
幻想等非现实性要素支配的。与此相类似,如果审美越出了责任
的底线,就必然踏上不顾及任何社会后果的迷途。一旦审美主体
放弃自我应该担负的责任,它也就不可逆转地走向了伪审美主体。
伪审美主体是脱离了社会实践过程的孤立主体,是一个空洞的浪
漫主义主体,尽管它仍然具有深刻的批评意义,但其限度仅仅停留
在思想的鼓噪层面。

　　正是在这个意义上,我们可以说,科西克所构建的审美主体是
具有实践和变革社会双重功能的审美主体。而与此相反,如果一
个审美主体仅仅闭锁在自身之内,形成不了变革社会的力量,那
么,在科西克看来,他只能是一个伪审美主体,他只生活在自我的
世界里,生活在整个人类世界之外,他根本无法构成人类 – 社会实
在的组成部分。所以,人的审美活动是内在于实践活动之中的,审
美主体只有作为实践主体才是理想的主体。否则,失去了实践维
度的审美主体只能是伪审美主体。

第三节　伪具体的审美现代性批判

　　科西克关于审美现代性以及审美主体的辩证分析,清晰地表
明审美现代性既是一种激进的不可替代的批判力量,又是一种值
得人们谨慎注意其超范围使用的社会变革力量。从这个角度来
说,真正的审美现代性必然担负双重任务:既要勇于批判日常观念
中形成的伪具体世界,又要敢于揭示自身的内在矛盾,批判自身可

---

　　① （匈）阿格尼丝·赫勒:《日常生活》,衣俊卿译,重庆:重庆出版社1990年版,第
245页。
　　② （匈）阿格尼丝·赫勒:《日常生活》,衣俊卿译,重庆:重庆出版社1990年版,第
245页。

能存在的伪具体倾向。这样审美现代性才能彻底摧毁各种各样的伪具体，从而建立起未来真正属人的现代性。

一、伪具体的现代性世界批判

审美现代性所要抵制的现代性世界到底是一个怎样的世界？科西克称之为"伪具体的世界"。科西克认为："充塞着人类生活日常环境和惯常氛围的现象集合，构成伪具体的世界。这些现象以其规则性、直接性和自明性渗透到活动着的个体意识中，并获得了自律性和自然性的外观。"①这样的世界是一个人在其中作为自在的和异化的状态而存在的世界。审美现代性首先就要对这个世界予以批判和揭露。科西克从以下四个方面对伪具体的现代性世界进行了揭示和批判。

（一）外部现象的世界

科西克认为："伪具体的世界是一幅真理和欺骗互相映衬的画面。这里盛行着模棱两可的东西。现象在显露本质的同时也在掩盖本质。本质在现象中显现自身，但是，只是在一定程度上、不完全地、仅仅在某些方面和侧面显现自身。"②也就是说，实在是现象和本质的统一。现象虽然反映本质，但是，现象与本质并不是直接同一的。如果现象和本质被简单地等同起来，那么我们获得的仅仅是现象本身。同样，如果现象和本质中任何一方被孤立起来，并且在这种孤立的状态下被看做是唯一"可靠的"实在，那么，本质就会像现象一样不真实，反之亦然。因此，"捕捉某一事物的现象，就是探究和描述物自体如何在这一现象中显示自身，又如何在其中掩藏自身"③。相反，如果对本质与现象不能采取辩证认识，人们就会生活在伪具体的外部现象世界之中。

（二）人的拜物教化实践的世界

科西克亦称之为操持和操控的世界。如前所述，科西克认为，

---

① Karel Kosik, *Dialectics of the Concrete*, Dordrecht and Boston：D. Reidel Publishing company, 1976, p. 2.

② Karel Kosik, *Dialectics of the Concrete*, Dordrecht and Boston：D. Reidel Publishing company, 1976, p. 2.

③ Karel Kosik, *Dialectics of the Concrete*, Dordrecht and Boston：D. Reidel Publishing company, 1976, p. 3.

当处于"烦"之中的人仅仅表现出"凡俗"的倾向时,人就滑向了操持和操控的世界。这样一来,人的实践活动降格为以操作为主要内涵的异化活动。这种活动是人们日常中习以为常地、机械地重复的动作,它表明人的活动和关系已经物化和拜物教化。生活在拜物教化世界中的人们看似"如鱼得水",但是,他们操持事物,事物反过来也操持他们。"他们对彻头彻尾矛盾的东西决不会感到不可思议,而且,他们在沉思中也不会对合理与不合理的颠倒提出任何异议。"①显然,这个世界与他们的内在联系是异化的,而且在这种隔离状态下是绝对无意义的。

（三）日常观念的世界

科西克认为,日常观念是由日常拜物教化实践产生的,在拜物教化实践中,暴露在人面前的世界不是一个真实的世界,而是一个"形相世界"。"事物的观念假扮物自体,并且,构造出一种意识形态的形象。但是它不是事物和实在的自然特性。相反,它是某一僵化了的历史状况在主体意识中的投射。"②所以,日常观念是投射到人的意识中的外部现象,是拜物教化实践的产物。它们是这种实践运动的意识形态形式。其中,最突出的表现就是诸如"经济决定论"、"历史规律"、"看不见的手"等等虚假的意识形态观念。

（四）固定客体的世界

所谓客体的世界,科西克在这里指的不是客观自然的客体,而是人类实践活动的创造物。但是,这些客体给人一种印象,似乎它们是自然环境,使人无法直接看出它们是人的社会活动的结果。在科西克看来,人类建构起来的"经济体系"、"商品"、"资本"等等都可以称为固定客体。在固定客体的世界里,人们被改造成"经济人"一类的存在物,人成了这个客体世界的一个部件。人已经完全被客体化,即物化了。现代性的社会关系呈现为货币关系,货币关系改变了人们对人的本质的理解。在前现代社会,人的本质在于德性、品格、修养等各个方面。而在现代社会,货币溶化了人的质

---

① Karel Kosik, *Dialectics of the Concrete*, Dordrecht and Boston: D. Reidel Publishing company, 1976, p. 2.

② Karel Kosik, *Dialectics of the Concrete*, Dordrecht and Boston: D. Reidel Publishing company, 1976, p. 5.

的差别,康德所追问的"人是什么"的本质问题被量化为"人是多少"(你收入多少?你的财富是多少?你拥有多少货币?)的问题,人的本质差别被置换成了量的差别。由此人的本质失去了内在的差异性,而仅仅表现为外在的物的差异性。在现代社会中,人的这种自我表现方式,不易察觉地从"质的差异"转化为"量的差异"。"质的差异"是人与人之间内在的必不可少的本质性差异。而"量的差异"则是外在的差异,它把一定量的货币转化为物,并加之于人自身就成了现代社会歪曲地表现人的本质特征的重要手段。譬如,商品拜物教的出现,大量地消费商品,尤其是标新立异的商品,以此来呈现自我与他者的差异,因为差异中存在着自我的存在。遗憾的是当代社会的这种人的自性寻求踏上的是迷失自我的歧路。由于商品的普遍化、工业制造的复制,人的自我意义只能获得暂时性的满足,人们突破这种暂时性,不得不漫步在、消逝在无尽的商品消费活动之中,以此来填补、换取本质虚空的自我。

总括以上四个方面,科西克虽然没有过多地使用"异化"这个术语,虽然没有直接指出现代性的人类 – 实在是一个深受"异化"的人类 – 实在,但是,在他的批判中已经处处体现出马克思异化思想的核心本质。所以,"他所揭露和批判的伪具体性的世界也就是一个异化的世界,一个物化的世界。从这种意义上说,他的具体辩证法也就是一种特殊的异化理论,一种深刻的社会批判理论"①。这种批判理论在科西克那里最根本的表述就是伪具体与虚假总体的现代性批判。

二、救赎的审美现代性批判

近代西方的历史过程,是现代文明不断扩张的过程,也是人的精神急剧蜕变的过程。面对日益严重的人性分裂状况以及现代物质文明给人类生活带来的种种痛苦,人们纷纷把拯救"单向度的人"的希望寄托了审美"革命"身上,要求审美化的生存,生存的审美化。大批浪漫主义艺术家,也包括大批浪漫主义倾向的哲学家都曾不同程度地表现出把审美作为未来现代性目标的观点。卢

---

① 衣俊卿:《人道主义批判理论》,北京:中国人民大学出版社 2005 年版,第220 页。

梭呼唤以自然的人性对抗科学技术造成的危机,康德希望以艺术审美克服理论理性与价值理性之间的二律背反,席勒主张通过审美的桥梁使人从自然的人过渡到道德的人,尼采则钟情于酒神精神的狂欢与醉态来恢复人的生命的原始力度。随着审美声势的壮大,现代性的美学革命范式成为抵制现代性危机的一种重要思潮。

在这种社会批判背景中,西方马克思主义也呈现出强烈的审美现代性思想。其中,西方马克思主义者卢卡奇、马尔库塞、阿多尔诺等在这方面均有表现。卢卡奇在《现代戏剧发展史》一书中,将现代资本主义文化分为"理智的文化"与"审美的文化"两种形态,认为理智的文化把"人的完整的生活割裂开了",人在理性化和科学化的过程中成为异化的存在,而审美的文化则"赋予人生以意义"。他的主-客体相统一的辩证法,事实上主要就是美学意义上的人的总体性革命的辩证法。马尔库塞则通过把马克思主义加以弗洛伊德主义化而使之"心理革命"审美化。他的"性解放"、"新感性"和"形式政治"观点,都是用弗洛伊德主义对马克思主义进行"补充"和"修正"之后形成的。他的核心观点就是"艺术的政治潜能在艺术本身之中",也就是说,是把人的解放首先诉诸主观性审美的方面。在阿多尔诺那里,审美的现代性就是与现代资本主义日常生活的意识形态相对抗,是对这种意识形态的强有力的颠覆。在他看来,资本主义社会是一个商品的社会,而商品的生产和交换法则已经渗透在日常生活之中。因此,日常生活的虚假意识形态实际上是启蒙的工具理性发展到极端的产物,理性压制感性,道德约束自由,工具理性反过来统治主体自身,启蒙走向了它的反面,其最极端的后果就是法西斯主义、政治极权主义及其奥斯威辛集中营。阿多尔诺认为,面对资本主义社会的严峻现实,破除工具理性压制的有效手段之一乃是艺术,因为艺术是关乎精神的,是感性的张扬,是内在的超越性,是一种世俗的救赎运动。所以,现代主义艺术必然通过对现实事物的否定,将生活审美化或艺术化。他进一步重申了唯美主义的两个重要口号:为艺术而艺术,生活模仿艺术。也就是说,不是艺术作品应模仿现实,而是现实应模仿艺术作品。

近些年来,随着后现代思想的兴起与推进,审美现代性越来越试图借助于后现代性观念突破现代性的阈限。然而,后现代性并不是人类崭新的历史阶段,而是现代性的继续。如果我们还需要进行理论证明的话,不妨借鉴吉登斯的观点。吉登斯在《现代性的后果》中指出:"在现代性背后,我以为,我们能够观察到一种崭新的不同于过去的秩序之轮廓,这就是'后现代'(post-modern),但它与目前许多人所说的'后现代性'(post-modernity)大相径庭。"①也就是说,后现代不等于后现代性,后现代是现代性的组成部分,而后现代性则主张一种新的现代的到来。像许多人一样,吉登斯把后现代性理解为一种虚无主义、相对主义的哲学,认为只有像利奥塔那样的人才会拥护它。他认为仅仅发明像后现代性之类的新词汇、新术语是不够的,我们必须关注现代性的本质。由于非常具体的原因,现代性的本质一直没有被人们很好地把握。我们现在不是在进入一个后现代时代,而是在进入一个晚期现代性时代,在我们这个时代,现代性的后果获得了前所未有的极致化和普遍化。我们的确可以看到一个超越了现代性的新的、不同的社会秩序的轮廓,但它只是一个"随现代之后而来"(post-modern)的时代;这同我们今天许多人所说的"后现代性"完全是两种不同的东西。这样吉登斯就把"后现代性"重新安置在了现代性的时间维度中,后现代不是现代的时间断裂,而是继续,因为二者之间存在着紧密的内在关联。因此,如若审美现代性试图担负起拯救现代性命运的重任的话,它也必须在现代性的真实框架内行使自身的使命和意图,否则必将失之鹄的,南辕北辙。

关于审美救赎问题,科西克也有自己的看法。在科西克看来,无论工业社会还是消费社会,都意味着主体无思、无批判的存在状态。在现代社会里,社会大众受到技术和虚假意识的双重操纵,大众失去了超越性维度。在这一点上,科西克与卢卡奇、阿多尔诺等的观点完全一致,他们都从大众的被动性中发现了大众文化处于被操纵、被愚弄的状态,并认为大众艺术品只能是低级的、无聊的或者庸俗的。所以,他们都寄希望于未来的日常生活审美化。但是,阿多尔诺通过否定的辩证法所倡导的是激进的美学救赎运动;而科西克通过具体的辩证法所主张的则是实践基础上的具体总体的批判观。科西克赞同日常生活审美化,但却坚持审美变革社会

---

① (英)吉登斯:《现代性的后果》,田禾译,南京:译林出版社2000年版,第3页。

的功能是有限度的,对其适当安置才能实现变革作用。

应当说,无论"总体革命"、"理性革命",还是"审美革命",都是马克思主义学说的题中应有之义。在马克思和恩格斯看来,社会历史本是一个具有整体性的系统,无产阶级的革命不仅包括经济和政治的革命,也包括思想文化领域的革命。但是,在构成社会整体的诸因素之间,是存在着确定的结构和决定关系的。它们在社会生活和历史进程中的地位是不一样的,而革命应当遵循社会结构和历史运动的固有规律。对于无产阶级来说,政治上和经济上的解放是前提,是首要的。思想文化包括审美的解放,从根本上说要以政治和经济的解放为基础。马克思在《1844 年经济学哲学手稿》中关于审美态度和审美能力作为审美活动的前提条件的论述,从审美活动的特殊规律,即已说明了这个道理。但是,卢卡奇、马尔库塞和阿多尔诺等却不同程度地忽视或抹杀这些关系。他们的审美救赎主张虽然体现出强烈的人道主义关怀,但是却包含着深刻的主观主义倾向。他们所关注的是人性的异化与复归的问题,个人的自由体验和维护问题。他们所追求的个人自由和无政府主义本身就是一种政治乌托邦。他们把对现实社会改造的希望主要寄托在艺术审美形式本身对现存秩序的反叛上,寄托在审美意识的激发上。他们对社会改造的执著精神是值得钦佩的,但对审美批判功能的自我夸大之幻象又确实值得警惕。

三、摧毁伪具体审美现代性的主要方式

伪具体的世界是一个由"直接功利主义实践和与之相应的日常思维"所造就的现代性世界。在这样的世界里,一方面,深受异化的人们由于缺乏辩证理性思维而导致对异化一无所知,另一方面,不愿接受异化的人们,由于仅仅以简单的直接的审美方式对抗伪具体世界又难以实现合理的现代性。所以,科西克指出:"消灭伪具体以及一切形式的异化现象,已经成为 20 世纪哲学最为紧迫的问题。"①如何才能彻底摧毁伪具体构建属人的现代性? 科西克认为,必须采取以下三种方式:

① Karel Kosik, *Dialectics of the Concrete*, Dordrecht and Boston: D. Reidel Publishing company, 1976, p.33.

第一种方式是以辩证的思维摧毁伪具体。在科西克看来,在伪具体的世界中,现象取代或者掩盖本质而处于核心地位。要打破人与现象的自在状态,就必须诉诸辩证思维。科西克指出:"观念与概念之间的区分、形象世界和实在世界之间的区分、人们日常的功利主义实践和人类的革命实践之间的区分,一句话,'分割原一',是思维透视'物自体'的方式。辩证法是一种批判性的思维,它力求把握'物自体',并系统地探寻把握实在的方式。"①因此,辩证法与日常观念的学究式的系统化、浪漫化是根本对立的。它必须扬弃直接日常交往世界的表面自主性。在摧毁伪具体时,辩证法并不是机械地浪漫式地根除造成伪具体的一切客观事实,而是通过辩证的研究与反思使客体的物化形式和理想化的虚幻世界双双溶解,从而显露出其荒谬的假象背后的真实。辩证的思维不同于非批判的思维。非批判的反映思维直接地、不作辩证地分析,就在固定的观念和同样固定的环境之间寻找因果联系,并且把这种"原始思维"方式当做对观念的唯物主义的分析。这种"唯物主义化"理所当然地什么结果也得不到,只是造成了双重的神秘化,形象世界(固定观念的世界)的颠倒在颠倒了的(物化了的)物质性中固定下来。而辩证思维就是要溶解物的世界和观念世界中的拜物教化人工制品,以透视它们的"残忍"。

　　非辩证的方法认为人们能够直接地捕捉到事物;而辩证的方法则坚信只有通过沉思事物才能被理解。"辩证思维把实在当做一个整体来把握和描述,这个整体不仅是关系、事实和过程的总和,而且还是他们的形成过程、结构与生成。"②根据辩证与非辩证方法之间的对立,科西克能够从一个方面阐明另一个方面的特征。当现象观念自主地构建事物时,辩证概念则剔除它们虚假的独立性。辩证思维是通过概念超越概念,通过对同一性的批判超越同一性。因此,辩证思维的实质是一种否定。现代性预设了自由、平等、博爱等等人类渴求的美好未来,这是一种假设的确定性,这种确定性肯定了自身,却具有完全的否定意义,是对传统社会的彻底

　　① Karel Kosik, *Dialectics of the Concrete*, Dordrecht and Boston: D. Reidel Publishing company, 1976, pp. 5 - 6.

　　② Karel Kosik, *Dialectics of the Concrete*, Dordrecht and Boston: D. Reidel Publishing company, 1976, pp. 23 - 24.

否定,正是这种否定性的力量无限制地推动现代人为之心向所往。然而,这种纯粹的普遍性到来的时刻表上却标注着虚无主义的符号。一旦现代性的现实与精神中期待的人的存在意义相背离的时候,辩证法就显现出巨大的否定性力量,但是,现代性却不会因此而被摧毁,而是通过并且只有通过它才能生长得更加茂盛。

第二种方式是以人类的革命－批判实践摧毁伪具体。科西克认为,辩证－批判的思维对于摧毁伪具体固然十分重要,但是,它仅仅是革命－批判的实践的一个方面,因为伪具体并非纯粹思维的产物,而是人的直接功利主义实践的结果,因此,只有把人的活动提升到革命－批判的实践的层面上,才能彻底地摧毁人自身的伪实践活动所建构起来的伪具体世界。而被伪具体掩盖又在伪具体中显现自身的真实世界,既不是与真实环境世界相反的真实环境世界,也不是与主观幻想世界相反的超越世界,而是一个人类实践的世界。所以,"摧毁伪具体并不是撕下一块帷幕,暴露出隐藏在后面的现成的、给定的、不依赖于人的活动而存在的实在。伪具体恰好是人类产物的自主实存,是人向功利主义实践的降格。摧毁伪具体是构造具体实在和具体地观察实在的过程。各种唯心主义流派,要么把主体绝对化,探讨怎样观察实在才能使它成为具体的、美的;要么把客体绝对化,认为愈是彻底地把主体从实在中抹去,实在就愈真实。相比之下,唯物主义地捣毁伪具体带来了'主体'与'客体'的双重解放。因为人们的社会实在将自身构造为主体与客体的辩证统一"①。摧毁伪具体的过程也就是本真的主－客体相统一的实践过程。

第三种方式是通过真理的实现和个体发生过程中人类实在的形成摧毁伪具体。在科西克看来,真理的世界也是作为社会存在的每个人类个体自己的个人创造,因此,每个人都必须去占有他自己的文化,他必须自己引导自己的生活而不要别人代理。这种方式可以说是进一步为上述两种方式的实施确立了一个以人的存在为根本的现实基点。事实上也恰好与审美主体始终呼唤的人的自我绝对解放相一致、相契合。关于这种方式,科西克认为,真实的

具体辩证法与现代性批判

---

① Karel Kosik, *Dialectics of the Concrete*, Dordrecht and Boston: D. Reidel Publishing company, 1976, p. 8.

实在世界不是天国的世俗化幻象,不是某种现成的无始无终的世俗化幻象,而是人类和个人实现他们的真理的过程,亦即使人成为人的过程。实在的世界与伪具体的世界不同,它是一个实现真理的世界。科西克指出:"在这个世界里,真理不是预先被给予的和规定好了的,不是摹写人类意识中一成不变的现成的东西。宁肯说,真理在这个世界中发生着。因此我们可以说,人类历史是真理的故事和真理的进程。摧毁伪具体还意味着,真理既不是无法达到的,也不能一劳永逸地获得。真理本身是发生着的,它发展着并实现着自身。"①换句话说,真理的生成过程也就是人的实现过程。在这里,科西克是想通过把个体自我存在与真理存在相统一起来,从而最大限度地唤醒整个人类总体力量来共同摧毁伪具体的世界。

概而言之,科西克的审美现代性批判思想,作为总体的现代性批判的一个重要方面,是从东欧社会主义和西方发达社会两个方面的客观现实出发对当代人类的普遍生存状况的总体性研究。这种研究既具有宽广的历史维度,又具有深刻的辩证理性反思深度,对于我们研究当代的现代性问题具有不可忽视的重要意义。

---

① Karel Kosik, *Dialectics of the Concrete*, Dordrecht and Boston: D. Reidel Publishing company, 1976, p. 7.

第四章　科西克关于实践主体与
日常生活现代性的批判

　　科西克通过对现代性中启蒙理性与审美理性两个维度的辩证分析与反思，深刻地揭示并批评了理性主体与审美主体在对待现代性问题上的虚假总体性与伪具体性，帮助人们克服了许多虚假认识和观念，较为清晰地认识了现代性的辩证存在过程。但是，科西克并没有就此止步，而是进一步深入到产生上述两个方面问题的现实生活中去，从日常生活的基础层面剖析实践观念以及实践主体的哲学内涵，从而构成了以实践为核心和基础的日常生活现代性批判。所以，在这一章中，我们将跟随科西克的思路放眼人类共同的日常生活世界，从人们的日常生存状态和日常观念中批判地揭示实践的本质内涵，以本真的实践概念与实践主体展开对日常生活现代性的深层批判。

　　实践是现代唯物主义哲学的一个极其重要的概念。即使没有哲学，人们也知道什么是实践，什么不是实践。但是，人们日常的理解根本不是哲学的理解，甚至是歪曲的理解。譬如，人们为了抬高实践作为唯物主义哲学的伟大意义，对实践仅仅作了抽象化的理解，却忘记了实践本身的革命性内涵，结果只剩下了关于实践的极端重要性的观念或者只保留了原则上的重要性。而科西克不是以提供某种科学法则那样抽象的方式提出他的思想，也不像卢卡奇在《历史与阶级意识》中通过政党意识和力量来提出自己的思想。而是把思想意识的生产与再生产植根于日常生活世界之中，植根于马克思关于实践的革命性意义之中。这就不仅给现代性批判提供了唯物主义的现实基础，而且也给现代性批判提供了历史的本质在于创造的理论基础。

第一节 科西克的实践概念及其现实意义

科西克的哲学,从根本上说,是一种实践哲学。具体的辩证法之所以具体存在,其根由就在于实践。在《具体的辩证法》中,科西克开篇就指出:"辩证法探求'物自体'。但是,'物自体'并不直接呈现在人面前。把握'物自体'不但要付出一定努力,还要走迂迴的道路。"[①]这个道路是什么? 熟悉此书的读者自然会得出正确的答案:实践。事实也正是如此。作为贯穿全书的主线,实践被看做"人类存在的界域",被视为"人类特有的存在方式","实践打开了通达人和理解人的途径,同时也打开了通达自然和解释、驾驭自然的途径"[②]。所以,在全书的结尾,科西克再次回归全书的主题,并一语道破天机,"辩证法探求'物自体'。但'物自体'绝非平常之物,确切地说,它根本就不是什么物。哲学研究的'物自体'原本就是人及其在宇宙中的位置。换言之,它是人在历史中发现的世界总体和存在于世界总体中的人"[③]。从"物自体"到"人"绝非一般意义上的认识对象的转换,而是由物到人的实践意义的生成。而在《现代性的危机》一书中,科西克更是从人与历史、人与社会、人与道德等诸多辩证关系的表现形式中极力揭示实践之于人的变革性意义。由此,实践构成了存在论与辩证法的基础,存在论与辩证法则构成了实践的内在展开形式。科西克关于日常生活现代性的批判恰是从实践的内在基底之处进一步走向深入的。

一、实践概念的哲学内涵

当前,人们对于实践的理解,一再陷入这样一种误区:为了能够把握到实践的真理性,人们总是试图转换对实践的内容、意义和

---

① Karel Kosik, *Dialectics of the Concrete*, Dordrecht and Boston: D. Reidel Publishing company, 1976, p. 1.

② Karel Kosik, *Dialectics of the Concrete*, Dordrecht and Boston: D. Reidel Publishing company, 1976, p. 152.

③ Karel Kosik, *Dialectics of the Concrete*, Dordrecht and Boston: D. Reidel Publishing company, 1976, pp. 152 – 153.

方式的理解,仿佛随着实践诸要素丰富性的展开,实践的"新"意义就会被揭示出来。然而,结果却常常是,人们不是离实践更近了,而是更远了。造成这种后果的原因多种多样,其中,缺乏对实践的哲学理解是根本原因。科西克在那个时代就严格遵循马克思的本意澄清了实践的意义,解除了幼稚的实践概念,捕捉到了实践概念的哲学问题。正如马克思所言:"全部社会生活在本质上是实践的。凡事把理论引向神秘主义的神秘东西,都能在人的实践中以及对这个实践的理解中得到合理的解决。"①

众所周知,人首先是通过"认识"的方式与世界打交道的。但是,"认识不是沉思。对世界的沉思是建立在人类实践的结果基础之上的。人构造着人类实在,从根本上说,他是作为实践性存在行动着,只有在这一限度内,人才能对实在有所认识"②。而"为了认识自在之物,人必须把它变成为我之物;为要认识不依赖于人的事物,人必须将它们诉诸自己的实践;为了弄清事物在没有人的干涉时是怎样的,人就必须干涉这些事物"③。所谓"干涉"其实就是实践。但是,到底什么是实践?我们该怎样捕捉实践的真理?在科西克看来,"唯物主义哲学中的实践问题,不是建立在人类活动两个领域的划分上,不是建立在人类普遍意向的类型划分上。它也不是产生于人与自然和人与人的实际关系被作为操控对象的某一历史形式中。事实上,它是作为对下列哲学问题的哲学回答而提出来的:人是什么? 社会人类实在是什么? 这个实在是怎样形成的?"④

科西克认为,人并不是封闭在他的主观性壁垒之中,仅以不同的方式限制自身。相反,他通过自己的存在,即通过实践,获得了超越自己主观性的能力,获得了按照事物本来面目认识它们的能力。人的存在不仅再生产出社会－人类实在,它还把"实在总体"精神地再现出来。所以,"人的存在就是社会－人类进程与超人类

---

① 《马克思恩格斯选集》第 1 卷,北京:人民出版社 1995 年版,第 60 页。

② Karel Kosik, *Dialectics of the Concrete*, Dordrecht and Boston:D. Reidel Publishing company, 1976, p. 9.

③ Karel Kosik, *Dialectics of the Concrete*, Dordrecht and Boston: D. Reidel Publishing company, 1976, p. 9.

④ Karel Kosik, *Dialectics of the Concrete*, Dordrecht and Boston: D. Reidel Publishing company, 1976, p. 136.

实在以某种特殊方式相遭遇和冲突的所在"①。人的实践中发生着某种本质性的事件,它本身包含着自己的真理而并非指向它处,它是一种拥有本体论意义的事件。人通过实践打开通向实在的大门,人类实践首先再生产出社会－人类实在,这是实践的第一个方面的含义;同时,人类实践还有另一个方面的重要含义,它还担负着对其自身活动中所形成的社会－人类实在以总体的人类精神理智再现出来的任务。这就给实践提出了新的挑战,要求实践必须连续不断地向纵深方向发展与提升。所以,实践的特殊本性在于:它是能动的,它在历史中自我产生着。如此的实践表明,它是人的秘密的揭露:人是一种构造存在的存在,是构造从而把握和解释社会－人类实在(即人类的和超人类的实在,总体上的实在)的存在。实践打开了通达人和理解人的途径,同时也打开了通达自然和解释、驾驭自然的有效途径。

但是,在日常活动中,人们并不总是本真地实践着。当参涉个体实践－功利主义地处理事物时,实在表现为手段、目的、工具、需要和操持的世界,这时,参涉个体就形成自己关于事物的观念,并且发展出诸种适用的直觉形式的完备系统,以此来捕捉和固定实在的现象外观。也就是说,日常生活中的实践总是面临着失去自身滑向伪实践的可能。正因为如此,科西克才郑重地告诫我们:"实践概念揭示出,社会－人类实在是给予性的反面。"②也就是说,这个实在既是人类存在的形成过程,同时又是它的特有形式。人通过实践活动构筑着属于人的社会－人类实在,但是人又必须时刻警惕着这个既得(给予性)的实在,如果不能从它的现象化外观再认识(再实践)出它的本质,那么,人自身就面临着被其异化的危险。

二、存在论的实践观

科西克关于实践的理解,不仅触及了实践的哲学深度,而且还进一步提升到实践的存在论高度:人是怎样存在的? 科西克认为:

---

① Karel Kosik, *Dialectics of the Concrete*, Dordrecht and Boston: D. Reidel Publishing company, 1976, p.152.

② Karel Kosik, *Dialectics of the Concrete*, Dordrecht and Boston: D. Reidel Publishing company, 1976, p.136.

"人是这样一种存在:他的存在以社会－实在的实践性生产和人类实在、超人类实在乃至一般实在的精神上的再生产为基本特征。"①而实践是在实际活动中不断建立的人与世界、物质与精神、主体与客体、产品与生产能力的统一。人正是通过实践而得以存在的,实践构成了人类特有的存在方式。

　　实践在人类生产生活中起着决定作用。但是,它决不是只决定人类存在的某些方面和某些品格,而是通过一切表象渗透到人类存在的本质。实践渗透人的整体,在总体上决定着人。实践不是人的外在决定因素。因为实践内含着只有人能够深刻领悟的时间问题。科西克说,机器和狗没有实践,也不知道实践。这是因为,不论是机器还是狗,都不知道死亡的恐惧,虚无之焦虑,也不知道美的享受。而人在对象化的基础上,发现了自己的必死和有限性。问题是,为什么人会产生这种对死和有限性的恐惧,并永远地带着死亡的印记生活? 这个突变是怎样造成的? 黑格尔曾正确地指出,这个突变来自于人类的"争取承认"(即实现人类自由的过程)的斗争中,发生在"生死搏斗"中。但是,黑格尔并没有揭示出产生这种"争取承认"和"生死搏斗"的历史根源所在。在科西克看来,人类"争取承认"和"生死搏斗"不是自发地形成的,而只有当人已发现未来是自己的存在向度时,才会发生这种斗争。这如何解释? 科西克认为,这只有在劳动即人的对象化的基础上才能成为可能。因为,"生死搏斗"的结局不应死亡。虽然斗争的双方都以生命做赌注,但他们必须都活下来。科西克还通过"主人与奴隶的辩证法"②来进一步说明这个问题。在他看来,在主人与奴隶的生死搏斗中,胜者让对方活下来,对方也宁愿做奴隶而不愿去死,这只能是因为他们双方都知道未来,知道等待着他们的是什么——要么是主人,要么是奴隶。宁愿做奴隶而不愿去死的人,和为使自己被承认为主宰者而以生命做赌注的人,都是已经知道时间的人。

------

① Karel Kosik, *Dialectics of the Concrete*, Dordrecht and Boston: D. Reidel Publishing company, 1976, p. 152.

② Karel Kosik, *Dialectics of the Concrete*, Dordrecht and Boston: D. Reidel Publishing company, 1976, p. 138. 对此科西克特别强调说:"主人和奴隶的辩证法是实践的基本模式。大多数黑格尔的解释者都没有抓住这个基本点。"见 Karel Kosik, *Dialectics of the Concrete*, Dordrecht and Boston: D. Reidel Publishing company, 1976, p. 153。

具
体
辩
证
法
与
现
代
性
批
判

"人之所以会向(未来的)奴隶命运屈服,或者为(未来的)主人地位而战斗,只是因为他以未来的眼光选择现在。在未来目标的基础上构造现在。两种人都是在未有之物的基础上构造自己的现在和未来。"①

但是,科西克说,人们日常所看到的"未来",只是"直接性"的未来。也就是说,是一种不包含任何变化的直线式的未来。在奴隶的"直接性"未来中,他不曾想象奴隶生活有一天会结束或应该结束。他心甘情愿地走向自己的未来,就像是走向永恒。对主人来说也同样如此。然而,要改变未来,使"直接的"未来成为不真实的片面的东西而失去效力,并把某种"间接的"未来提升为真实的,需要依靠事物实际进程的辩证法。科西克认为,就"主人与奴隶的辩证法"而言,做奴隶是达到自由的唯一可能的途径和方式,而做主人则被证明是死路一条。但是,人怎样能对未来(无论直接性未来还是间接性未来)有足够的认识,并投入争取承认的斗争? 在科西克看来,时间的三维性、人在对象化的劳动实践中所形成的恐惧和死亡意识等给人们提供了可能。"因此,除了劳动的要素之外,实践还包含生存的要素。它既表现在人的客观活动中,又表现在构造人类主体的过程中。在前一活动中,人改变着自然,并把人的意义雕凿在自然材料上面;在后一过程中,焦虑、恶心、恐惧、愉悦、欢笑、希望等生存要素,不是作为切实的'体验',而是作为争取承认的斗争(即实现人类自由的过程)的一部分表现出来。如果没有生存要素,劳动就不能成为实践的组成部分。"②相应地,没有生存要素,没有渗透人的全部存在的争取承认的斗争,实践便降低到工艺和操控的水平。但是,这里所说的"生存要素"不同于素朴意义上的"生活本身",因为"生活本身仅仅表现为生活的手段"③,而作为实践意义上的"生存要素"则是"产生生命的生活"。人不是孤立的存在物,而是类的存在物。所以,"一个种的整体特性、种的类特性就在于生命活动的性质,而自由的有意识的活动恰恰就是人的

① Karel Kosik, *Dialectics of the Concrete*, Dordrecht and Boston: D. Reidel Publishing company, 1976, p. 138.

② Karel Kosik, *Dialectics of the Concrete*, Dordrecht and Boston: D. Reidel Publishing company, 1976, p. 138.

③ 《马克思恩格斯全集》第 3 卷,北京:人民出版社 2002 年版,第 273 页。

类特性"①。正是在这个意义上说,实践才既是人的对象化和对自然的主宰,又是人类自由的实现。这样理解的实践,是存在论意义上的实践,从而也是属人的实践。

三、辩证法的实践观

科西克对实践的理解与众不同之处在于,他不仅看到了实践的存在论本质,而且,看到了实践永远是一个辩证的存在过程。科西克善于从各种社会历史和现实的矛盾变化中研究实践问题。所以,他的辩证的实践观决不是抽象的,而是行进在人们关于实践的日常见解与非日常见解、流俗看法与哲学看法的具体分析与批判进程中的。

拿人们日常中最熟知的理论与实践的关系来说,人们经常认为,实践是与理论活动相对立的实际活动。但是,在科西克看来,唯物主义哲学中的实践问题,不能从理论与实践或沉思与活动的关系方面来理解。否则,强调实践就会低估理论,使理论被降格为纯理论,而实践本身也反遭贫困化。对此,科西克援引康德的话说,如果一个无知的人认为理论在他假想的实践中是不必要的和可有可无的东西,而一个自称无所不知的人承认理论的学院价值(也许只是一种当做精神体操的价值),同时又宣称实际生活完全是另一回事,那么,后者比前者更令人难以容忍。何以如此? 科西克认为,当一个概念扩展时,当它被人们接受并获得普遍承认时,它往往会发生蜕变。在实践的历史演变中,"实践的本质以一种特殊的方式显现自身,同时又以这种方式遮蔽自身"②。

为了阐明实践的这种辩证属性,科西克从人们的世俗观念谈起,他说,自然的世俗化与人的世俗化是同步的。人们发现自然是多种机械力的聚合体,是开发和征服的对象;同时也发现人是可以塑造、可以赋予形式的存在,或者用更恰当的语言说,是可以操控的存在。为了帮助人们更好地理解这一点,科西克特意把马基雅维利与培根作了对比。他说,与培根的操作性科学和近代自然观相对应,马基雅维利的主要贡献是他关于"人的概念",他把人看做

具体辩证法与现代性批判

---

① 《马克思恩格斯全集》第3卷,北京:人民出版社2002年版,第273页。

② Karel Kosik, *Dialectics of the Concrete*, Dordrecht and Boston: D. Reidel Publishing company, 1976, p.135.

是可塑造、可操控的存在。但是,马基雅维利主义者却把这一点庸俗化了,他们像唯科学主义者一样,把人看成纯粹如同自然物一样可以供人操控。这表明马基雅维利主义者与唯科学主义者殊途同归,共同构成了同一个实在(可操控的伪实在)的两个侧面。正是在这种观念基础上,马基雅维利主义者,才有可能把政治描述为一种可预测的合理技巧,一种在人的质料上施行的科学操控。他们甚至认为,人的本性也是可以锻造的,因此,人才可以成为以科学为基础的可预测操控的对象。所以,科西克得出结论说:"实践是在操控和操持的历史形式中产生的,或如马克思后来所说,是在卑污交易的形式中产生的。"①

　　从科西克的论述中我们可以看到,实践决不是一个一眼就可以望穿的东西,也决不是一经"到手"就不会再"丢弃"的东西,更不是一成不变的东西。实践总是面临着演变为伪实践的可能,日常的伪实践中也可能包含着实践的真理,本真的实践就是在与伪实践的斗争中一步步形成与发展的。那种期待着实践会在某一天,某一个时代,通过某一位思想家的一番所谓深刻论证就永远存在的想法是十分荒谬的。果真如此的话,一方面只能说明,人们对实践的误解太深了;另一方面说明,有这种想法的人根本不懂实践的辩证法,不懂作为实践的实在是怎样形成的,更不懂什么是人类存在。

　　后来,在《我们当前的危机》等文章中,科西克依然善于从辩证的角度看待实践问题。譬如,科西克在谈到捷克斯洛伐克面临的危机时说,当前我们寻求充满意义的社会生活和国家生活的实践是令人质疑的。因为,在这种寻求中,存在着变革社会、以新的社会形式取代旧的社会形式的机会,但是这种实践变革也同样存在着失效的危险,存在着以一种同等邪恶的境况代替另一种境况的危险。在这里,科西克对当时人们的实践活动的理解暗示着:人们在这场"以新换旧"的社会变革中,仅仅看到了实践变革整个社会的巨大作用,而忽视了实践与人的内在关联。也就是说,他们只是把实践作为了改造社会的工具,而忽视了实践本身应当是以人的

---

① Karel Kosik, *Dialectics of the Concrete*, Dordrecht and Boston: D. Reidel Publishing company, 1976, p.136.

自我意义的实现为目的的本质。所以,只有把人既理解为他所处的社会条件的客体又理解为主体,才能以激进的、革命的方式改变达到上述目的。关于实践的变革作用,科西克一直认为,人是能够通过"革命性的实践"变革他的社会的。科西克也是在向人们发表一种号召,号召人们采取具有人道的社会主义属性的"实践"。初看,这一点并不深刻,因为马克思一直就是这么讲的,但是,在当时的捷克斯洛伐克,乃至东欧,它的意义却是非凡的。马克思强调运用革命的实践活动变革资本主义社会来获得新的社会。他说:"实际上,而且对实践的唯物主义者即共产主义者来说,全部问题都在于使现存世界革命化,实际地反对并改变现存的事物。"①但是这种变革(实践)被形而上学地理解了,似乎革命实践只适用于资本主义,而社会主义已经一劳永逸地完成了这种"实践"的历史任务,接下来,只需按照历史"客观规律"来运行就可以了。可见,"实践"已经被僵化了,已经脱离了马克思的实践本意,脱离了辩证的实践观。科西克正是从这一点出发,提醒人们,人永远是实践着的人,是能够运用自己的实践活动不断地变革社会的人。就捷克斯洛伐克当时的社会历史状况而言,就是要号召人们继续革命,甚至于革掉含有伪社会主义成分的"社会主义"的命,尽管许多人并不理解这个"社会主义"包含着"伪社会主义"的成分。因此,科西克无论任何时候,都是把实践作为辩证的实践来看待,也正是从辩证的实践观出发,科西克关于现代性的批判才显得那么深刻那么辩证。

第二节　日常生活的实践主体与伪实践主体

对于科西克而言,批判理论的认识基础,即人类意识,只有在日常生活中通过主体的对象化过程才能展现出丰富的意义。"人类意识是一种主体的能动性,这个主体把他所建构的社会－历史实在看做存在与意义、实在与觉知的统一体。"②但是,日常生活中的主体,常常表现为伪实践主体。因此,这种实践"是历史地决定

① 《马克思恩格斯选集》第 1 卷,北京:人民出版社 1995 年版,第 75 页。
② Karel Kosik, *Dialectics of the Concrete*, Dordrecht and Boston: D. Reidel Publishing company, 1976, p. 148.

了的片面的和残缺不全的个体实践,是以劳动分工、社会阶级差别和社会地位等级制为基础的。在这种实践中形成了历史性个体的特殊物质环境,同时也形成了一种精神氛围,将实在的表面形态固定下来,成为一个虚构的亲近、熟识、信任的世界。在这个虚构的世界中,人'自然地'运动着,并与这世界发生日常往来"①。所以,日常生活的具体本质必须以批判性的方式才能被洞察,并且只有通过具体总体的方法才能向人类个体透露出它的真理性。

一、实践主体与"烦"的主体

科西克在《具体的辩证法》中处处提醒人们运用辩证理性和具体总体的批判观形成具有超越维度的实践主体,认为这是回答"人是什么"这一问题的关键所在。但是,在具体的论述中,科西克特别注意把一般性的实践主体寻求与具体性的实践主体生成联系并区别开来。

从当代主体的一般生成状况来看,科西克说,现代哲学发现了一个伟大的真理,即人不是堂堂正正地诞生于环境之中,而总是"被抛"入一个世界。人"被抛"在世上,赤裸裸的自由使人毫无牵挂,毫无定命可循,为了摆脱并否定这一切,人想尽各种办法,历尽所能与社会有机体相关联,按照它的方式改造自我,使自我变成所谓"自为"的自我。

因为本质与非本质的差异不能先验地被决定,只有通过现象分析才能抵达,科西克把海德格尔的日常描述看成现象思维,认为辩证概念才能把握从扭曲现象向揭示本质运动。这样,当科西克断言"对人来说,经济的最原始最基本的存在方式是烦"②的时候,他一方面正在把海德格尔对"烦"的理解引向对现实的经济生活的理解,另一方面正在对人的现象外观作出本质上的揭示。尽管这个现象外观看上去似乎是自明的,但是它却内在地包含着人的存在的双重矛盾。正如《具体的辩证法》英译者指出的那样,科西克准确地捕捉到了海德格尔关于"烦"的两重性,即"Sorge"(烦)和

---

① Karel Kosik, *Dialectics of the Concrete*, Dordrecht and Boston: D. Reidel Publishing company, 1976, p.2.

② Karel Kosik, *Dialectics of the Concrete*, Dordrecht and Boston: D. Reidel Publishing company, 1976, p.37.

"Besorgen"（烦忙）的深层含义。在这一点上,科西克像海德格尔一样把这两个术语对立起来,它们分别表征"此在"(人)参与世界的"本体论方面"和"实体的"方面。但是,以往这两个德文词在英文中通常被译为"Care"(烦)和"Concern"(烦忙或忧虑),用"Concern"来对应"Besorgen"则将其经济方面的含义大大地冲淡了。所以,英译者受科西克的启发,把"Besorgen"（烦忙）译做"Procuring"（操持）,准确地保留并突出了"烦"作为人的存在的"忧烦"与"操持"的两重性。特别是突出了"操持"的伪实践特性,诚如科西克所指出的:"操持是实践现象的异化形式,它并不表明人类世界的起源……而只是表明日常操控活动的实践。"①然而,在科西克这里,他又不是完全像海德格尔一样将"烦"与"烦忙"(或"操持")绝对地对立起来,而是通过诸如经济、政治、日常生活等具体现实的展开来深入把握二者的关系。这便把问题进一步引向了日常观念中实践与"操持"的内在关系上来,从而形成了如下关于二者关系问题的深层讨论。

　　鉴于虚假意识的普遍性,科西克并不奇怪海德格尔的"烦"和"操持"受到普遍认可。通过由劳动到操持的转变,海德格尔揭示了人类世界处于盲目崇拜的方式之中。通过洞察操控和功利主义算计在日常现象中的表现,科西克则不但揭示了人需要真正的实践,而且揭示了海德格尔暂存性概念的不充分性。当海德格尔把将来看做人对抗异化的总体背景时,科西克认为海德格尔所获得的只是异化的逃避。这种论辩是建立在科西克对于日常与历史的关系的理解之上的。从现象观念来看,日常是静态的和无历史的;历史则是先验的和灾难性的。在科西克看来,逃避异化所需要的不仅仅是摧毁具体化当前的一个跳跃,而是在日常向科学的运动中,人们运用"独立理性"揭露社会的非理性,进而追踪社会世界的理性化。不论反专制、反传统的因素,还是独立理性或者唯理主义的理性都忽视了下述事实:一个主体不仅是错置主体,而且本身也是被错置的。这可能导致有效性和非理性和谐共存。科西克受到这种警示,提出辩证理性通过重新与始源价值相融合而有可能扭

具体辩证法与现代性批判

118

① Karel Kosik, *Dialectics of the Concrete*, Dordrecht and Boston: D. Reidel Publishing company, 1976, p.39.

转这种危险。辩证理性不但认识到了理性本身的历史特征,即从现象到本质的辩证运动,而且认识到辩证理性是一个理性地追寻自由目的从而形成实在的过程。这样,辩证理性是否定性。这种否定性把认识的每一个完成了的步骤和实现人类自由的每一步骤,都置于发展着的总体背景之中,在理论上和实践上不断超越这个步骤。随着辩证理性的阐明,科西克考察了社会生活中假定的"经济因素"。运用辩证理性这个术语,社会理论把经济的首要性仅仅看做是经验主义的。从这种观点中出现了一种解放的虚假观念。当物质产品变成第二位的需要时,经济因素将会结束,自由就会出现。相反,辩证理性看待解放是在质的方面,而不是在量的方面。只有在一种特殊的结构即共产主义经济结构中,才能使人民从经济因素的至上性中解放出来。

由此,科西克认为,在海德格尔哲学中日常生活世界被分裂成"烦"和"操持"的二重性,这种二重性反映了在一种神秘的方式之下,人类的关系加剧了拜物教化的过程:人在器械和装具的现成体系中运行,他操持它们,它们也操持他。人早已"忘记"了这个"世界"原本是人类的创造物。现在,"操持"却渗透了他的全部生活。这种异化经验"使现在失去效力,并全神贯注于尚未出现的未来……'烦'并没有把现在看做可靠的实存,没有把现在看做'存在的近身',而是看做一种飞逝"①。因此,"烦"扭曲了时间的本真特征,它把社会个体安置在将来,而不是辩证地安置在现在。处于"烦"之中的个人,不是生活在他的当下,而是生活在永远不会到来的未来。用"烦"来描述人和他的日常世界就是要揭示存在着一个技术以及对技术的控制已经超出我们的平常能力的世界。换句话说,科西克在历史的暂存性结构中把实践展示为现在的真理与将来的实在溶于一体的动态结构。当经济被看做自治要素间的相互作用时,实践这个概念,如同时间概念一样,也被扭曲了。把经济学的基础解释为一个系统导致现在的事实被抽象地等同于将来的功用,并且造成了主－客体关系的历史堕落为经济要素的历史。在这种看法中,经济要素的演进被当成了真理的最终条件。正如

① Karel Kosik, *Dialectics of the Concrete*, Dordrecht and Boston: D. Reidel Publishing company, 1976, p.42.

科西克所指出的:以"操持"代替劳动并不反映某个哲学家思想的性质或者某种哲学的性质,宁肯说它以某种方式表现出客观实在本身的变化。经济学的科学观点把实践和制度理性统统看做是日常生活中的功用,而不是看做"在历史的过程中把握并实现相对与绝对的辩证法"的主 – 客体关系。

在经济体系中,主体表面上是作为外部世界的派生物出现的。具体总体维度中的主体与政治维度中的主体任何一方都离不开另一方的解释,就像是一个矛盾的统一体。"一方面,日常的异化反映在意识中是一种非批判的态度;另一方面,则是一种荒谬感……只把实在的真理呈现在人的面前是不够的,人还必须实施这一真理。"①因此,真理关系的再现不能在日常生活中分离出来。把一种事实关系置于另一种事实关系之上不仅虚构了伪总体的先决条件,而且在对大量新现象的历史评论中扭曲了科学与哲学的关系。正是看到了这一点,科西克才告诉人们,当代社会中由经济活动和经济系统所决定的"烦"的主体,仅仅是以科学的方式被揭示的主体,他还不是哲学意义上的主体,因为,哲学意义上的主体不是仅仅把一种事实置换到另一种事实的体系中从而改变他,而是事实地投入辩证的实践,以实践主体的身份改变他。

二、实践主体与"经济人"主体

实践主体是一个主 – 客体辩证统一的主体,而不是一个单面的主体。科西克认为,关于"'烦'的主体"的分析是从纯粹主观性方面进行的分析,接下来我们还有必要沿着转变的踪迹追到另一端,考察一下对象化自身的主体。现在这个主体已经变成了客体性的存在,它不仅仅是构造世界的参与和活动了,而是被一体化到一个超个体的、规律似的总体中成为一个组成部分,变成了系统中的一个客体和要素。在对象化的实践活动中,主体客体化是一个必然过程。然而,如何看待这个过程,特别是如何看待被客体化的主体却至关重要,因为它关系到我们如何看待"人是什么",如何理解"现代性的本质是什么"的问题。

---

① Karel Kosik, *Dialectics of the Concrete*, Dordrecht and Boston: D. Reidel Publishing company, 1976, p.49.

对于主体来说，从"烦"的一端转向"对象化"的一端，他是想通过从主观性中抽象出来寻求对自己的理解，这本是一个客观性的事实，然而，这个转变却造成了自身的客体性存在。科西克认为，这是科学的纯理智过程造成的恶果。它反映了现实中资本主义造成的人的变态。

为什么良好的初衷会转变成另一种不同的结果？在科西克看来，这完全是由近现代西方科学观念所造成的。近代西方科学存在着一个普遍的思维模式："实在是什么，它如何是可以认识的？"为了寻求这种可认识性，个别必须转化为一般，任意性必须转化为规律性，这样才能在科学上获得普遍有效的"答案"。现代社会建立起来的诸门学科，比如经济学、社会学等等，无不是被作为如同"自然秩序"一样的"规律系统"而存在与发展的。这样，当人们研究经济问题时，首先是把经济作为一个规律系统来研究，然后才提出第二位的问题，即人与这个系统的关系问题。这造成了一个反转，造成了本末倒置。在这样的情况下，经济人的概念只好以系统的概念为基础。不是人决定经济，而成了经济决定人。经济人就变成了系统的组成部分的人，变成了系统的一个功能要素的人。这样的人必须具有开动这个系统所必不可少的本质属性。否则它就无法在现代经济社会中存在。"经济是一个系统，是一个支配着社会关系的规律系列，正是在这种关系中人被逐步地改造为'经济人'。一旦进入经济的王国，人就被改变了。在进入经济关系的瞬间，他就不依他的意志和愿望为转移地被收入环境和规律似的关系网之中。在这些关系中，他作为一个经济人发挥作用，并且只有在完成了经济人的角色的条件下，他才能生存并实现自身。因此，经济是把人变成经济人的生活氛围，它把人纳入一个客观机制，对他进行征服和改造。"[①]这里，我们可以看到，科西克一方面指出经济学研究中把人（经济人）与系统相互错置的理论问题；另一方面又认为在现实经济中人（经济人）离不开系统，人只有在系统中才能实现自己的存在。这是两个性质不同的问题。前者是理论逻辑的问题，后者是事实发生的问题。前一问题，如果作为辩证的批判

① Karel Kosik, *Dialectics of the Concrete*, Dordrecht and Boston: D. Reidel Publishing company, 1976, p.52.

问题,必须以后一问题为根本,但要在理论上超越后一问题。因为,这其中包含着现代社会中"人是什么"及"人如何存在"的问题。

然而,在科西克看来,古典经济学预先假定了一个主观性变为客观性的基本转折点,却不作进一步的研究便把它当做出发点。至于这个转折点如何可能和在这个转折点上实际发生了什么变化的问题,他们不感兴趣。古典经济学把人仅仅视做系统的一部分而存在,即使是人研究自己,也只有把自己视做系统的一部分才可以进行。与近代科学相伴而生的古典经济学采用科学的方式,在对人的认识中,把人的主观性、人的偶然属性、人的特质通通抽象为一个"物理量值",造成了对人的公式化认知。

科西克反对古典经济学以科学的方式研究人,并认为,从"烦"之中的人到"经济人"的转变,不仅是视角的转换。表面上单纯的视角转换实际上是实在的代换:客体性实在代替了客观实在。社会是在被设想为物理意义上的自然,而经济科学则被设想为经济物理学。因此,客观实在被改造为客体性实在,改造为客体的世界。所以,古典经济学用它自己的方法描述的实在不是客观实在,而是这个物化的世界及其规律。古典经济学由于仅仅看到了他们自己的现代世界,而且把这个现代世界的暂存性视做了永恒性,由此造成了他们理论错误的根源。在古典经济学那里"经济人"被客体化了,科西克则要运用马克思主义的辩证批判观最大限度地恢复"经济人"的主体本质。所以,科西克说:"人永远生存在系统之中。作为这个系统的一个组成部分,人被化约为某些方面(功能)和某些(片面的和物化的)生存形式。同时人又永远不仅仅是一个系统,作为人他不能被化约为一个系统。人与系统具有不可通约性,人具有超越系统的可能性;同时人在特殊系统(历史环境和关系)中又有实际位置和实践功能。这两者之间有一段距离,而具体的人的生存就是不断地在这个距离上跨越。"①事实上,这个跨越也就是由被客体化的"经济人"向主体化的"经济人"跨越,由自在的经济主体向自在自为的实践主体的跨越。

① Karel Kosik, *Dialectics of the Concrete*, Dordrecht and Boston: D. Reidel Publishing company, 1976, pp. 55 – 56.

三、实践主体与"日常"主体

科西克认为,人无时无刻不生活在日常之中,人类的每一种生存方式或在世方式都有它的日常。什么是日常?科西克说:"日常是时间的组织,是控制个人生活史展开的节律。"[1]作为节律,日常是一个规则的、可重复的工作、行动和生活的节律。所以,日常不是作为公共生活对立物的私生活,也不是与某种高雅的官方世界对立的所谓的粗俗的生活。也就是说,日常不是我们所处的社会实在总体的某一特殊"领域",而是我们的"全部生活"都可以表现为日常。这一点,也许是与我们今天有些人惯于把日常生活世界作为一个特定的领域来研究完全不同的。注意到这一点,可以说对理解科西克的日常概念及其对日常观念的批判尤为重要,因为这构成了科西克日常生活批判的理论基点,也是他的与众不同之处。关于这一点,我们将在"日常生活的非历史性批判"部分继续讨论。

对科西克来说,他是想用"日常"来表征人类最一般、最经常、最不可或缺的生存方式。一句话,"任何事情都有其日常"。日常是无所不在的总体,是真理与非真理、真实与虚伪并存的总体。为了对其有所理解,科西克采用了现象学描述的方式来阐明日常的一般特征。但是,这种描述主要地表现了日常的相对消极的成分。因此,在科西克看来,在日常世界里,一切都未经考察、未被发现,但是却简练地存在着。活动与生活方式都变成了本能的、下意识的、无意识的和不假思索的机械过程。在这里,"日常表现为平淡未分化的黑夜,机械和本能的黑夜,即表现为熟知的世界。同时,个体可以用他自己的能力和智谋控制并计算日常世界的各个维度和潜在的可能性。日常中一切都处于'在手'状态,个人可以实现他的自我意图。正因如此,它是一个可信、熟悉和惯常行为的世界……日常中个人在自己的经验、自己的可能性、自己的活动的基础上发生关系,所以他把日常看做自己的世界。这是个体能够筹

---

① Karel Kosik, *Dialectics of the Concrete*, Dordrecht and Boston: D. Reidel Publishing company, 1976, p.43.

划并控制的、可信的、熟识的世界,是直接经验与可重复性的世界"①。在这样的世界里,日常中的每一天都可以置换为相应的另一天;日常中的每一主体都可以置换为别的主体。日常使主体处于无名状态。但是,由于生活于日常中的主体是一个带着强烈的"烦"的意识的主体,他又决不甘于"沉沦"而"无名"。日常主体始终处于"无名"与"有名"的矛盾与困惑之中。

主体毕竟不是物,他一定要实现自己的"是其所是"(有名)。主体如何才能变得"有名"? 在这一点上,出现了存在主义、日常意识、科西克观点三者之间的根本差异,从而也构成了唯心主义与唯物主义的重大差异。存在主义把日常世界看做是异化的世界,对抗异化就决不是顺从异化,而是要与异化的世界形成"间离"。它认为个人只有把自我"闭锁"在现实之外,才能寻得另一种"诗意的"存在。而日常意识,科西克时而称之为"日常生活宗教"、时而称之为"工作日宗教",则毫无批判地认同这个世界,误以为主体意义的实现可以直接通过"对象化"世界的发展而获得。由于主体把自身与一切手边之物、操控之物和最接近于他的有形之物相认同,从而造成了把人的生存也当做可操控的对象来利用的虚假意识。然而,在科西克看来,存在主义("烦的哲学")虽然客观地描述了"日常"这个实在,并以此为前提与之形成了一种"对抗",但是,却不能解释它、面对它,只好以自我"闭锁"的方式寻求"有名"。而日常意识虽然努力靠近外物,试图从外物中发现自我的"有名"状态。但是,这种"逐物迷己"的做法却造成了他自己的生存和对这生存的理解成了某种遥远而疏异的东西。对此,科西克批评说:"熟知是认识的绊脚石。"人可以对其操控和操持的直接世界了如指掌,但却不能对他自己"了如指掌",因为他消失在这个操控世界中并与它化为一体了。

那么,日常主体究竟如何才能变得"有名"? 在科西克看来,人不是孤立的存在。人与"外部"世界不可避免地发生关联,我们必须继续从外部世界中来寻找主体的"有名"。科西克说,人原本就是他的世界所是的东西。人的存在不是自我原生的,而是通过与

具体辩证法与现代性批判

---

① Karel Kosik, *Dialectics of the Concrete*, Dordrecht and Boston: D. Reidel Publishing company, 1976, p. 43.

世界相关联而派生出来的。这种派生性生存决定着他的意识，并且规定着他以什么方式解释自己的生存。某一个别的主体首先是一个派生性的主体，无论虚假的个体性（虚假的"我"），还是虚假的集体性（拜物教化的"我们"）都是如此。唯物主义正确地运用"人是社会条件的总和"来说明这种派生性。但是，由于它没有明确地提及谁是这些条件的主体，于是不得不作出解释。辩证的"解释"善于发现真实的主体。而非辩证的"解释"却用神秘化的主体（即神秘化的我或神秘化的我们）来解释、填补这一空白，结果反倒把真实的个体转变成了一个工具或一具假面。

科西克辩证地看待这些"条件"（关系）。他认为，处于派生性的主体是一个被种种关系所缠绕、包裹的主体。这些关系是一种主－客体关系，它不同于内外关系，也不同于孤立的或非社会主体与社会实体的关系。主－客体关系中包含着一种极其重要的特有成分。因为，主体早已在骨子里渗透着一种对象性，这种对象性是人类实践的对象化。主－客体关系是一种深刻的对象性关系。对此，科西克继续分析说，每一个个体都会非常彻底地沉溺于对象性之中，沉溺于操控和操持的世界之中，以致他的主体消失在这个世界中，而对象性则凸显出来成为"真实的"主体。此时，人转化为对象性主体的实存，消失在了"外部"世界中。作为对象性活动的主体正是通过生产出一个主－客体历史世界才得以生存的。而对象性活动的根本在于实践。日常主体为了实现"有名"状态，恰是通过连续不断地由非批判的日常实践向主－客体相统一的辩证实践过渡而得以实现的。因此，科西克断言：在个体的和人类的实践－精神进化过程中，无名性的、无差别的全能统治终将崩溃。在个体发生与种系发生的过程中，不可避免地存在着"个体与一般"、"无名与有名"的辩证转化关系。从这个意义上说，人的进化是作为一个人与非人、可靠性与非可靠性相分离而又相转化的实践过程而前进的。

科西克对伪具体性的日常所作的揭露与批判，旨在唤醒日常生活中失去了实践维度的"日常"主体，使其恢复"辩证理性"的思维意识，恢复"辩证的"实践功能。所以，科西克提醒我们："人们对日常的自动性和不变性提出疑问，并不是因为它本身成为问题。相反，日常成为问题恰好反映着实在成了问题。从根本上讲，人所探寻的不是日常的意义,而是实在的意义。"①

第三节　日常生活现代性批判

当代以来,随着胡塞尔日常生活世界理论的提出,日常生活理论作为人们反思与批判现代性问题的基点和前提日益表现出巨大的现实张力和理论魅力。海德格尔关于此在的日常生存状态分析、列斐伏尔关于日常生活的异化批判、赫勒关于日常生活的再生产理论研究、许茨关于日常生活的主体间性阐释等等,都从各种不同的视角对现代化背景中的日常生活世界进行了广泛的研究与分析。同样,这些研究与分析也反过来构成了以日常生活为根基的现代性批判。现代性只有根植于日常生活、超越于日常生活并最终满足于日常生活才能真正成为符合当代实践主体目的和愿望的现代性。为此,科西克从存在论与辩证法的双重维度出发,对形而上学的日常生活展开批判,使日常生活的现代性批判在历史性与非历史性、实践与操持、技术理性与生活本质的辩证关系中获得了新的理解和把握。

一、日常生活的非历史性批判

如前所述,"日常"是古往今来任何时代任何人均不可缺少的存在常态。这种常态存在于每一时期,存在于每个人生活的每一天。但是,在科西克看来,对于日常生活我们并没有给予足够的认识,即使有所认识,也往往是非辩证的、素朴的观念认识。从某种程度上来说,它仍然是一个未经辩证思维"分割"的"原一"。"日常的熟识的世界并非已知的和被认识了的世界。为了表现它的实在,必须撕去其拜物教化亲密的假面,暴露其异化的残忍。"②日常的结构、它的形成与转变、它的内外关系仍然处于被遮蔽状态。其中,最大的误解就是日常与历史的分裂。素朴意识认为日常就是日常,日常是与历史相对立相冲突的状态,日常没

---

① Karel Kosik, *Dialectics of the Concrete*, Dordrecht and Boston: D. Reidel Publishing company, 1976, pp.43 – 44.

② Karel Kosik, *Dialectics of the Concrete*, Dordrecht and Boston: D. Reidel Publishing company, 1976, p.48.

有历史性。日常与历史之间的生活断裂仿佛是一种宿命,一种纯粹的必然性。

然而,在科西克看来,日常也有它的历史。人们之所以把日常看成是没有历史性的,来自于两个方面的素朴意识。一是来自于人们未经反思的直接经验;二是来自于日常与历史的冲撞。

首先,从第一方面来看。在日常中,人们总是在自己的经验、自己的可能性、自己的活动的基础上与外界发生关系。他们把日常看做是属于自己的世界。他们认为,日常是一个可信的、可控制的实在;而历史仿佛是一种超越的实在,它发生在日常之外。日常表现为信任、熟识、亲近,表现为"故乡";而历史则表现为出轨,日常表现为对日常生活的打断,表现为意外和陌生。对此,科西克说,日常和历史的断裂把实在一劈两半,一面是历史的历史性,另一面是日常的非历史性。结果,在素朴的意识中,历史代表着历史性和可变性,而日常则代表着非历史性和不变性。在科西克看来,这种见解加剧了日常生活的异化。"把日常与可变性、历史僵硬地分开,一方面会导致历史的神秘化,这种历史的神秘化可以表现为马背上的皇帝和(大写的)历史;另一方面会抽空日常,导致平庸陈腐和'工作日宗教'。与历史分离,日常会变得空洞乏味,以致演变成荒诞的不变性。与日常分离,历史就会变成一个荒诞的软弱无力的巨人,它作为灾难闯入日常却无法改变它,也就是说,它无法清除自身的陈腐,无法给它以充实的内容。"[1]可见,日常一旦被剥夺了历史维度,日常不成其为日常,历史不成其为历史。

其次,从第二方面来看。由于日常被人们看成是一种常规,看成是没有变化的"实在",所以,人们经常认为,在这个世界的边界之外还有另一个世界,一个与日常世界正好相反的世界。当两个"世界"相遇时,"日常与历史的冲撞引起了一个剧变"。日常(战争)打断了人们的正常生活,日常被征服了。于是素朴意识以为日常与历史是两种截然相反的东西。但是,科西克指出,任何事情都有其日常,历史也不例外。断头台可以成为习惯,集

---

① Karel Kosik, *Dialectics of the Concrete*, Dordrecht and Boston: D. Reidel Publishing company, 1976, p.45.

中营也有它的日常。在历史与日常的冲撞中，日常也能制伏历史。所以，日常与历史的冲撞主要不是意味着二者是截然不同的东西，而是意味着二者恰是在"冲撞"中才获得"觉醒"。但这并不意味着日常没有历史性，也不意味着历史世界是比日常世界更高级或者更优越的世界。所以，科西克才说，这两个世界的碰撞昭示了它们各自的真理。在二者的"碰撞"中，日常和历史相互渗透、相互缠绕，它们表面的性质改变了。日常不再是平常意识所了解的那样，同样，历史也不再是它显现给平常意识的那个样子。可见，日常是一个现象世界，即使在掩盖实在的时候它也以某种方式揭露着实在。所以，为了克服物化（异化）了的日常使其透露出真理性，只有通过在实践中消除日常拜物教和历史拜物教才能克服，亦即通过实践从现象和本质两方面摧毁物化实在。

科西克之所以批判"日常非历史性"的观点，是因为这种观点造成了一种消极而又有害的后果：一方面它使一些人误以为不需要历史，日常必须保持自身而抵制被历史化；另一方面，它又使另一些人误以为当下的生活是没有任何意义的，要想获得有意义的生活就必须依靠"历史"来改变，"历史"遂成为人获取意义的外在"客体化"力量，这种力量一旦反过来控制日常生活，日常生活就会变得更加异化，更加失去意义。所以，科西克通过阐明日常与历史的辩证关系，彻底批判"日常非历史性"的错误，旨在告诉我们，日常本身就是历史，日常的变革构成历史的变革，而不是相反。所以，人们要想在日常中获得意义，特别是要想克服异化了的日常，就决不是仅仅期待外在的力量，而是要把自身就看成担负这一任务的主体。也就是说，只有靠人类的辩证思维、靠人类的辩证实践，而不是靠外在的"历史"或"间离"，才能摧毁日常生活现象的"伪具体"与"虚假总体"，从而实现主－客体的双重解放。

二、日常生活的物化批判

日常生活世界是一个未经辩证思维分割的"原一"，其中的一些惯常观念和虚假意识有待于人们认识与辨别，以便于人们能够不断地认识到自身是一个实践活动的主体。在以下内容中，我

具体辩证法与现代性批判

128

们将沿着科西克对"实践"与"操持"的辩证分析,揭示出日常生活的物化问题。

在科西克看来,在日常思维中含有很多功利性的成分,人们功利性地"实践",以至于根本不理解"实践对象"的真正意义。譬如,人们使用货币,用它做最精明的交易,但他们从不知道也根本不需要知道货币是什么。直接功利主义实践和与之相适应的日常思维,能使人们在世界上找到可行之路,使人们感到与物相熟悉,并能处置他们。但是这并不能使他们达到对物的实在的理解。

由此,科西克介入了他关于日常生活中人们对"实践"与"操持"的不同认识问题。在科西克看来,人首先是在"烦"与"操持"的基础上,在把他淹没了的操控世界的基础上理解自己和这个世界的。"操持"是人与世界发生关联的一种手段。但是,在日常生活中,由于"操持"能够使抽象劳动以现象化的方式表现出来。结果,在"操持"中,劳动被分裂、被非人格化了,以致它的所有领域(物质的、经营的、理智的)都表现为单纯的"操持"与操控。"操持"首先占据了劳动的地位。不过,科西克认为,虽然"操持"代替了劳动,但是,以"操持"代替劳动并不反映某个具体哲学家思想的性质或某种哲学的性质,它是以某种方式表现出客观实在本身的变化。也就是说,以"操持"代替劳动是日常生活的一种客观现实、一种正常现象。但是,这种"正常现象"却深刻地反映出另一种现象,即科西克所说的从"劳动"向"操持"的转变以一种神秘化的方式反映着的人类关系的加剧拜物教化。所以,科西克认为,经过这种拜物教化转变,人类世界在日常意识中就逐步表现为现成的器械、装具和关系的世界,表现为个人社会运动的舞台,他的主动性、就业、遍在(ubiquity)和汗水的舞台,一句话,表现为"操持"。于是,个体开始在器械和装具的现成的体系中运行,他"操持"它们,它们也"操持"他。在这样的状态中,个体早已"忘记"甚至根本不知道这个世界原本是人类自己的世界。"操持"渗透了他的整个生活。随着现代社会分工的加剧,操持者面对的早已不是劳作,而是劳作被抽象分解后的一个片段,这使得操持者根本无法看到作为整体的劳动。操持者只能把整体感知为既有之物。

因此,科西克得出结论,"操持"是实践现象的异化形式,它并不表明人类世界的起源,它表现着日常操控的实践,而人则受雇于一个"既有之物"的系统,即装具系统。于是,"操持"进一步表现为对人和物的操控。在日常生活中,这种"操持"年复一年,天天上演。人对此早已麻木,早已习以为常,机械地完成每一个动作,每一项任务。"操持"已经完全为物化性质所笼罩,已经不再是创作性的劳作。科西克不无悲凉地说,人为"操持"殚精竭虑,而对劳作"不假思索"。整个 20 世纪,人类就普遍生活在这样的状况中,以至于任何对这种状况作出描述的哲学都受到人们异乎寻常的欢迎和追捧。人们的确需要对现实的深刻分析与理论洞察,而科西克恰是从以下两个方面为我们深层剖析了日常生活中物化的形成机制及其造成的后果。

首先,作为抽象人类劳动的现象形态,"操持"创造了一个同样抽象的效用世界。在这个世界里,一切都转化为功利性的器械。在这个世界里,事物失去了自身的独立意义,它们只在被可操控时,才有意义。而这个意义又被另外的更大的系统中介着。"世界在相关个体面前展示为一个意义系统,其中每个意义都指向所有其他意义。而作为整体的系统则反过来指向主体,物只是对这个主体才有意义。"①科西克认为,这反映出现代文明的复杂性。在现代文明中,特殊性已被超越了,它的地位被绝对普遍性所代替。

其次,"操持"还产生了一个意义世界。在这个世界里,客观物质实践不仅构成了作为事物意谓的事物意义,而且还造就了使人得以与物的客观意谓沟通的人类官能。这个官能就是"烦"。本来在"烦"之中蕴涵着一种实践的超越性维度,但是,深受日常操控意识压制的"烦"也不得不葬送自己的相应"能量",任凭操持成为"操持"。"操持"的普遍化逐步取代了实践的地位和作用。但"操持"不是生产和构成一个客观实践人类世界的过程,而是对现成装具乃至文明的源泉和必要条件之总体的操作。科西克正确地指出:"人类实践的世界是客观 – 人类实在的起源、生产和再生产;而

具体辩证法与现代性批判

① Karel Kosik, *Dialectics of the Concrete*, Dordrecht and Boston: D. Reidel Publishing company, 1976, p.40.

操持的世界则是现成装具及其操控的实在。"①实践被"操持"所取代,"操持"所形成的实践只是虚假的实践。这种实践不是人类的变革活动,而是对物与人的操控。

三、日常生活的技术理性批判

当代社会,随着现代性负面作用的持续增强,思想家们已经越来越多地开始从各个不同角度研究现代性的本质问题。韦伯通过追踪理性到工具理性的转变、胡塞尔通过研究科学技术对日常生活的侵蚀、海德格尔通过追问技术的本质等等使得人们对现代性本质的认识逐步深化开来。在这个过程中,科西克对现代性问题中的技术理性给予了深入的研究,对日常生活意识下的技术理性形成机制及其虚无主义本质进行了深入的批判与揭露。

对于技术理性的理解,科西克恰当地指出,我们不想过多地强调"技术理性"这个词的哲学意义,也不想以任何方式贬低技术和技术思想的意义。技术进步是人类解放的先决条件之一,没有技术,当代人无法生存。然而,今天,关于技术的普遍的先入为主的观点掩盖了技术的本质。这表现在,一些人不加批判地信任技术和相信技术进步是万能的,浪漫化地认为技术一定会给人带来自由;相反,另一些人则总是担心技术会奴役人。所有这些想法都与人们缺乏对技术理性的辩证认识有关。

科西克指出,技术理性是一种应用理性,这种理性深受人们头脑中所形成的日常观念与日常意识的影响和制约。在当代,随着科学观念的盛行,"科学"这个词汇变成了一个充满无限魔力的词汇,它所表达的不仅是一种确证性力量,而且更是一种空前的否定性力量,是对一切"非科学"的东西的"彻底否定",所形成的是一种所谓"科学"的盲目的新崇拜。任何事物若想获得存在的理由都不得不寻求科学的保护和外衣,一经打上科学的旗号或者标识,就会使事物自身获得真理般的存在根据和价值意义。科学作为一种标签已经突破自然科学的界限被随意地粘贴在人文科学的各个领域和对象上面,使人文科学对意义的寻求退化成为对基本事实的尊

---

① Karel Kosik, *Dialectics of the Concrete*, Dordrecht and Boston: D. Reidel Publishing company, 1976, p.41.

崇。科学本身变成了一种话语霸权或者支配性的话语。用福柯的话说,是科学话语在制造真理。在现代世界中,人们信心百倍地推崇的真理概念,结果竟是被另一个概念(科学)所打造出来的伪真理概念。真理变成了科学的子孙,真理的血脉里流淌的全部都是"科学"的血液。科学取代了真理。而科学取代真理的具体方式是通过技术理性来实现的。

通过深入分析真理、科学、技术三者的具体演变与结合关系,科西克进而开始分析技术理性的本质问题。在科西克看来,"技术理性不仅把实在看做控制、利用、计算和分派的对象,看做在我们面前展开的、能够被我们审视和控制的领域,而且把实在看做可完善性(完善的可能性)和虚伪的无限性"①。这里,后一点尤为重要。因为,从技术理性的观点来看,一切都是临时的、短暂的阶段,现存的一切仅仅是不完善的前兆,它是趋向于无限的。那些现存之物仅仅与完善和进步的无限过程相关联。从长远的视野来看,现在不仅是不完善的,而且只是一个转折点,一个驿站。绝对的完善性,作为虚伪的无限性,在趋向完善的无尽历程中,解除并剥夺了一切——事物、人、观念的——自我意义和内在价值。一切只是作为总过程的过渡阶段才拥有意义和价值。但是,如果因为虚伪的无限性,一切都失去了它的内在意义,事物不再是具体的事物,人不再是具体的人,那么,随着上面提到的操纵制度的基本层面的提高,虚无主义就出现了。然而,正是技术对人性的摧残才告知了当代人技术本质的秘密。其中,现代性大屠杀是最好的例证。

科西克通过分析技术理性所导致的虚无主义后果,反过来是要向日常意识提出这样的问题:我们日常对技术理性的理解是否合理? 技术能否给人带来人类所需的真实意义? 技术的本质到底是什么? 科西克指出:"技术的本质不是机器和自动化,而是把实在组织成可供分派、分析、完善的系统的技术理性。"②也就是说,技术本身并不能解决技术的本质问题。在科西克看来,黑格尔的"恶无限"、孔多塞的"可完善性"、康德关于手段与目的的研究、马克思

① Karel Kosik, *The Crisis of Modernity*, Edited by James H. Satterwhite. Boston and London:Rowman & Littlefied Publishers,1995, p. 57.

② Karel Kosik, *The Crisis of Modernity*, Edited by James H. Satterwhite. Boston and London:Rowman & Littlefied Publishers,1995, p. 58.

具
体
辩
证
法
与
现
代
性
批
判

关于资本的分析等等所表达出的技术的本质问题要比技术和技术研究与发现所表达出的技术本质问题深刻得多、准确得多。机器并没有威胁人,技术对人的奴役统治并不意味着机器和自动化对人的反叛。在这个技术性的术语(技术理性)中,如果技术知识被等同于一般知识,如果一切非技术性的东西,一切不能被分派、操纵、计算的东西都与自身相对抗,与非理性的人相对抗,那么,迄今为止人还只是略微察觉到了对他们构成威胁的危险。这里分明透露着海德格尔关于技术本质的分析,在海德格尔看来,"技术的本质不是技术性的"。技术的本质并不存在于机器、器物、质料之中,而是存在于人的思考、理解、体验以及思维方式和社会文化观念之中。人们对技术所采取的态度、观念以及价值取向显露着技术的本质。而在现代人的错误观念中,世界被客体化了,人成了世界的主体,主体把世界当成自己的"武库",世界由此被工具化了。随着工具理性在各个领域的拓展和运用,人也被工具化了。按照海德格尔的说法,整个世界都耸立在技术的"坐架"(普遍化强制)之上,人反倒失去了主体,也就变成了世界的一个部件。

在这种情况下,科西克认为,辩证理性,作为绝对理性的对立面必须限定技术和技术理性有效和公正的范围与界限。换句话说,辩证理性首先是要消除那种把技术理性等同于一般理性以及把技术理性的准确性和有效性绝对化的神秘性。在这种情况下,辩证理性从根本上是作为批判反思而出现的,它预示着神秘性和伪具体的解构。当然,辩证理性不仅仅是方法,更不是规则的总和或者单纯的总体化,它也并不仅仅局限于社会历史实在。相反,它生成于批判性的解神秘化的反思氛围之中,因此,它与智慧紧密相连,而不是与某种思想规则的技术运用相连。这样,它也就与人和世界的问题,与存在、真理、时间的问题内在地相连。只有把握这种内在关联,才能在技术普遍强制的社会实现技术的真正本质。科西克的分析并没有到此结束,而是继续把这种分析引向了社会政治领域。

在科西克看来,尽管我们在社会中更多地直接面对的是政治、经济和社会其他方面的问题,但是,主宰这种体系的核心之物仍然是技术理性,技术理性把实在看成是我们可以随心所欲地加以控制的系统,一个"完美化"、"客观化"的系统。那么,政治操控就是这种技术理性在人类关系方面的一种特殊表现。它是建立在一种人为制造的非理性氛围之上的：操控技术预先假定并剥夺了歇斯底里、恐惧、希望的永恒状态。这种控制制度就是现代世界政治生活中所提出的意义问题的答案。它不局限于一种或者另一种政治的或者意识形态的结构中，而是在当代的一切政治结构中都有所体现。这就是构成"我们当前的危机"的东西——政治生活的危机，因为作为操控大众的政治生活在某种意义上扭曲、损毁了我们持有的对政治活动的传统理解。科西克通过把技术理性引入社会政治领域中来，并进一步分析当代社会普遍的技术操控特征，为我们揭示了现代性的技术化本质。

第五章　科西克关于社会实在与政治现代性的批判

在前四章中,我们主要侧重从理性精神运动的层面对现代性展开了批判与分析。在这一章中,我们将跟随科西克开始将目光转向社会实在方面,主要是从社会政治制度建构和社会运行机理方面分析政治危机、社会危机与人的总体危机,从而展开政治现代性批判。

我们知道,西方哲学,特别是近现代西方哲学,秉承笛卡儿的理性主义原则,在意向性中,在主客体关系中,在概念与实体的内涵中挖掘理性构造世界的意义及方法,但是由于科学主义的出现,使得这条道路越来越背离人本身,越来越走向人的反面。海德格尔曾一语惊人地说,西方哲学自产生以来一直苦心追问的是存在者,而不是存在本身,存在本身的意义已经久被"耽搁"和"遮蔽"了。他提出我们应当重新回到存在本身,从存在自身出发,来领悟世界的意义。由此开创了现代哲学的存在论转向,丰富了人们对当代世界的理解和批判。存在论的提出的确具有不容忽视的重大意义,但是,如果把存在置于哲学的最高位置,看成是至高无上的概念,拥有统摄一切概念的特权,那么,存在就面临再次演变成空洞教条的危险。海德格尔早就注意到了这个危险,所以,指出存在的意义离不开时间性视野,只有在时间的可能性绽放中才能澄明存在的意义。然而,海德格尔的时间概念始终处于个体时间与总体时间含混不清的关系之中。当他强调个体时间的绝对性时,排斥了总体时间的先在性;而当他突出总体世界时间的给定性时,又无奈地渴望个体时间的超越性。也许正是这种矛盾性,使后来的存在主义者高扬起了个体主义的大旗,把个体从纯粹的虚无中拖引了出来,以极端放大的方式表达了个体的重要意义。正是在洞穿了存在论者的空洞性与存在主义者的片面性之后,科西克认为,存在概念的丰富性不在空洞的存在之内,而在它的非概念性的中介之中,这个中介就是"实在",实在不是一个单纯的封闭的概念,而是一个不断生成的历史的多样性要素的过程统一体。用科西克的话说就是,"实在是一个具体的总体,是一个结构性的、进化着的、自我形成的整体"①。

在当代关于现代性的各种批判思潮中,海德格尔的存在论无疑发挥着巨大能量。科西克深受海德格尔思想的影响,在他的现代性批判中时常呈现出唯物主义与存在论相结合的倾向。这使得科西克的现代性批判思想体现出独具特色的魅力。科西克不是外在地把唯物主义与存在论相结合,而是把海德格尔的存在论思想内在地贯彻到了他的现代性批判思想的最为基础的一些概念中去,从而使得这些概念呈现出鲜活的马克思主义特征。其中,科西克哲学思想中的"实在"和"社会实在"两个基础性的概念,就透露着浓厚的"海德格尔气息",并且由此构筑了科西克现代性批判思想的根基与起点。

第一节　社会实在之基础论分析

海德格尔从"存在"问题入手,重新开启了存在论哲学。科西克从"实在"问题出发,提出了具体总体的批判观。海德格尔的"存在"与科西克的"实在"遥相呼应,相映生辉。在关于"社会实在"的研究中,我们有必要弄清楚,二者之间究竟存在着怎样的理论关联与差异? 海德格尔的存在论对科西克的现代性批判思想产生了怎样的影响? 这种影响对于我们理解现代性的本质具有怎样的意义? 这将有助于我们对科西克政治现代性批判的深入理解。

一、社会实在的存在论模式

海德格尔的存在论固然意义重大,但是,"存在"的内涵仍然受

① Karel Kosik, *Dialectics of the Concrete*, Dordrecht and Boston: D. Reidel Publishing company, 1976, p. 18.

到当代许多思想家的质疑和批评。譬如,阿多尔诺就认为,海德格尔的"存在"实质是一种"神话"①;劳伦斯·E.卡洪论证说,海德格尔的"存在"是一种"没有主体的主体主义"②。科西克则认为,海德格尔的"存在"具有"虚假总体"的抽象倾向。因此,科西克虽然接受海德格尔的问题形式,却不认可海德格尔的空洞而又具有神秘意义的存在"概念",而是站在唯物论的立场上,建构了自己的具有鲜明的唯物论特征的"实在"和"社会实在"两个基本概念。

首先,关于"实在"。科西克提出,"实在是一个具体的总体,是一个结构性的、进化着的、自我形成的整体"。这样的实在,不是一成不变的,不是只有某些部分或部分的排列变化的现成整体,而是一个处在不断形成过程中的整体。科西克的这一关于实在的概念完全是沿着海德格尔的存在论思路而展开的。他说,实在作为一个总体,是一个"结构性的、进化着的、自我形成的"三维总体,20世纪各种唯心主义流派抛弃了实在的三维特性,把它化约为部分与整体之间关系的单一维度,从根本上割裂了作为认识实在的方法论、认识论原则的总体与作为实在本身的总体之间的关系,他们所获得的实在根本不是真实的实在本身,而是虚假的实在。为了反驳各种错误观点,在实在概念上,科西克具体而微妙地运用了海德格尔的"问之所问"、"被问及的东西"、"问之何所以问"的问题形式。

第一,就"问之所问"而言,科西克力图要达到的是本真的实在,而不是一般意义的实在。他首先从每个人身处其中的日常生活世界入手,考察了具体实在下的人们的日常思维习惯和现实境况,认为"充塞着人类生活日常环境和惯常氛围的现象集合,构成伪具体的世界"③。然后,他深入分析了总体的实在,认为总体既不等同于"整体",也不等同于"实体"。结构主义者运用"加法系统"的要素理论所获得的整体,根本无法表征总体的意义;实证主义者

---

① (德)阿多尔诺:《否定的辩证法》,张峰译,重庆:重庆出版社1993年版,第117页。

② (美)劳伦斯·E.卡洪:《现代性的困境》,王志宏译,北京:商务印书馆2008年版,第222页。

③ Karel Kosik, *Dialectics of the Concrete*, Dordrecht and Boston: D. Reidel Publishing company, 1976, p.2.

把某一实在图景当成实在本身,使总体实体化,进一步偏离了实在的本意。这些缺乏辩证法的抽象方法都会导致把某一事实当成不变实体的"虚假的总体"的产生。科西克"问之所问"的对象,就是要摧毁"伪具体"和"虚假的总体"所构成的伪实在世界,从而获得真实的实在世界。这样的实在不是既定的,它意味着其本身就是一个复杂的过程。

第二,就"被问及的东西"而言,科西克开篇就已点明,他所要获得的是具有丰富内涵的具体总体的"概念实在",而不是"观念实在"。作为实在的两种不同形式和水平,"观念实在"浑然自在而缺乏反思,根本无法成为可供把握的真实实在;"概念存在"是人的精神理智再现,存在着表征真实实在的可能,但必须剔除其片面性和空洞的抽象性,譬如,旧唯物主义僵化的实在性、现象学的纯粹意识实在性、浪漫主义的空洞实在性等等,从而形成辩证的具体总体的实在概念。

第三,就"问之何所以问"而言,科西克是针对当时实在问题所遭遇的种种歪曲和奇特误解,进而涉及马克思主义的前途和命运的历史现实而发出的。当时,国际上所谓正统的马克思主义不过是教条的马克思主义而已,他们把马克思主义奉为绝对真理,要么作为僵化的实在,要么作为"更高的实在",来统摄一切具体的实在。作为东欧小国,捷克斯洛伐克如何在强大的总体性中获得自身发展的空间与活力,是科西克不得不考虑的客观现实。在这样的背景下,科西克之所以追问实在的问题,既是理论自身的需要,更是社会现实发展的需要。

科西克把海德格尔的问题式框架内在地运用到自己的思想中,实现了实在概念的问题式转换:实在并非"是什么",而是"怎样形成的",前者所表达的是僵化的事实,后者所表达的是意义的不断生成。这对于我们理解现代性来说尤其具有启发意义,我们必须从现代性是怎样形成的这个角度来理解现代性。

其次,关于"社会实在"。"实在"概念是科西克对于各种具体问题的总体性理解所形成的一个普遍性概念;而当我们思考社会领域的具体问题时,就很容易地形成"社会实在"这样一个相对具体的概念。对于这个概念,科西克认为,按照唯物主义的看法,社会实在是在其具体性(总体性)中被认识的。所谓具体性,就是具

具
体
辩
证
法
与
现
代
性
批
判

体的人在具体的社会关系中所应当呈现出来的存在意义,但这种存在意义必须放在不断敞开的社会历史的总体性中来理解,而不是置于封闭性和既定性中来理解。所以,科西克才说,"什么是实在? 就社会实在而论,如果把这个问题转换成另一个不同的问题,即社会实在是怎样形成的? 便可以得到回答。这种通过确定社会实在怎样形成来确定社会实在是什么的提问方式,包含着关于社会和人的革命性概念"①。也就是说,对于"社会实在",我们同样要从它"是怎样形成的"这个角度来理解。而且,科西克还特别指出,这种理解中包含着"革命性"的内涵。这种"革命性"指的是什么? 科西克在另一处,为我们提供了答案:"唯物主义哲学提出了一个革命性的问题:社会实在是怎样形成的? 唯物主义哲学认为,实在不仅以'客体'、环境和境况的形式存在,而且首先是作为人的客观活动存在。"②可见,这种"革命性"指的是"人的客观活动"。至此,我们不难理解,这种"客观活动"在科西克的全部思想中其实指的就是"实践"。科西克是在告诉人们,我们最终必须在实践的存在形态和实践的辩证法中来理解"实在"、"社会实在"。

由此,科西克的海德格尔式的实在概念向我们表明了一种新的理解问题的方式,同时启示我们:现代性本身,"不是什么","而是怎样形成的"。我们研究现代性,不能固守现代性"是什么",而是要探求现代性是"怎样形成的"。就本章的核心主旨而言,就是要探求作为社会实在的现代性,尤其是作为政治的现代性,是"怎样形成的"。而这个形成过程必须在人类实践的历史进程中才能把握。

二、社会实在的时间性视野

海德格尔把他的重要著作标示为《存在与时间》,已经向人们赫然昭示出了其思想的根本意图:通过时间阐明存在的意义。因为,在海德格尔看来,传统哲学将"存在"视为"逻各斯"的对象,运用"逻各斯"的理性、概念、判断、推理等外在的方式追问存在的意

---

① Karel Kosik, *Dialectics of the Concrete*, Dordrecht and Boston: D. Reidel Publishing company, 1976, p. 25.

② Karel Kosik, *Dialectics of the Concrete*, Dordrecht and Boston: D. Reidel Publishing company, 1976, p. 75.

义,这种以褫夺的态度所获得的存在,根本不是总体性的存在本身,只不过是强加于存在的某一片面意义而已。海德格尔追溯了古希腊时期存在的词源含义,指出"存在"是"解蔽"、"显现"的意思,"解蔽"、"显现"意味着在时间中的绽出。时间的特性规定着存在的意义,任何一种对存在的理解都必须以时间为其视野。但时间不是在者的时间,在者的时间是一维的;时间是此在的时间,确切地说,是此在的生存论的"时间性"。生存论的时间性是过去、现在、将来共同出场的意义的时间性,此在就是通过生存论的时间性来组建自己如何存在的。所以,海德格尔说,他要"依时间性阐释此在,解说时间之为存在问题的超越的视野"①。此在意义的时间性在当代就表现为现代性,现代性是此在最切近的时间性场域,此在的超越性就是对现代性的超越。现代性能否真实地显现,意味着此在存在意义能否获得本真的显现。所以,现代性既是自身"是其所是",又是此在"是其所是",现代性的意义与此在的意义是同一个意义。然而,现代性的意义决不是简单的"是什么",而是"如何是",更确切地说,现代性不是一种对象性的存在者,而是一个行进在"尚未"之中的存在过程,亦即,现代性就是如何成为自身的存在。但是,存在作为"尚未",不是空洞的、"无限恶"的尚未,而是确定性动力机制的反面所呈现的"尚未",是一种来自"尚有"的"尚未",所以是一种否定性的,但又具有客观必然性的尚未,这种必然性仅仅意味着形式上的确定性,而不是内容的必然性,也就是说,它是一种包含着深刻的存在论与辩证法内涵的确定性,而如此的确定性恰好是从自身的内容的非确定性开显出来的。

科西克对海德格尔的时间观显然彻悟在胸,并娴熟地运用到对实在概念的剖析理解之中。只是,如前所述,科西克不赞同海德格尔的"存在"概念,而是以他的"实在"占据了海德格尔的"存在"位置,使"实在"具有了时间的特性。这种转换既批判了庸俗现代性论者把"实在"作为无时间性实体的做法,又克服了存在论者把存在神秘化的做法。在《具体的辩证法》中,科西克通过对一系列具体"实在"的辩证分析,充分展露了"实在"概念的时间性视野。

———————————

① (德)马丁·海德格尔:《存在与时间》,陈嘉映、王庆节译,北京:三联书店1999年版,第48页。

（一）日常的时间性视野

科西克强调实在是具体的总体，"具体"呈现出多种样态，"日常"就是其中之一。"什么是日常？日常不是作为与公共生活相对立的私生活。它也不是与某种高雅的官方世界相对立的所谓的粗俗生活。刀笔小吏和皇帝一样都生活在日常之中。"①日常是人类每个时代不同的生存方式或在世方式。日常把个人的生活组织成每一天，又把千百万人的生活组织成一个有规则的、可重复的工作、行动和生活的节律。只有当千百万人受到强烈震撼（比如战争）而脱离了这一节奏时，日常生活才被打断。但是，打断只是暂时的，战争之后还有日常，甚至在战争之中也有日常。从这个角度说，日常是一个连绵不断的、"自我形成"的实在总体。日常构成现象世界，充满着真实与虚假。在虚假的日常中，每一主体都可以替换为另一主体，每一天都可以替换为相应的另一天。

在科西克看来，生活在日常异化世界里的人们，看似拥有时间，但只是一维的片面时间，丧失了海德格尔所说的过去、现在、将来"共同到时"的此在的时间性，丧失了对实在的总体时间性诉求。只有当日常与历史相冲撞时，才引起了一个剧变。历史使日常觉悟到时间性，日常使历史获得稳定性，日常与历史相互渗透，不可分离。与历史分离，日常会变得空洞乏味，以致演变成荒诞的不变性。与日常分离，历史就会变成一个荒诞的软弱无力的巨人，它作为灾难闯入日常却无法改变它，即无法清除它的陈腐，无法给它以充实的内容。正是在历史实在中，日常才获得自己的时间性视野。据此，科西克既批判了缺失日常维度的"宏大的历史"乌托邦唯心史观，又批判了剥夺日常的历史维度的粗俗自然史观，进而主张通过"间离、存在主义更改、革命的变革"等多种方式摧毁伪具体的日常世界。但是，他又提醒说，存在主义的个体更改只是其中的一种方式，而不是个人获得真实存在的最恰当的唯一方式。现代历史中的人面临着选择的多样性。"只有自动地实现多种多样的生活

① Karel Kosik, *Dialectics of the Concrete*, Dordrecht and Boston: D. Reidel Publishing company, 1976, p.42.

功能,人才能成其为人。"①

（二）作品的时间性视野

艺术作品作为人类精神理智的产物,如何理解它的精神实在特性? 如何理解它的生命力? 这涉及作品的暂时性与永恒性问题。一个在暂时性中产生的作品如何才能获得永恒? 是否存在永恒? 在科西克看来,绝对的永恒性就意味着无时间性,作品的永恒性不是指外在于时间或无时间的持久性,而是它所附带的信息是否适合于一切时代或者几个时代。他主张,作品本身并没有永恒性,作品的时间性意义在于"长存与暂时性的节律"的内在统一。事实上,科西克关于艺术作品的生命力问题还隐含着一个更为重大的问题:如何理解马克思主义文本的意义? 在随后关于《资本论》文本问题的论述中,他表明了马克思主义文本的历史就是它的解释史。文本的生命就在于给它赋予意义的过程。

（三）劳动的时间性视野

科西克认为劳动是一种特殊的实在,它构成人的全部存在,并渗透人的全部存在。人通过劳动控制了时间,而动物则是被时间所控制。人在对象化的劳动中,实现着人类时间的三维特性:"在劳动过程中,表现为时间之进程的东西,在劳动产品中则表现为时间之流的凝聚或扬弃,表现为滞留和持存。正是在劳动过程中,人们在实现自己的未来意图时转化着过去的劳动结果。"②劳动不再是单纯的劳作,而是统摄着人类时间三维特性的客观行动。因此,科西克坚持马克思的观点,即人创造时间,而不是时间创造人。它的实质含义是:人可以通过对象性活动,改造生存条件、缩短劳动时间、扬弃物化世界,获得本己的自由时间,实现从必然到自由的历史跨越。

科西克赋予"实在"以时间性视野,使"实在"概念体现出"进化着的、自我形成"的过程与特征,克服了传统庸俗现代性者对实在,对现代性,也包括对马克思主义的僵化理解,不仅为我们合理

具
体
辩
证
法
与
现
代
性
批
判

---

① Karel Kosik, *Dialectics of the Concrete*, Dordrecht and Boston: D. Reidel Publishing company, 1976, p.48.

② Karel Kosik, *Dialectics of the Concrete*, Dordrecht and Boston: D. Reidel Publishing company, 1976, p.122.

地把握现代性问题提供了辩证的方法,而且为我们理解马克思主义、发展马克思主义提供了一个新的视角和观念。

三、社会实在的生存论维度

除了时间性视野之外,在科西克的实在概念中,还包含着一个当代文化思想十分关注的维度——生存论维度。生存论维度是科西克马克思主义观的独到之处。在《具体的辩证法》中,他辩证地运用海德格尔的生存论棱镜为我们折射出了一幅别具一格的现代性图景。

我们知道,在《存在与时间》中,海德格尔决意透过对此在的生存论分析来澄明存在的意义。在他看来,此在是"被抛"入世的,此在要想使自身存在下去,首先就得谋划"生存",而生存是作为"在世界之中存在"的,这就决定了此在不可避免地面临着"常人之在"与"自我之在"的两难境遇。在这种两难境遇中,此在通过对"烦"、"畏"、"死"等生存状态的不同领悟与超越,标画出"现身"与"沉沦"、"本真"与"非本真"的存在状态。在海德格尔看来,只有先行揭示出此在的生存论状态,才能使存在论建基在牢靠的基础之上,最终为存在意义的澄明作好准备。同时,海德格尔又特别强调说,他所意指的"生存",并非日常生活中的生存,而是"去存在"之意,是指超越日常生存状态的一种趋向和期待。

同样,科西克的"实在"也是一个内在地包含着"人"的要素的实在,而不是庸俗唯物论者所错误地强调的纯粹"物质性"的实在。科西克正是从这一点上借助海德格尔的"存在"意义给"实在"概念注入了丰富的人性要素。从而进一步抵制了各种各样的"伪实在"思想。在科西克看来,真正的实在是一个包含着人的实在,是一个人活动于其中的实在,是一个人与世界不可分割的实在。因此,科西克说:"没有人的实在是不完全的,而没有世界人也同样只是一个残片。"①科西克采用海德格尔的观点,认为理解实在必须首先从生存论入手,并且认为生存论不是日常的生存状态,日常的生存仅仅是片面的实在;相反,生存论应当是具体与总体辩证统一的完整

① Karel Kosik, *Dialectics of the Concrete*, Dordrecht and Boston: D. Reidel Publishing company, 1976, p.152.

的实在。科西克既反对把个体实在与社会实在相分离,又反对把日常生活现象与精神理智现象相分离,因为过分强调任何一方都会造成"伪具体"或者"虚假总体"的出现。他赞同海德格尔的生存论观点,但不同意"生存"只在孤独个体中生成;他强调社会对个体生存的影响,但又反对把社会总体抽象化为外在的决定力量。因此,在他看来:"每个人都必须靠自己和不靠别人施舍地占有自己的文化和过自己的生活。"①但是,这种"过自己的生活"必须在社会总体的"地平"中来理解。

科西克不仅给"实在"注入了人性的要素,而且还特别强调,实在的人性要素就体现在人们的日常生活实在之中。他告诫人们,尽管日常生活中的种种现象形态掺杂着诸多假象,但正是这些假象才包含着深刻的真实实在,如果忽视了现象形态也就关闭了认识实在之门。正是从人的日常生活实在出发,科西克深入剖析了"烦"之中的人和"经济"之中的人,阐明了实在概念的生存论维度。

在科西克看来,研究经济如何对人存在,就是探寻实在所予之基本模式。而对人来说,经济的最原始最基本的存在方式是"烦"。但是,"烦"不是一种心理状态,也不是与另一种相反心境交替出现的消极心境;"'烦'是经过主观转化的人的客观主体实在"②。人之生存是能动的,人在能动的生存中总是陷入"烦"所缠绕于人的重重牵挂。人在"烦"之中挣扎,但却无法随意摆脱"烦",人终生忧"烦"。也就是说,"烦"首先表现为人与生俱来的主观状态,或曰存在状态;但同时,它又是人在世界上难以摆脱的客观的实在性,所以才呈现为"人的客观主体实在"。但是,"烦"不是单纯的"烦忧"。在科西克看来,"烦"具有两重性,即凡俗要素和神圣要素。也就是说,"烦"具有"形下"和"形上"双重特性。科西克指出:"人对凡俗的和神圣的要素的跨越,是人类实践的两重性的结果。"③所谓实践的两重性是指功利主义的操持实践和意义世界的人类实

---

① 转引自(美)M. E. 齐默尔曼:《科西克的海德格尔式的马克思主义》,载《国外社会科学动态》1984年,第8期。

② Karel Kosik, *Dialectics of the Concrete*, Dordrecht and Boston: D. Reidel Publishing company, 1976, p.37.

③ Karel Kosik, *Dialectics of the Concrete*, Dordrecht and Boston: D. Reidel Publishing company, 1976, p.38.

践。前者给人带来的是物化的拜物教世界，人连同被操持的世界一同被作为可操控的对象；后者给人带来的是人的自觉活动的意义世界，人处在与自身实在的同一之中。"烦"本身并不神秘，"烦"的两重性只是在实践的两重性被神秘化之后所造成的特殊表现和外观，解决"烦"的生存状态必须在实践与"烦"的相互关系中寻找答案。因为，"烦"不仅仅是一种消极的状态，而且是一种潜存于主体之中的否定一切物化世界的内在的生存力量，是通往本真实践的内在力量。"人正是通过他的生存，才不仅仅是一个业已被罩入社会关系之网的社会存在。"①科西克的观点表明，异化了的日常世界——"伪具体"、"虚假总体"的世界，不仅可以通过社会革命的变革力量摧毁，而且可以通过主体的"烦"的内在生存力量超越。

但是，科西克告诉我们，对"烦"的分析只是从人的纯粹主观性方面进行的分析。如果从另一个端点，从人被一体化到一个超个体的总体，即主体被客体化的方面去揭示实在、揭示人，就会得出一个"经济人"的概念。"经济人的概念是以系统的观念为基础的。经济人就是作为系统的组成部分的人，作为系统的一个功能要素的人，这样的人必须具有该系统所需的必不可少的本质属性。"②这种属性改造了主体，将主体从主观性中抽象出来，变成了系统中的一个客体和要素。人只有变为系统的一个要素，才能成为一个实在。在系统之外，他是非现实的，人永远生活在系统之中。但人又不仅仅是一个系统中的要素，作为人，他不能被化约为一个系统的要素。"人与系统具有不可通约性，人具有超越系统的可能性；与此同时，人在特定的系统（历史环境和关系）中又具有自己的实际位置和实践功能。这两者之间有一段距离，而具体的人的生存就是不断地在这个距离上跨越。"③所以，"经济人"的分析进一步揭示出：社会的变革（新系统的生成）不是结束日常生活异化的充要条件；个人的内在生存超越性同样发挥着不可替代的作用。本真

① Karel Kosik, *Dialectics of the Concrete*, Dordrecht and Boston：D. Reidel Publishing company, 1976, p. 46.

② Karel Kosik, *Dialectics of the Concrete*, Dordrecht and Boston：D. Reidel Publishing company, 1976, p. 51.

③ Karel Kosik, *Dialectics of the Concrete*, Dordrecht and Boston：D. Reidel Publishing company, 1976, p. 56.

实在的生成是一个个人与社会参涉互动的过程。

科西克通过对具体实在所展开的生存论分析内在地包含着一个隐喻性的必然结论:现代性作为哲学问题,首先要关注人的生存与发展、人的现实与超越的问题,所谓传统意义上的现代性"革命"、"解放"等宏大叙事,如果离开这一点就只会转变成虚假的总体。

第二节　政治现代性中的具体
社会实在问题

科西克关于现代性的批判与反思不仅仅局限于社会实在的深厚理论研究之中,还特别体现在他关于许多现实问题的具体分析之中。其中,关于政治现代性中的具体社会实在问题就是明显的表现。

一、政治现代性中的权力问题

人们总是习惯于以自明性的方式看待世界。科西克说,我们身边有很多自明性的东西,多年以来,我们一直把它作为清晰明白的原理(真理)来看待。但是,一经我们采用批判的眼光来考察时,问题就出现了。

在科西克看来,权力就是人们特别熟知的、自明的东西,它反映政治和公共生活的基本问题。但是,人们对它的认识并不十分清晰:权力的内在局限是什么? 权力能够做什么? 权力是万能的吗? 它的能力是有限的吗? 科西克认为,意大利的两位著名思想家葛兰西和马基雅维利关于权力的历史性论述对我们具有特别重要的启发意义。葛兰西和马基雅维利之所以引起人们的注意,是因为他们研究的问题是许多时代和社会所共有的。马基雅维利的主要贡献是他把"人的本性"和权力联系了起来。因为"人的本性"在人的行为中经常而且更多的是倾向于恶而不是善,倾向于残酷而不是仁慈,倾向于懦弱而不是勇敢,倾向于平庸而不是高贵。所以,马基雅维利把政治看做是为了获取和控制权力而适当地运用政治实在的能力。权力本身不是目的,因为它必须按照国家组织的要求担负相应的意义。权力不能逾越政治的界限,即国家、集

具
体
辩
证
法
与
现
代
性
批
判

团、政党等的界限。"这样,权力就失去了形而上学的品质,无法影响它得以产生的源头。换句话说,它不能影响'人的本性'。"①通过权力的运用,人们能够建立、毁坏或者改变一个国家,然而,"人的本性"却不能被改变。② 相反,葛兰西认为,不存在固定的不可改变的人的本质,人的本质是历史地决定的社会关系的总和。在马基雅维利看来,权力能够改变环境和制度,但是"人的本质"却不因此而改变。葛兰西则坚持认为,不但环境和制度、社会条件和经济条件会发生变化,而且人的本质本身也发生变化。科西克说,乍一看,似乎一个是革命的观点,另一个是保守的观点;一个是乐观的观点,另一个是悲观的观点,而且似乎葛兰西与马基雅维利的争论代表着完美无缺的知识与片面的、有限的知识之间的斗争。这种看法的出现,不是因为人们失去了反思,而是因为受到了当前设想、口号和偏见的盲目操纵。一旦人们开始严肃地思考这种幻象,并渗透到它的深处,问题就变得明朗起来了。

科西克评论说,如果存在着一种"人的本质",它被定义为历史地决定的社会关系的总和,那么,随着社会关系的总和的改变,"人的本质"也会被改变。但是,在历史上,社会关系的总和已经实质地改变了很多次,相应地,"人的本质"也应当经历了多次变化。"但是,历史能够作为连续性存在吗? 更为重要的是:如果这个总和已经改变了很多次,并且'人的本质'也被改变了很多次,那么,一种关系中的人能够从根本上理解另一种关系中的人吗? 他们能够从实质上把对方看做同样的人吗? 如果人的本质被认同为一种社会关系,那么,一个人怎样才能划分改变社会和政治的条件呢? 这种能力属于'人的本质',还是属于非本质的东西? 难道不可以更准确地说,这种变革社会条件的能力是如此地内在于人,人正是依靠他的'本质'或者'本性',才超越了他生于其而又不能减为其

---

① Karel Kosik, *The Crisis of Modernity*, Edited by James H. Satterwhite. Boston and London:Rowman & Littlefied Publishers,1995, p.33.

② 前文《辩证法的实践观》中科西克曾提出马基雅维利关于"人的概念",马基雅维利认为人是可以塑造的。但是,他本人并不认为人性是可以改变的,反倒是马基雅维利主义者,片面地把人的本性也看成是可以改变的了,从而造成了把人当成可操控对象的恶果。而此处所谈的恰是马基雅维利本人的原初思想,人在本性上是不可改变的,并以此来抵制权力的侵蚀。

的条件吗?"①

在科西克看来,一方面,马基雅维利揭示了权力来源于"人的本性"(恶大于善),但是,另一方面,正是这种"本性"限定了权力的意义和权能:权力不是万能的,因为它是由"人的本性"决定的。马基雅维利的权力观念告诫我们:如果社会条件的变化改变"人的本质",那么,权力就变成了万能的,因为权力能够改变任何东西,包括人的各种"本性"。所以科西克断言,权力不能不被限制,它的可能性不能没有疆界。"人性的建构不取决于权力的性质,而是取决于善与恶的倾向性。"②

科西克进一步分析指出,那种把社会关系等同于"人的本质"的观点是一种形而上学,它从没有批判性地检验过人的"本质"或者"本性"这个问题。因为,形而上学经常遗漏本质的东西,忽略重要的东西,错过必须考虑的东西。每当需要反思短暂与持久、相对与绝对、暂存与永恒的总体性压力时,形而上学就投降了。所以,在这里它才会把"人的本质"的永恒理解与"人的本质"在社会关系中的解决手段相混淆。

科西克认为,我们不能简单地说马基雅维利和葛兰西孰是孰非,更不能说真理处于二者的"中间地带"。"批判性的反思并不作出裁决,而是在现实的思想家们的概念中研究问题,指出问题。"③葛兰西与马基雅维利的冲突不会使任何一方消失,而是向人们表明重新思考权力与人之间关系的必要性;不是无批判地接受关于人的"本质"或者"本性"的假设,而是暴露出一个新的问题:"人是什么?"

在科西克看来,任何权力的变革与运用都与人的问题密切相关,如果一场社会革命不能时刻关注人的命运,那么,它就会冒着乌托邦般地构拟"新人"或者铁的历史规律般地塑造"新人"的危险。所以,革命必须认识到一个致命性的篡改:人的自由就等于接

① Karel Kosik, *The Crisis of Modernity*, Edited by James H. Satterwhite. Boston and London:Rowman & Littlefied Publishers,1995, pp. 33 – 34.

② Karel Kosik, *The Crisis of Modernity*, Edited by James H. Satterwhite. Boston and London:Rowman & Littlefied Publishers,1995, p. 34.

③ Karel Kosik, *The Crisis of Modernity*, Edited by James H. Satterwhite. Boston and London:Rowman & Littlefied Publishers,1995, p. 34.

具体辩证法与现代性批判

受操控的能力。根据这种篡改,人被彻底操控,就像他完美地接受教育和再教育一样。权力能够改变人,能够改变社会,但是这种改变不是直接的,而是间接的。权力能够使人自由运动,但却不能取代人的运动。通过权力的间接性,权力能够侍奉自由,但是,每个人必须靠他自己的独立创造,而不是中介作用才能获得自由。

二、政治现代性中的阶级问题

阶级问题是政治现代性中的核心问题之一,因为它牵涉到社会的政治结构、社会的性质、社会的未来走向等等一系列重大问题。所以,科西克特别研究了政治现代性中的阶级问题。但是,科西克关于政治现代性中的阶级问题的研究并不是绝对的普遍性的研究,而是立足于捷克斯洛伐克的社会历史现实所作的研究。尽管如此,它仍然对我们具有启发意义。在科西克看来,当前的危机是社会一切部门和阶级危机的一种,同时,也是社会一切部门和阶级相互作用的危机。科西克重申工人、农民、知识分子形成联合体和统一体的必要性,认为当前官僚统治已经大大地破坏了这种联合体。一方面,官僚统治总是试图把工人限制在工厂,农民限制在村庄,知识分子限制在图书馆,把他们的政治联系压制到了最小化;另一方面,官僚统治已经剥夺了每一个社会集团的特定的世界观,政治上把他们转变成了均质的无表达的大众。官僚主义变成了普遍利益的唯一代表。社会各阶级不再作为一个阶级发挥政治作用,整个社会因此失去了活力。

科西克从三个方面分别分析了当时的阶级危机。从工人阶级来看,科西克认为,工人阶级被限制在工厂,是仅仅被看做了劳作的工具;工人阶级失去出版、言论和知情的自由,就无法发挥政治作用;工人阶级的出版和言论自由是一种不可让渡给别人来代替的自我活动。因此,我们当前危机的关键是工人阶级是否能够获得自身的政治权利、是否能够成为既独立又联合的社会力量。从知识分子来看,科西克指出,在一般语言中,知识分子这个词都与理性和认识有关,但在捷克斯洛伐克,这个词具有双重意义,既指有思想、有才能、有知识的人,又指一个特殊的社会部门。捷克斯洛伐克较早地在社会主义革命之前就存在着独立的知识分子阶层。然而,在社会主义内部把知识分子作为和工人阶级相同的另一个社会部门来看待的做法，人为地造成了不必要的社会鸿沟。人们现实地认为各个不同的社会部门分担不同的社会任务、生产不同的社会产品；然而，人们忘记了他们之间的联合与统一，忘记了在他们部门之外的超越性需要，忘记了各个部门中的人仍然是一个社会总体的人。用一个部门代替另一个部门的简单做法无疑加剧了部门之间的冲突和对立，造成了危机的加深。从农民来看，随着工人阶级和知识分子政治作用的迷失和受阻，农民的政治和社会作用更是降低为零。作为社会阶级重要组成部分的农民，虽然生存于现代社会，但他们却失去了现代社会的本质，仍然生活在陈旧的历史当中。

科西克认为，解决危机的出路仍然在于继续建立工人、农民和知识分子的联盟。特别重要的是，在联盟中，每一个部门既具有自身的特征又具有联盟的特性，联盟本身是一个相互影响、相互促进、相互交流的组织。这样的联盟才构成开放的社会主义的社会基础。科西克认为，仅仅靠一个党派所获得的民主，并不是真正意义上的民主，在他看来，建立在党与非党成员之上的民主其实仍然是旧民主，新民主应当是共产主义者、社会主义者、民主主义者和其他市民共同组成的联盟，否则，片面的社会主义民主根本不是真正的民主。

从科西克对阶级问题的具体分析，我们可以看到现代社会对人的解放是以阶级的方式来完成的，但是，决不是某一阶级独立完成的，而是作为一个整体来实现的。

三、政治现代性中的社会主义命运

现代性观念是一个科学主义普遍盛行的观念，科学主义不仅横扫了当代资本主义社会，而且社会主义也未能幸免。科西克把社会主义的发展命运与普遍盛行的科学主义联系起来，不仅使人对政治现代性中的社会主义命运有新的认识，而且使人对整个现代性过程中的科学主义的社会性本质有了更进一步的认识。

在科学观念推动下，社会主义是一个科学地运行的社会，它的未来被联系在所谓的科学和技术革命上。对此，科西克反问道，谁会反对这个设想？尤其是当这个设想是由科学家和知识分子作出的时候？然而，我们必须质疑他们的真诚性。在我们正在从事所谓科学和技术革命的那些地方,令人惊讶的是口号战胜了研究,甚至批判性研究也成为了一个科学性的职业。

科西克指出,"科学和技术的革命"这个词是一个神秘物,它掩盖了现代科学、现代技术和现代(社会主义)革命的真实问题。科学和技术的空想家们把社会主义同他们的未来观联系起来,这意味着,绝大多数公民都不得不忙碌于科学的劳动中。然而,他们没有想到,这种量的增长并不能导致辩证的跨越和新的质变,因为,这仅仅是现代科学变化的一种纯粹表现形式。现代科学不是智慧,而是精确的知识和控制。科学的本质已经发生改变,科学把它自身仅仅当做"科学的劳动"、"研究"和"宏大工程"等来对待,因此,掌握一定的基础知识和某些基本的操作方法成为唯一必要。现代科学家成了技术专家,社会的构想奠基在方方面面的专家手里,他们只顾实验与检验,而不顾科学本身的反思。

科西克说,在更高的发展形态中,科学像物理学一样是作为一个统一的知识和研究的领域而存在的,即作为理论研究和技术的统一体而存在的。因此,实际上,技术属于现代科学,并随着现代科学的出现而出现,并且通过这种统一,在整个现代实在中,产生了一个新的关键的要素:技术的科学。但是,"现代技术既不是科学的单纯运用,也不是科学的前提或者结果。在技术科学的新的总体性存在中,现代科学和技术的结合与统一只是从一个共同基础发展出来的两个历史过程的极点"①。这个共同的基础就是当代人从理论上和实践上把世界转变成一个客体,并且这个客体实在能够被人类主体所精确地研究和控制。所以,"技术的本质不是机械装置或者客观的自动装置,而是技术理性,这种技术理性把实在变成能够被掌握、被完善、被客体化的制度"②。然而,近代以来,对于技术的本质问题,康德关于"手段与目的"的研究、黑格尔提出的"恶无限"问题、马克思关于资本的批判都远远超过了当代的技术检验和技术发现问题的实质意义。机器没有威胁人,技术对人的奴役性统治并不意味着机器对人的反叛。事实上,这里透露出人

① Karel Kosik, *The Crisis of Modernity*, Edited by James H. Satterwhite. Boston and London:Rowman & Littlefied Publishers,1995, pp. 37 - 38.

② Karel Kosik, *The Crisis of Modernity*, Edited by James H. Satterwhite. Boston and London:Rowman & Littlefied Publishers,1995, p. 38.

们对于技术的观念认识反过来危及着人自身,"在这个技术的术语中,如果技术知识被等同于全部知识,如果技术理性支配人类存在到了如此地步——一切非技术的、无法管理的、不能计算的、无法操控的东西都作为非理性的存在来对抗人类自身,那么,就表明人们还没有认识到威胁他们的危险所在"①。

但是,科西克对于科学技术并不是一味地否定,而是在具体的社会阶段和历史进程中客观地分析我们对于技术应该持有的正确态度。在他看来,"没有发达的技术和发达的技术进步,没有生产手段的社会化,现代社会主义是难以置信的"②。但是,如果社会主义失去了它的历史意义,失去了把所有技术要素都转变成具体总体的能力,那么,技术及其进步的本质特征和所有其他重要特征就可能反过来对抗社会主义,也就是说,可能产生并发挥一个总体性的反作用。

此外,科西克还从社会权力运作的角度揭示了社会主义面临的内在困境。科西克指出,资本是社会的纽带,资本主义通过控制资本而控制整个社会;社会主义社会失去了资本,间接控制社会的纽带被切断了,只能通过人去控制人,也就是说通过权力去控制人,结果是必然出现极权社会。社会运行是一个体系,如果我们认同马克思的社会形态理论,那么,原始社会人和人是原始的自治关系,奴隶社会是人与人的直接管理,封建社会是通过土地分封来管理,资本主义社会是通过资本的控制来管理。社会主义企图把人从上述管理(压迫)中解放出来,但是,社会主义如何对待社会呢?这些纽带被斩断了,新的纽带是什么?没有新的纽带之前,只好采用原始的方式,直接的权力管理。由此,造成解放的社会主义不是权力的获得,而是个体权力的普遍丧失。

所以,科西克认为,在20世纪,现代社会主义的困难在于不能从理论上把握和调整它作为解放的历史作用。如果社会主义在变化的环境中迷失了自身的目的,它就不再发挥革命和解放的作用。正因为我们面临着许多至今还没有触及的本质问题,20世纪的人

具体辩证法与现代性批判

① Karel Kosik, *The Crisis of Modernity*, Edited by James H. Satterwhite. Boston and London:Rowman & Littlefied Publishers,1995, p.38.

② Karel Kosik, *The Crisis of Modernity*, Edited by James H. Satterwhite. Boston and London:Rowman & Littlefied Publishers,1995, p.38.

们才难免继续提出如下问题并寻找它的可能性答案:人是什么? 真理是什么? 存在是什么? 时间是什么? 科学和技术的本质是什么? 革命的意义是什么?

在科西克看来,正是在危机中,一切再一次在理论上被验证和分析,曾经似乎被解决的问题又呈现出问题性。也就是说,对于人类的一些生死攸关的问题必须永久而且经常地被验证和分析。社会主义现象本身就属于这样的问题。于是,问题再一次出现了:究竟什么是社会主义? 这个问题并不仅仅暗指以社会主义的名义消除残酷的非人道的社会主义,而且是指社会主义的意义必须再次被检验。然而,由于社会主义面临的实践任务和现实困难,致使社会主义的历史意义被遮蔽了,以至于进一步掩盖了实践的理论效用,强行把社会主义的解放意义作为了反抗压迫、苦难、荒谬、不公正、专横、战争等等人道的与革命的意义的替代物。所以,科西克告诫人们,在发展的每一阶段、每一历史形式中,社会主义对于解放的意义必须不断地作出解释和界定。这样,辩证法、革命品质、批判主义和人道主义才能变成社会主义的真正必不可少的内容。这样的社会主义就不再是简单的回应和从属于一般意义的社会主义,而是行进在批判的过程中的社会主义,行进在人道化的过程中的社会主义。人道的社会主义是用革命、人道和解放的制度来取代普遍操控的制度。为了建立这个制度,捷克斯洛伐克人民一直在为之努力斗争。因此,我们应当理解,在捷克斯洛伐克事件中,人们所从事的社会主义斗争,决不是要回到资本主义。而是说,"人道的社会主义既是对资本主义又是对斯大林主义的否定"①。

第三节　政治危机及其政治现代性批判

近些年来,人们对现代性的研究越来越趋向于政治现代性问题。这里的迹象不在于人们对于政治的热衷,而在于人们对于政治的重新理解。关于这一点,科西克在他那个时代就已经先人一步地有所研究、有所贡献。科西克关于政治现代性的研究首先是

① Karel Kosik, *The Crisis of Modernity*, Edited by James H. Satterwhite. Boston and London:Rowman & Littlefied Publishers,1995, pp. 54－55.

从捷克斯洛伐克当时所处的社会历史现实问题入手的,这个问题被科西克看做是一种危机问题。关于危机问题,科西克于1968年发表了《我们当前的危机》、《社会主义与现代人的危机》。这是科西克对20世纪60年代所出现的社会政治危机的直接回应,也是他对现代性政治愿望的直接回应。科西克把"危机"的现实状况与"人道的社会主义"的理论诉求联系起来,用人道的社会主义来反思批判捷克斯洛伐克的社会主义,乃至当时世界性社会主义实践的现实问题。詹姆斯·H.怀特认为"科西克的这种观念的重要意义已经超出了1968年捷克斯洛伐克的具体背景,甚至超出了整个东欧"[1]。尽管布拉格之春已经成为历史,"然而,这并不意味着同样的问题不再出现,也不意味着由20世纪60年代批判的马克思主义学者所完成的著作失去效力。如果未来改革的方向始终是寻求某种社会的民主——正如科西克确切地看到的那样——那么布拉格之春的遗产是不能被忽视的"[2]。

一、异化政治与本真政治

从社会的角度来讲,政治是现代社会得以存在、运行和发展必不可少的核心要素之一。从个体的角度来讲,政治是生存于现代社会的人理解社会的重要方式,也是他们的不可或缺的存在方式之一。离开政治,现代社会无法运转,现代社会的人无法正确理解自身存在的意义。科西克关注现代社会中的政治问题,但是,他并非一般性地谈论政治,而是严格地区分了一般政治与政治生活的不同。科西克说:"我们当前的危机不仅仅是政治的危机,同时也是政治生活的危机。它所提出的问题不仅仅是一定政治制度的问题,而且,同时首要的是政治生活的意义问题。"[3]在科西克看来,政治制度意义下的政治是异化的政治,而政治生活意义下的政治才是本真的政治。

---

[1] Karel Kosik, *The Crisis of Modernity*, Edited by James H. Satterwhite. Boston and London:Rowman & Littlefied Publishers,1995, p. 1.

[2] Karel Kosik, *The Crisis of Modernity*, Edited by James H. Satterwhite. Boston and London:Rowman & Littlefied Publishers,1995, p. 11.

[3] Karel Kosik, *The Crisis of Modernity*, Edited by James H. Satterwhite. Boston and London:Rowman & Littlefied Publishers,1995, p. 17.

具体辩证法与现代性批判

154

科西克说,迄今为止,政治制度已经把一切都神秘化了,它不但遮蔽了自身的本质,而且遮蔽了政治生活的总体本质。摆脱危机的首要步骤就是去除神秘化。他认为,政治危机的原因在于一个国家的市民不再希望通过隶属或者不隶属于某一党派而获得部分权利或者根本没有权力来生活了,掌权者再也不能以官僚专制的形式行使他们的领袖作用。也就是说人们对政治丧失了信心与信任。要彻底解决危机,就必须用社会主义民主制度取代官僚专制制度。专制制度与民主制度有着本质的区别,前者是建立在大众政治权利丧失或者不充分基础之上的,后者则是建立在大众拥有彻底的政治自由和权利平等基础之上。

在科西克看来,捷克斯洛伐克的当代事件已经不可避免地把他们的政治生活带到了人们注意的中心,使他们的政治生活形成了普遍性意义。这种普遍性最重要的方面就是它对现代性危机提出了政治警示。他说:"政治生活的本质要素是权力,但是,政治生活的本质决定了什么样的政治生活将会是有益的以及这样的政治生活是为谁服务的。政治生活不只是对行将出现的和现存的局势的反应,也不只是对各种现存力量的解决。政治生活不仅受社会力量、部门和阶级的制约,而且受人的情感、理性、意见制约。在真正的政治生活中,各种新的力量被创生和设计,政治生活的本质决定了在人身上要唤醒什么、要触及什么,也决定了是什么会向人提出挑战、什么会给予人支持或者使人麻木。"[①]可见,政治与权力密不可分。但是,人们必须懂得,政治生活决定权力,而不是权力决定人们的政治生活。

科西克认为,现代世界的政治生活是异化的政治,它的典型特征就是操控大众。因为这种作为操控大众的政治认为只有在普遍控制的制度中政治才是可能的。"人被当成一个部件安插进这个制度:体现出当代虚假意识特征的现代人最大的幻象之一就是假定可以把实在(存在)当成客体,当成某种可以开发的东西,当成我们能够控制并且任意控制的东西,尽管我们自身一直保持在这种

① Karel Kosik, *The Crisis of Modernity*, Edited by James H. Satterwhite. Boston and London:Rowman & Littlefied Publishers,1995, p.61.

安排之外。"①于是，"政治既不是科学也不是艺术，而是权力的表演和权力地位的游戏。这个游戏并不赏心悦目，而是极端残酷的事情，因此，与其说是幽默和欢笑，不如说是死亡、狂热和算计"②。现代政治从绝对需要出发，并寻求控制一切。它不是科学，但是它决定科学及其结果；它不是艺术，但是它激起人们的恐惧和隐秘情感；它不是宗教，但是它拥有偶像和高级神甫。"对于现代人来说，政治已经变成命运：从某种程度上来说，每一个人存在的意义都被政治道路清晰地标示出来。"③

科西克着重分析了大众和政治操纵之间的关系，认为大众和政治操纵是两个不可分割的概念。那些说出"大众"的人，在他们的头脑中已经预先设定了某种制度，在那个制度中，个体不再作为政治活动的主体而存在，而仅仅是作为政治操纵的客体而存在。事实上，人民并不是作为大众而出生的，只是在把社会划分为两类人（一类是无名大众，另一类是操纵者）的制度中人民才变成了大众。无名大众是失去了自己面目和责任的人。科西克认为，在这样的社会中，大众的无名分、无责任反映了整个社会的无责任，大众和操纵者的制度是一个普遍无责任的制度，同时也是一个普遍神秘化的制度。在这样的制度中，政治口号取代了政治思想，政治运行仅仅是给大众灌输预先设定好了的虚假意识。任何试图批判的想法都被作为异端和亵神而予以拒绝。辩证理性，甚至普通意识均被排除在既定规则之外。这种制度的运行并没有认清自身的本质，它的各个组成要素（操纵者和大众）只是生活在自身与他者的幻象之中。这种制度不会创造出真正的人民或者属于人民的品质，它仅仅有益于操纵者的情感、能力和兴趣。

因此，科西克说，现在该是我们进行具体研究的时候了，我们应当严肃研究政治生活中的领导地位问题，严肃研究社会活动中真正的和虚幻的领导作用的功能和意义问题。科西克质问，领导

① Karel Kosik, *The Crisis of Modernity*, Edited by James H. Satterwhite. Boston and London：Rowman & Littlefied Publishers,1995, p. 9.

② Karel Kosik, *The Crisis of Modernity*, Edited by James H. Satterwhite. Boston and London：Rowman & Littlefied Publishers,1995, p. 17.

③ Karel Kosik, *The Crisis of Modernity*, Edited by James H. Satterwhite. Boston and London：Rowman & Littlefied Publishers,1995, p. 17.

与被领导者的关系什么时候建立在互相理解和尊重的基础之上？什么时候建立在依赖和服从的基础之上？为了能够在社会中发挥领导作用，个体和集团究竟应该拥有什么样的知识、道德和品格？对此，科西克认为，在当今的政治生活中，最根本的方面就是人的教育问题，因为在政治生活中人的这样或那样的潜能会被开发出来；这样或那样的行为和性格模式、参与方式等会得到释放。教育能使人明确政治生活的本质，不管政治生活是为了获得权力还是控制权力，在政治的实施和运用中个人利益、情感、偏见都会唤醒人们对真理的认识和领悟。经过教育重新启蒙的政治生活将会增强人们自由生活的权能和力量。所以，本真的政治生活是人们的向导。政治生活的本质也决定了谁将会被领导：是被操纵的、不负责任的无名大众，还是渴望获得自由并拥有责任的人们。

二、政治话语与政治人格

在政治现代性的反思中，科西克不仅严格区分了政治制度与政治生活的根本差异。而且，进一步回到政治生活中的人自身区分了政治家和无名大众的政治人格，表明了现代性危机中还包含着深刻的政治人格危机。科西克通过对政治领袖的人格问题的典型分析，最终把现代性危机归结为人自身的问题。

人们表达政治的方式主要是以话语的形式来进行的。科西克也正是从语言入手来研究现代社会中政治人格问题的。在科西克看来，语言是人类所有特征中最纯洁而又最危险的东西。最纯洁，是因为一切语言是而且只能是言词，仅仅是言词，是表达和发声相结合的言词而已。言词的主人（作者）决不能把他的言词强加于自然。然而，语言又是最危险的东西，因为它揭示一切，它不可能掩盖或者逃避对它的解释权。语言总是表达出比那些使用它的人所说出的话更多的东西；人不但用言词表达所言说的东西，而且言词就是他们既言说又未言说的东西。除此之外，所发出的语言总是包含没有被说出的内容，借此，语言总是以某种方式传达出没有说出的潜意识的、下意识的以及无意识的东西。

因此，我们要分析政治家所说出的各种话语，包括俚语、隐语、口号、专用词等等所传达出的本真含义。譬如，政治家说出一句旗帜性的话语："我们依靠大众的支持。"这并不意味着在那仅有的几个词中他发现了人和世界的真实概念,也不意味着他所说的要比他所理解的和所意指的要多得多。再如,政治家说:"当我们评价历史的成功之处时,我们同样不能忽视历史的某种扭曲。"①他没有意识到,他的"批评"具有一种辩护的意味。因为,这种"批评"遮蔽了实际上已经出现的事物的本质。所以,科西克质问:"如果政治家不了解过去确已发生的事情或者现在确实正在发生的事情,那么,他所干预和提出的会是什么样的未来呢?"②难怪阿格妮丝·赫勒说:"现代(民主)国家不是统一的力量和美德的载体,相反,它是形式化和官僚化的;它的领导人不再是政治家,而充其量不过是精明的政客。"③由此,科西克进一步揭示问题的关键。他说,我们当前的危机实质已经表现为人民的意义和个体的意义之间的冲突。面对政治家对大众的嘲弄,科西克尖锐地质问:我们已经堕落为无名大众了吗?对于无名大众来说,良知、尊严、真理、正义、荣誉,以及勇气等等都成了他们生命的奢侈品,正是这些所谓的奢侈品把他们阻隔在了仅仅争夺表面的和现实的需要之中!我们能够在满足个体的本真需要和国家的现实需要条件下和谐地解决既存的经济、政治和其他问题吗?在这里,科西克试图透过语言现象进而分析政治家的人格扭曲及其多重化问题。显然,这不是科西克的最终目的,科西克是想通过这些发现来昭示现代社会政治的本质。

在科西克看来,要保证政治家的个人认识与社会历史现实一致,首要的任务是,政治家必须善于认识和发现他所处时代的深刻危机。但是,科西克指出,认识和发现危机不能简单地采取科学研究的方式,而是要把科学与哲学有机地结合起来。他说,以往的政治家(如马萨利克、葛兰西、卢森堡、列宁等)都没有用科学研究的结果来变革他们的政治生活,相反,倒是他们在创造性地设计政策时体现出了科学性和研究性。他们不但理解哲学和社会科学之间的内在联系,而且同样把二者看做是彼此独立和分割的。

① Karel Kosik, *The Crisis of Modernity*, Edited by James H. Satterwhite. Boston and London:Rowman & Littlefied Publishers,1995, p.21.

② Karel Kosik, *The Crisis of Modernity*, Edited by James H. Satterwhite. Boston and London:Rowman & Littlefied Publishers,1995, p.22.

③ (匈)阿格尼丝·赫勒:《现代性理论》,李瑞华译,北京:商务印书馆2005年版,第58页。

具
体
辩
证
法
与
现
代
性
批
判

"那种哲学－政治家是例外情形还是正常情况？他或她属于一个特定的历史时代还是所有时代？问题首先是,这种情况对于政治生活是仅仅有影响还是具有重大意义？政治生活获得的意义和满足到底取决于政治－哲学家的创造还是政治－教条主义者的规划……我们是否能够断言特定历史的政治－哲学家时代已经随着马萨利克、葛兰西、列宁而结束？是否能够断言政治教条主义的时代已经开始？"①科西克说,实践政治和政治思想并肩而行,为了达到一致,它们的遭遇体现出冲突和斗争,就像社会主义历史运动那样显而易见,其中,最为典型的例子就是人们看到的卢卡奇。

政治家作出决定,每一个决定都是根据几种可能性、要素和趋势所作出的选择。在科西克看来,关键的是作出政治决定的"时机选择"与科学研究和艺术创造的"时间掌握"不同:科学家可以长时间地研究问题并且长时间地解决问题;艺术家可以在一件作品上长时间地劳作,同样长时间地思考使它完善完美;而政治家必须与时间赛跑,他的成功取决于是否在恰当的时刻实现他的意图,既不能太早,又不能太迟。实际上,政治家一直处于变成时间奴隶的危险之中,处于他的决定只是当前事件的条件反射的危险之中。如果一个政治家仅仅是"实施、履行、付诸实践、作出结论和重新工作",那么,他就变成了时间的奴隶。"因此,政治家怎样才能'战胜'时间？他怎样才能把过去变成现在,成为一个乌托邦主义者？他怎样才能把过去变成通行常规,成为一个幻想家呢？怎样才能提出远见卓识,成为一个预言家呢？"②科西克认为,乌托邦主义者、幻想家和预言家都不是政治家。真正的政治家能够在与时间的赛跑中获胜,他不会被时间击败或者征服。只有这样他才触摸到了存在的本质。

由此,科西克得出结论说,一方面,现代的人格危机是人格以政治教条主义的形式体现和定义出来(即政治的教条主义导致了人格的扭曲和危机),因为教条主义已经取代了政治－哲学家;另一方面,政治生活的危机被加深和恶化。政治教条主义把制定和

① Karel Kosik, *The Crisis of Modernity*, Edited by James H. Satterwhite. Boston and London:Rowman & Littlefied Publishers,1995, p. 22.

② Karel Kosik, *The Crisis of Modernity*, Edited by James H. Satterwhite. Boston and London:Rowman & Littlefied Publishers,1995, p. 23.

执行政策作为技术操纵,它无法超越"主观能动性"建立起来的制度的视野。因此它只能凭借它所能掌握、操纵、利用的东西解决它有限视野所及的问题,而其他剩余问题都被看做是毫无价值、毫无意义、毫无实在的东西。

三、捷克斯洛伐克危机与普遍性问题

1968年,捷克斯洛伐克爆发了一场声势浩大的"布拉格之春"民主化改革运动,这场改革运动不幸被苏联所镇压,这使当时的人们产生了剧烈的思想震动,其历史意义与教训直到今天仍然值得人们思考。可以说,人们思考"布拉格之春"就如同思考法国大革命一样,总是特别期待能够从中发现富有真知灼见的伟大思想。就"布拉格之春"而言,科西克恰好为我们提供了这种超乎寻常的独特见解。在科西克看来,20世纪60年代以来,捷克斯洛伐克发生的诸多历史性事件已经预示着捷克斯洛伐克社会处在了危机之中。但是,这种危机具有重要的意义和适用范围,一方面,它体现了欧洲社会和当代人的现实状况;另一方面,它为社会主义的未来走向(人道的社会主义)指明了道路。科西克说,就社会问题而言,危机一般是指一个国家和社会的直接的政治、经济和道德的危机,但实质上,捷克斯洛伐克目前的危机揭示出的问题已经远远超越了单一国家或者社会的框架。直接地看,捷克斯洛伐克危机是特定的统治部门、特定的政党、特定的社会关系形式、特定的经济模式的危机。然而,这个危机的特征却总体上揭示出了政治、社会和人类交往的某些基本问题。但是,科西克想要破解的问题是,在捷克斯洛伐克危机中,表面上体现了什么?危机的意义透露了什么?

在科西克看来,捷克斯洛伐克事件的确是一个重要的历史事件,是一个罕见的历史时刻。但是,如果仅仅看到捷克斯洛伐克社会隐藏的东西开始凸现出来了,20世纪的欧洲实在也潜在地表现出来了,那么,这是远远不够的。因为,更重要的是,当时的捷克斯洛伐克已经把自身展示为一个批判思想、个体力量生成和可能性的敞开等多种社会动因相交汇的历史性时刻,而这一切很可能会极大地影响未来几十年捷克斯洛伐克的发展道路,乃至欧洲和整个世界的历史进程。

科西克认为,当时的捷克斯洛伐克事件主要基调是要回归过去的传统的民主,但不是简单的回归,而是克服当时的非人道性和不公正性,进一步摆脱危机,寻求真正意义上的社会主义。当然,这个过程必须是在批判之中来实现的。在科西克看来,发展总是迂回的,当时的捷克斯洛伐克问题,包括社会主义问题,都要经历迂回的历史进程,因为,在发展的进程中,历史上曾经存在的东西和未来将要实现的东西总是一再出现在我们的现实中,总是与现实形成一种张力。当时捷克斯洛伐克事件表明社会主义和民主是内在关联的。我们今天所说的民主只是回应了社会主义必不可少的本质。"社会主义民主的基础不是由一个受指责的统治集团所领导和操纵的无名大众构成,而是由自由而又平等的政治生活主体,即社会主义公民构成。"①

但是,布拉格之春所引发的捷克斯洛伐克危机决不仅仅是捷克斯洛伐克自身的危机。如果西欧人民没有理解东欧所发生的一切是而且仍然是欧洲历史的必要组成部分,仍然是欧洲总体问题的必要组成部分;或者如果东欧人民没有看到他们的事件和历史是在特定而又共同的欧洲基础之上发生的,那么,已经存在的这个致命的误解,还会继续存在下去。在科西克看来,捷克斯洛伐克已经发生的官僚-政治制度危机以及正在造成社会主义民主制度发生变化的危机与欧洲社会的危机乃至现代人的危机有很多共同之处。在欧洲,尽管存在着两种国家制度的巨大差异,但这些并不能掩盖它们共同的始源和基础,这种始源和基础间接而又内在地与西方资本主义世界紧密相连。斯大林主义,作为支配与控制的官僚-政治制度,是建立在设想对人与物、人与本质、观念与情感、生与死的普遍操控的基础上,这种制度的隐秘基础和出发点是由人与世界、事物与实在、历史与自然、真理与时间的模糊概念所决定的。所以,如果一种制度达到了危机的地步,不仅表明管理与控制的方法与形式出现了问题,而且,更重要的是,表明了关于人与历史、真理与本质的实践和设想的复杂关系出了问题。"换句话说,捷克斯洛伐克事件不是通常的政治或者一般的经济危机,而是当

① Karel Kosik, *The Crisis of Modernity*, Edited by James H. Satterwhite. Boston and London: Rowman & Littlefied Publishers, 1995, p. 61.

代关于实在与普遍操控制度的构想赖以存在的基础出现了危机。"①危机似乎只是在一个罕见的历史时刻才变得明显起来,否则,其本质会一直掩藏在社会表象之下。在一定意义上,一个国家和社会的危机展现并透露出了现代人的危机和现代欧洲社会得以奠立的基础的危机。

科西克进而指出,捷克斯洛伐克危机是整个欧洲危机的症结,欧洲危机就体现在捷克斯洛伐克危机之中,它特别具有概括性。同时这也指出了当今捷克斯洛伐克社会所担负的任务的重要性,这种重要性可以用"人道的社会主义"这个词来标示。实际上,这种危机的协调一致的解决表现出社会主义和革命的意义问题的澄清,表现出现代世界权利和政策的任务问题的澄清。随着危机理论本身的深入和实践紧迫性的需要,人们会再次提出如下问题:什么是人? 什么是实在? 什么是本质与真理? 什么是时间? 什么是存在?

对这些问题的思考构成了解决捷克斯洛伐克危机的出发点。一切都取决于人们是否开始研究人类存在的意义,并在这个意义之上反思一个中欧小国的政治生活问题;一切都取决于人们是否开始研究看似属于少数人受到威胁而又决定着人类存在本质的问题。但是,纯粹的存在并不能构成人的宗旨和意义,当纯粹存在代表一切时,人就变成了虚无。换句话说,他就变成了懒散单调的生命体,或者变成了偶然历史的创造物。人捍卫他的存在,但是必须经常考虑到那个存在的意义。科西克认为,捷克斯洛伐克不同历史时期的公平、正直、人性等构成了对人类存在意义的回应,而这些正是捷克斯洛伐克人民所能看到的并作为历史主体实践所形成的。

捷克斯洛伐克危机,这种以捷克斯洛伐克为标志的世界性称谓,首先是人类存在意义的危机,它不能被降格为单一的政治生活、单一的国家、单一的爱国主义的问题。因此,捷克斯洛伐克危机总体来说也是政治问题,它的解决办法必须在这个领域内来寻求。科西克指出,人们需要的是一种新型的政治生活,这种政治生

① Karel Kosik, *The Crisis of Modernity*, Edited by James H. Satterwhite. Boston and London:Rowman & Littlefied Publishers,1995, pp. 54 - 55.

具体辩证法与现代性批判

活来自于对"人与历史、本质与时间、存在与真理"的崭新理解中。确切地说,这种可替代的世界观、可替代的政治制度是以实践作为它的核心原则的。在这里,科西克努力告诉人们,应当把捷克斯洛伐克"布拉格之春"改革运动同时看做整个世界可能会发生的同样历史过程的重要组成部分。无论东欧还是捷克斯洛伐克斯洛伐克,这种变革都不能从作为一个整体的现代世界的"政治生活危机"这个大背景中割裂出去,换句话说,也就是不能从人类整体的历史命运中脱离出去。科西克对捷克斯洛伐克危机的独特见解告诉人们:东欧社会主义所面临的问题实际上和西方发达社会面临的是同一个问题——现代性危机。这正是科西克超越当时东欧许多思想家的特殊之处,也可以说,是他思想的相对高度。

四、现代性危机与人的问题

科西克没有孤立地看待捷克斯洛伐克危机,而是把它与整个欧洲的历史与思想文化联系起来,把捷克斯洛伐克危机提升为当代世界的普遍性危机,进而把这种危机指认为现代性危机。这充分体现了他的具体总体思想的深刻性。但是,人们禁不住会问:"两种不同的社会制度如何会具有共同的现代性危机?体现在哪里?其共同本质是什么?"接下来,科西克所要揭示的正是这些深层问题。

(一)两种制度共同的主体主义特征

在科西克看来,当前世界上存在的两种主要社会制度表面上看毫无共同之处,事实上却存在着惊人的一致性。因为,在两种制度的争论和对立的背后隐藏着的是积极活跃并有效控制双方的多种力量,只是这些力量逃避了人们的注意。无论市场制度还是管理制度,都存在着要求得到确认自身的力量。两种制度分别运用自由竞争和中央计划作为自己的工具,以此来实现它们的潜能和利益。"在两种制度中,制度的真正本质一直潜藏在多种力量之后发挥作用。在一种制度中,显然是国家的最高政治组织——政党——从上面控制那些力量,并给各种力量下达指令,要求他们忠实地执行。然而,在另一种制度中,自由与控制力相分离,以至于适度的和谐会从各种力量的混乱遭遇中产生出来。"①但是,科西克认为,"在这两种情形中存在着某种东西,它产生于每一种制度,是作为这个制度的无法想象、无法预期、无法计划、无法思考的产物而存在的,这种东西削弱和破坏人的真正本质和历史的历史性特征"②。科西克称之为一种莫名的黑暗力量,它仅仅以自身为目的。它不允许任何别的东西与其并存,更不允许别的东西居于它之上。这种力量完全通过吸纳差异消除他者来证实自身的存在。它大量地生产自身,把外在的一切都转变成与己相似之物和与己相关之物,并使之适宜于它自己的路线。

科西克说,两种制度的斗争容易转移人们的视线,蒙蔽人们的思想,但是这里仍然透露出深刻的危机,"因为一种制度对另一种制度的胜利并不意味着现代性危机已经被解决。两种制度的冲突仅仅是危机的表现,它只是遮蔽了危机"③。市场社会的个体活动呈现出某种和谐与繁荣,在其背后发挥作用的是力量,而在计划社会的背后起着主导作用的同样是力量。在现实中,那些力量指导并决定着两种制度的运动,决定着参与者活动的结果。借助于各种各样的力量(公开的和隐秘的、自然的和人为的、正常的和延展的),人类伸展到了前所未有的地步,似乎在人类权力之内不仅把地球,甚至把整个宇宙都变成了完美的实验室,变成了巨大的取之不竭的能源和原材料武库。一切都唾手可得,一切都在掌握之中,一切都被转变成了随时可用之物。"这种突破所有界线、清除一切差异的过程意味着实在的所有领域都变成了某种活动的附属物,这种活动干预一切、触及一切、包含一切。"④没有什么能突破活动,就像没有一个人能躲避它一样,人只是从一个活动领域移动到另一个活动领域,他不停地运动着。一个人从来不懂得孤独,不懂得寂寞。他总是与浅薄相伴,他的外在表现就是不断地紧迫,摆脱活

① Karel Kosik, *The Crisis of Modernity*, Edited by James H. Satterwhite. Boston and London:Rowman & Littlefied Publishers,1995, p. 40.

② Karel Kosik, *The Crisis of Modernity*, Edited by James H. Satterwhite. Boston and London:Rowman & Littlefied Publishers,1995, p. 40.

③ Karel Kosik, *The Crisis of Modernity*, Edited by James H. Satterwhite. Boston and London:Rowman & Littlefied Publishers, 1995, p. 40.

④ Karel Kosik, *The Crisis of Modernity*, Edited by James H. Satterwhite. Boston and London:Rowman & Littlefied Publishers,1995, p. 41.

动的不可能性构成了他的本质。无论一个人走到哪里,活动总是紧随其后。一切都是活动的附属物,一切都一直处在活动之中,人也不例外。"在那两种力量(自由的和管理的)运行的过程中,现代主体主义以各种不同的方式肯定自身。这种主体主义意味着各种事件都取决于他们的头脑,意味着它是把真正的主体——人——变成客体的主体主义。"①

在科西克看来,这种主体是作为虚假的和颠倒的伪主体装备起来的。当伪主体把它自己的逻辑、动机和节律强加于真正的主体时,广泛释放出来的主体主义就呈现为大量日常倒转。已经变成了当今时代主体的工业社会通过生产与消费的机械装置牢牢地掌控着日常生活中的个体,强行规定着人类生活的速度和节律。"人,构造这种生产和完善的机械装置并使其开动起来的人,随着时间的流逝,变得越来越臣服于它的运行,并且变成了这种现代伪主体的纯粹附属物,变成了这种雄心勃勃、无所不能的转换器的附属物。"②由于当今世界的两种制度中都包含着这种主体主义,人性就处在了普遍危机之中。所以,科西克说:"爆发在我们国家的危机——似乎仅仅是一个单一的危机、有限范围内的危机——实际上是更深刻、更广泛的危机的组成部分,现时代的全部实在都被卷入到其中。"③而且,"我们的危机仅仅是更深刻和更隐秘的总体危机的表现形式。这个危机不仅是社会主义和资本主义(这两种制度都以生产力的无限增长为目的)未经检验的根基的危机,而且首先是备受忽视的现代倒行逆施的危机"④。这种倒行逆施的过程实际就是一个人性被重新归结为纯粹附属物的历史过程。在这个历史过程中,尽管,从某种程度上说,人性已经从权威、习俗、教条中解脱自身,并且为了把自身构建为独一无二的、无所不能的主体,已经深受意志的浸染。但是,主体主义还是变成了现代消费社会

---

① Karel Kosik, *The Crisis of Modernity*, Edited by James H. Satterwhite. Boston and London:Rowman & Littlefied Publishers,1995, p.43.

② Karel Kosik, *The Crisis of Modernity*, Edited by James H. Satterwhite. Boston and London:Rowman & Littlefied Publishers,1995, p.41.

③ Karel Kosik, *The Crisis of Modernity*, Edited by James H. Satterwhite. Boston and London:Rowman & Littlefied Publishers,1995, p.44.

④ Karel Kosik, *The Crisis of Modernity*, Edited by James H. Satterwhite. Boston and London:Rowman & Littlefied Publishers,1995, p.44.

的客体,这个客体化的社会不断完善自身,并且作为神秘而又真实的主体,以至于主体主义已经高高在上并且与人相隔离。至此,我们可以概括地说,科西克所说的两种制度中起到巨大作用的"莫名力量"其实就是主体主义。主体主义才是科西克所要指出并且深刻批判的两种社会制度所共有的现代性特征。

(二)两种制度共同的完美化追求

在科西克看来,以主体方式存在的现代性最突出的特点是追求自身的完美。追求完美是主体的本性,这本应无可非议。但是,问题是主体在追求完美的过程中,错失了完美本身,所关注的仅仅是完美化。在这个完美化的过程中,可能与不可能之间的差异被废止了,因为,一切都是可行的和可操作的。因为可能与不可能之间的区别已经消失,原则上,现在一切都是可能的,所以,有一天——一旦必要的技术条件被创造出来——允许的和不允许的之间的区别也将会消失。一切可行的都将会是允许的。因此,当代制度的共同本质就是冲破各种限制竭力生产更多的产品、增加更多的舒适感。一种满足实现之后,还会继续寻求更高的满足,永不停歇。尽管这种永不停歇的进步、增长以及繁荣过程有时会被灾难性的事件,譬如战争、灾害,乃至革命等所阻断,但是,这些事件并不能真正阻止机械装置的变革性进步。所发生的反倒是,短暂的中断之后,社会加速了变革过程,继续使制度(机械装置)运行得更好。

现代性的危机是由日益加速的变革所导致的,这个变革正在把实在转化为一个可计算和可控制的实在。它把讲话转化成"信息",把想象转化成图像、贫乏的说明和模拟口号。在这种转换中,城镇被改变成生产、消费和运输的聚结物;农村被转化成特定的区域和地带;思想被转换成受外部影响和医治的心理过程。在这个变革过程中,变革的驱动力本身开始形成了。为了使科学、技术、经济形成新的整体,它们的每一个要素都必须从根本上被转换。科学失去了智慧,只是在实效性和外在力量方面获得进展;经济放弃了与本国的必然联系,放弃了与本土的必然联系,而是变成了生产金苹果的完美而高效的机器;技术把发明创造和想象力转变成或者说反转成一个特定的方面,转变成无须努力就可以获得的舒适感和奢华生活方法的研究和制作。

科西克认为,因为人已经丧失了所有标准,而又没有意识到这种丧失,因为他直接地无意识地用替代物替代那些丧失的标准,即根据他对实在的可定量性和可控制性的判断和定义所形成的标准,所以,事实上,人已经变成了虚假标准的奴隶,这个指向他的标准是由他自己制定和产生的。表面看来,好像是人在控制一切,但是,实际上,人是被一些异质的运动、节律和时间所控制的。在这个过程中,人一直被他没有想到的自身的本质和实体拖着走。市场力量的自发作用和国家官僚中心的实际管理是他们各自隐秘力量的唯一工具,这个隐秘的力量在市场和中央计划的背后确证自身。什么是真实的 20 世纪? 它将来要走向何处? 对这些问题我们并不清晰。但是,这并不意味着这种现象的存在已经完全逃避了我们的注意,不意味着我们对它没有作出任何思考和描述。

科西克是如此描述他所处时代的状况的:"当前的危机是现代性的危机。现代性处于危机之中,是因为它已经停止于'现－时代',并且已堕落为纯粹的暂存性和短暂性。现代性不是聚集于过去和将来之间的实体性的事物,也不是聚集于自身及其背景之中的实体性事物,而是一个暂存性与暂时性稍纵即逝的纯粹的临时点。"[1]人们如此匆忙,以至于他们没有时间停下来关注丰富的现在。在时间的永久缺失中,人们永远并且总是编造一种令人崩溃的暂存性,一种纯粹的临时性。这是一个家人没有时间一起坐在桌子周围紧密交流的境况,是一个政治家被迫从事一个又一个运动而没有时间反思他的活动的意义的境况。在这里,现代性已经失去了时间的一个维度,失去了时间的实在性。它为了无限的完美性已经失去了完美。因此,科西克进一步指出,"现代性的危机是这样一种时间危机:在持续的转换和可转换过程中,只有完美化是真实的。因此,完美——原则上捍卫自身并且对抗任何形式的完美化的完美,却退到了边缘地带"[2]。以这种方式,现代性的真正本质变得神秘化了——权利和可能性的聚合体处于符咒之下。然而,它的唤醒却可能已经代表了一个新纪元和正在解放的转折点

① Karel Kosik, *The Crisis of Modernity*, Edited by James H. Satterwhite. Boston and London:Rowman & Littlefied Publishers,1995, p. 45.
② Karel Kosik, *The Crisis of Modernity*, Edited by James H. Satterwhite. Boston and London:Rowman & Littlefied Publishers,1995, p. 45.

的开端。

(三)现代性危机与人的精神本质丧失

科西克认为,现代性已经越来越被单一化,现代性已经蜕化为实利主义。"现代性是实利主义者,是因为所有的人——唯心主义的支持者和赞同者、社会主义者和资本主义者——都被卷入到一个宏大进程之中,在这个宏大的进程中,自然界被变成物质和原料,变成服务于人的似乎取之不竭的能源和原材料的武库。"①然而,在这个转变过程中,人的精神也蜕变为无情的人工实在,蜕变为掩盖时代空无的辉煌展示。因此,现代生产力变革包括两个方面:生产与炫耀。在这个现代炼金术中,与传统不同,它不再是从铅中获得黄金,而是把"黄金"(即地球的财富)转变成垃圾和铅——"精神"(即人)也被转变,但它的转变不是提升而是堕落。"精神蜕变为无灵魂的实在,在这个实在中,人们不得不像在自然世界中一样生活。精神蜕变为辉煌的炫耀,精神的作用就只在于使丑陋的实在变得更加舒适。精神的这种蜕变只是宣告了精神的消失和彻底的堕落。"②随后,精神又退化为生产和组织能力,退化为高效的智能。这种状况被号称回归"精神价值"的主张所掩盖。"当一个时代把'精神价值'(作为对无精神价值的反抗)抬高到首要地位时,精神的命运就可以被断定为:它的位置被'智力'取代了。"③在科西克看来,如果精神信守自身、坚持自身,并时刻认识到自身本质的内在界限和关系,那么它就一定会尊重自然、理解自然,把自然作为一个伙伴而不是征服的对象。精神的堕落经常表现为自然被简化为纯粹的物质和物质性,物质完全受贪婪和任性的精神所摆布。但是,把自身抬高到自然之上、把自然归结为纯粹物质性的精神并不了解它的所作所为,尤其是没有看到它通过这种行为贬低了自身。物质本身就是物质,它之所以被鄙视,是因为精神正在降低自身,并且已经式微自身。人对于自然的优越性和

① Karel Kosik, *The Crisis of Modernity*, Edited by James H. Satterwhite. Boston and London:Rowman & Littlefied Publishers,1995, p.46.

② Karel Kosik, *The Crisis of Modernity*, Edited by James H. Satterwhite. Boston and London:Rowman & Littlefied Publishers,1995, p.46.

③ Karel Kosik, *The Crisis of Modernity*, Edited by James H. Satterwhite. Boston and London:Rowman & Littlefied Publishers,1995, p.46.

具
体
辩
证
法
与
现
代
性
批
判

破坏关系意味着精神是如此地专注于自身和它的盲目至上性,以至于它不再拥有判断力或者洞察力;精神如此沉醉于自身的愚蠢力量,以至于盛极而堕入深渊。

在现代变革中,一切都按比例地存在,一切都用优越性、功用性、可行性来衡量。根据这种方式,一切都拿来与革命路线相联系;一切都被归结为可交换性。在这种情况下,已经堕落为物质价值的精神价值不再吁求前提批判,只是采取谦和式的反转。精神和自然转换成价值,无论大小,都已经是歪曲与困惑的表现和产物。无论精神还是自然——从它们始源与本质上来说,从它们的各自存在意义上来说——都不是或者不可能是比例性的或者可交换性的关系,因而决不能是价值。把一切都变成价值并把这些价值赋予一切事物之上,并不意味着事物因此而被提升、被纯化或者被抬高到一个更高的水准,反倒是精神被降低、被归结为一个维度,从而失去了它本质中估量和评价的独特属性。所以,科西克告诉人们:"价值,就现代所使用的这个词的意义而言,意味着一切都可以转换到可交换的领域之中,但是,精神和自然是不能交换的,一方是不能被误解为另一方的。正是因为精神和自然都不是价值,因为它们外在于任何可交换性,它们才能够保持在自己的确定位置:精神保持在精神性之中,自然保持在自然性之中。一旦精神被打造成最高价值,自然被轻蔑为随意开发的原材料和能源的武库,通往恶劣嗜好、无耻行径和野蛮挑衅的大门就敞开了,并且通往制度战胜整个世界的大门也敞开了。"①把精神转化成至高无上的价值,把自然转化成可计算和有利可图的价值,意味着剥夺了一切事物的内在的本质的东西——尊严。因此,价值时代也就是缺乏尊严的时代,也就是充满闹剧和幻象的时代。幻象已经被升格为一个普遍被接受和认可的生活方式,懂得如何过活的人是这个时代的主角。在科西克看来,每一个事物都有自身的本质方面,如果把事物作为价值,尤其是价格来看待,就是从事物身上剥夺了它们的独特性。他说,既没有像对待价值一样对待自己孩子的母亲,也没有如同跪在最高价值面前一样来向上帝祷告的信仰者。孩

---

① Karel Kosik, *The Crisis of Modernity*, Edited by James H. Satterwhite. Boston and London:Rowman & Littlefied Publishers,1995, p.47.

子、上帝、河流、良知、教堂，从本质上说，任何一个都不等于价值。如果它们被变成了价值，被转换成了价值，那么，它们也就失去了自己的独特品质。一旦作为价值客体，他们就会被专横而又轻易地联系进正在运行的制度之中。为了不失去思想的在场状态，为了不堕入纯粹的组织智能，精神必须被改变；精神不能变得如此贫乏，以至于变成了没有实在性的纯粹幽灵。精神要通过变得具体，通过展示它在思想中、在诗意中、在行为中的在场状态来改变自身、信守自身。精神通过各种形式充分展示自身，才能避免堕入片面和抽象的可能。

　　然而，"现代人处在匆忙之中，永无歇息。他从一个地方彷徨于另一个地方，因为他已经丧失了自身所是之本质"①。因其失去了与本质的联系，现代人总是不停地追逐非本质的东西，追逐琐事的累积。随着对非本质的疯狂追逐，人正在试图封闭并跨越无本质的空虚。科西克说，我们用以断定和描述这种枯竭、紧迫、本质堕落现象的哲学方式就是常说的"上帝死了"这句话。这句话并不是一个教条的表述，它与上帝存在的争论和证明没有关系。借此指出正在上升或者下降的宗教信仰水平，既不能使宗教的合法性被动摇也不能使它的合法性被巩固。这句话是一个哲学思想。它并不是说最高价值已经变得没有价值或者不再有效，也不是说它的地位还没有被新的价值所取代。而是说，它拥有更深刻更令人震惊的意义：本质的丧失。因为人类在历史性的赌注中放弃了本质而把它作为不必要的东西，并且疯狂地去追逐非本质的东西，人就失去了与本质的任何联系。"上帝死了"这句话和强调上帝是最高价值的观点是以不同的话语说出了同一件事情。它们正在宣告一个非本质战胜本质的时代的到来。这使人感到焦虑，然而，人并没有勇气承认本质已丧失，人像逃避一个追逐者一样逃避本质，并且在偶然性和非本质中寻求缓解和躲藏。因为人甘愿这种丧失，他就生活在假想中，假想自己能够通过研究和聚积非本质来平衡虚假的外观。结果，在这种状态中，人发现他自身是处在一个虚假和颠倒的世界中。"人逃离本质的丧失，追逐可获得的非本质的东

　　① Karel Kosik, *The Crisis of Modernity*, Edited by James H. Satterwhite. Boston and London：Rowman & Littlefied Publishers，1995，p. 48.

西;他总是向前奔跑,但是,实际上是在后退。这两种相反运动的不协调性——向前的后退与向后的前进——是现代悲剧本质的根源。"①

因为人已经选择了非本质,他就在产品、占有物和不断完美的生产物以及娱乐消遣等外在的事物中看待生活的意义。生产已经变成了决定人与现存社会关系的主导方式,生产吞噬了创造与创新,人只是创造物品,但却不再创造任何事物。科西克认为,城市生活根本没有建立起来,所建立的只是供给住宅区。果树园和葡萄园没有被种植,但是高产的果汁产品却大量增加。家庭并没有形成,只是合伙关系(被称为婚姻)形成而又解体。交往关系没有建立起来,而是变化无常和表面的公共场所被建立起来。所以,这个时代的主要人物不是农民、工匠或者诗人,而是组织者和管理者(生产者)以及合而为一的人。这本应当是现代人的困惑,但是处于困惑之中的人,不能也不愿意承认这种困惑,因为它意味着堕入了非真理的深渊和顺从非真理的虚无。于是,人游走于这种困惑之中,仿佛困惑就是他的本质的和正常的环境,他根本就没有认识到他与现存世界的全部关系都是倒置和反常的。"人与现存世界的关系已经从现代世界的根基之处发生改变,它已经变成了一种没有任何基础的关系。现代是一个危机的时代,因为它的基础处在危机之中。基础的危机源于事物的真正基础正在变得越来越令人混淆不清,并且困惑和非真理性被置入到了现代的真正根基之中。"②由于在这种困惑中踌躇不决,人变成了这样的一个人,他傲慢地声称有权利过富裕的生活,无论什么代价。这意味着他将积极参与到人们日复一日年复一年地从自然界中攫取利益和产品的斗争中去,也就意味着人与自然关系的根基将会受到更大的破坏。同时,那些声称有权处置任何事物的人对于现存世界是不公正的,他正在走向权力之外,既没有走向权力之中,也没有走向真理之中。

所以,科西克认为,我们已经不是真理的守护者,真理也不再被给予我们。如果我们生活在真理在手的状态中,生活在能够篡改真理或者随意处置真理的假象之中,我们就会远离真理。只有当我们行进在开放的空间并被真理之光烛照时,我们才能接近真理,才能与真理同在。今天的危机不只是涉及某一地区或者某一方面的危机,而是涵盖整个基础的危机。单纯的校正与调整已经无济于事,真理要求我们彻底变革通往现存世界的方式,只有彻底的变革才能把人从危机中拯救出来。因此,科西克在《我们当前的危机》一文的结尾处意味深长地说:"生态学家宣称一切所需在于保护环境。哲学家则断言一切所需在于拯救世界。"①

① Karel Kosik, *The Crisis of Modernity*, Edited by James H. Satterwhite. Boston and London:Rowman & Littlefied Publishers,1995, p. 41.

第六章　科西克现代性批判思想的
　　　　文化哲学走向

　　在前面的论述中,我们一直遵循科西克的具体总体的辩证法的思路对现代性展开不同视角、不同层面的批判与分析,这既使我们对科西克的现代性批判思想的内容和方法有所认识与把握,又使我们对当代现代性批判的理路与走向有所洞察与预知。科西克对现代性问题的批判与分析,无论从思想内容的深度和精准度上,还是从研究的方法与形式上,都表现出了无与伦比的理论魅力,彰显了其思想的深刻性与独特性。这对我们今天研究现代性具有极高的借鉴意义和参考价值。但是,我们也必须看到,科西克的现代性批判思想中仍然存在着一些不足之处。主要体现为以下三个方面:一是主体主义倾向。受传统哲学氛围的影响,其思想中主体主义意识仍然十分强烈,经常表现出主体主义激进的创造性和超越性。二是文化的缺失。科西克更多地限于从哲学的视角研究问题、分析问题,而没有自觉地把文化作为其现代性批判的重要维度。三是现代性批判理论的不系统性。虽然科西克的现代性批判思想展现出了特有的深刻性,但是,他关于现代性的批判思想并没有形成一个比较完备的理论体系,这难免使得他的现代性批判思想存在某些不尽如人意的地方。

　　科西克的现代性批判思想是发端于 20 世纪中叶捷克斯洛伐克和东欧国家特定历史背景之中的批判活动。尽管他对存在于其中的现代性问题具有深刻的洞察和较强的批判力度,但是,随着社会历史的发展,当今时代发生了很大变化,如果我们继续沿着科西克开辟的现代性批判路径前进的话,那么,很有必要扭转或者克服以上几个方面的缺陷。所以，接下来这一章中，我们将从文化问题入手，继续沿着科西克的存在论与辩证法视域进行当代境遇中的现代性批判，并将其与当代现代性批判相融合，提升为文化批判，以期彰显出文化对于现代性批判的深刻性和根本性，使文化批判成为现代性批判的文化自觉。这里，特别值得注意的是，现代性的文化批判不同于文化现代性批判。文化现代性批判是针对特定领域或层面的批判，而现代性的文化批判则是把整个现代性都纳入文化的视野中，更准确地说，是把全部现代性自身都视为文化的总体，现代性批判就体现为文化批判。同样，文化的批判，也体现为现代性自身的批判。

第一节　文化及文化哲学

在当代，人们对于现代性的理解，也包括对于其他很多重大问题的理解，越来越离不开文化的维度。文化已经成为我们这个时代的典型特征，现代性的本质及其深远意义越来越以文化的方式表现出来，人们对文化的理解愈深，对现代性的理解也愈深。在本书的第一章，我们已经对文化研究范式转换对现代性问题的影响有所涉及。但是，在那里，对于文化，我们只是从相当宽泛的研究范式转换的层面作出了一般性概括和描述，而且，其中不乏人们对文化的误解和流俗看法。所以在那样一种格局中，现代性问题很难获得正确的理解。然而，在这里，我们将从哲学层面上对文化加以研究分析，并作出规范提升，这样做的结果，我们就会得到一个"文化哲学"的概念范畴。我们将运用这一新的概念范畴从本真的文化的层面和本真的哲学的深度继续沿用存在论与辩证法的视域展开现代性的文化批判。

一、关于文化的界定

人不是孤立的存在，人乃是秀出于自然的"精灵"和"花朵"。然而，这个花朵一经"绽放"，就不得不面临着自身与外部世界的关系问题。这构成了一个永恒的矛盾。人类所有的其他矛盾，无不从它而出，从它而流。为了解决矛盾，人类付出了很多努力，但是，不同的时代和历史境遇总是遇到新的问题和新的矛盾，于是，人开始新的探索。在当代,这种努力越来越指向文化的维度。

关于文化,存在着多种多样的理解,当然也存在着很多误解,许多社会学家和人类学家都作出过不同的界定。"人类学的鼻祖"爱德华·泰勒把人类的知识、信仰、艺术、道德、法律、风俗以及其他作为社会一分子所习得的任何才能与习惯等一切精神型创造物的整体界定为文化;博厄斯把文化理解成为特定社区的所有习惯及其由这些习惯所决定的人们的活动;卡西尔等人则把文化视做一整套由人的活动建构起来的符号体系。按照 A. L. 克鲁伯和克赖德·克拉克洪在 1952 年发表的《文化——关于概念和定义的评论》中的统计,文化的定义竟有 161 种之多。[①] 对于如此纷繁复杂的文化定义,我们并非试图从中再整理出另一个具有普遍说服力或者普遍效力的文化概念,而是从文化问题的最根本性入手尝试能否概括出文化的最一般特性,以便我们能够从这个视角更为准确地对当代现代性问题予以总体性的透视、批判和分析。那么,文化的特性是什么? 从当前人们对文化的普遍理解来看,我们可以概括如下几种典型特性:

（一）文化具有超越性与创造性的特性

从纯粹生物学的角度来说,人是自然界的一部分。但是人又不完全属于自然,人与动物不同,人不是依靠先天的本能而生存,而是能够运用文化的方式超越本能或生物学的自然,建立一种自己特有的生存体系,即自己的"第二自然",也就是文化。文化作为人自己建立起来的"第二自然",包含着人与动物的相区别的最根本的规定性,即超越性与创造性。正如衣俊卿教授在《文化哲学》中指出的:"文化是人类超越自然本能而确立的人为的行为规范或者后天的'第二天性',换言之,人是'非决定的'自我创造的存在,这其中已经包含着对自然给定性的超越,包含着人凭理性的规范进行自主活动和自由行为的可能性。"[②] 以自然的眼光来看,"太阳底下没有新东西",自在的自然是不变的,作为生物构成上的人,也是没有质的变化的,无论如何人都是一种生物,有没有理性都是一种生物。但是,文化则不同,文化塑造着人,文化改变着人,文化创

---

① 参见衣俊卿:《文化哲学十五讲》,北京大学出版社 2004 年版,第 6 页。
② 衣俊卿:《文化哲学》,昆明:云南人民出版社 2005 年版,第 16 页。

造着人。黑格尔所说的世界精神就是大写的文化。同样,马克思所说的人类实践也是一种文化。所以,"文化作为历史地凝结成的生存方式,体现着人对自然和本能的超越,代表着人区别于动物和其他自然存在物的最根本的特征。……人与动物的根本不同就在于,人永远在追求某种创新,人又永远不能满足于或停留于已有的创造,人不仅以某种方式超越给定的或外部的自然,而且也在不断地超越、更新和重建已有的文化造物。唯有如此,历史和文化之歌才能常唱常新"①。

(二)文化具有"人为"的特性,它是人的类本质活动的对象化

关于这一点,衣俊卿教授在《文化哲学》一书中指出,西方语言中的 Culture 和汉语的中的文化存在着根本的一致性,它们都突出了文化的"人为"的性质,是人所确立的不同于自然秩序和生存本能的社会行为规范。具体说来,人们往往把文化与自然和人的先天遗传因素相对照,认为文化是人自己"耕耘"而成的。李凯尔特就明确区分了自然与文化的这种差异,他说:"自然之物是自然而然地由土地里生长出来的东西。文化产物是人们播种之后从土地里生长出来的。"②美国学者 C. 恩伯和 M. 恩伯在《文化的变异》中也特别强调文化的人为性质,他们指出,"大多数人类学家认为,文化包含了后天获得的,作为一个特定社会或民族所特有的一切行为、观念和态度"。同样,马克思在《1844 年经济学哲学手稿》中关于人的实践本性的论述更是深刻地阐释了文化的人为特性:"通过实践创造对象世界,改造无机界,人证明自己是有意识的类存在物,就是说是这样一种存在物,它把类看做自己的本质,或者说把自身看做类存在物。诚然,动物也生产。它为自己营造巢穴或住所,如蜜蜂、海狸、蚂蚁等。但是,动物只生产它自己或它的幼仔所直接需要的东西;动物的生产是片面的,而人的生产是全面的;动物只是在直接的肉体需要的支配下生产,而人甚至不受肉体的需要的影响也进行生产,并且只有不受这种需要的影响才进行真正的生产;动物只生产自身,而人再生产整个自然界;动物的产品直接属于它的肉体,而人则自由地面对自己的产品。动物只是按照

---

① 衣俊卿:《文化哲学》,昆明:云南人民出版社 2005 年版,第 40 页。
② (德)H. 李凯尔特:《文化科学和自然科学》,涂纪亮译,北京:商务印书馆 1986 年版,第 20 页。

具体辩证法与现代性批判

它所属的那个种的尺度和需要来构造,而人却懂得按照任何一个种的尺度来进行生产,并且懂得处处都把内在的尺度运用于对象;因此,人也按照美的规律来构造。"①

(三)文化具有群体行为模式的特性

文化从一开始就不是个体的事情,而是群体性活动的结果。"它是历史地积淀下来的被群体所共同遵循或认可的共同的行为模式。因此,文化对于个体的存在往往具有先在的给定性或强制性。"②如果一个人明显背离其所生活于其中的文化时,他的生存可能就会陷入困境。在卡西尔看来,对于人类个体而言,仿佛自然世界是绝对客观的,文化世界是由人类自己创造出来的,因而是主观的,不可靠的。但是,事实恰好相反,与自然世界相比,人类的文化世界反倒更具先验基础地位。"个体从他最初的行动开始,便晓得他自身是被一些他自己无法以一己之力量影响的事物所决定和限制的。而那对他加以约束的,就是风俗习惯的力量(Macht der Sitte)。这力量虎视着他的每一举动,不容他享有一瞬刻的行动上的自主。它统辖所及的,不单只是人类的行动,甚至还包括了人类的感受与想象,人类的信仰与幻想。风俗习惯乃是人类存活于斯的一恒久的与持续的气氛;它有如人类所呼吸的空气一般地无法为人类所规避。"③本尼迪克特也把文化定义为社会习俗,习俗是作为社会的基本特征的习得的行为和信仰的模式,这些模式代代相传。本尼迪克特称之为"文化模式",并认为任何一个民族都存在自己的文化模式。她指出:"各种文化都形成了各自的特征性目的,它们并不必然为其他类型的社会所共有。各个民族的人民遵照这些文化目的,一步步强化自己的经验,并根据这些文化内驱力的紧张程度,各自异质的行为也相应地愈来愈取得了融贯统一的形态。"④依据这一理论,她对许多民族的文化模式进行了恰如其分的事实描述和理论分析,成为当代文化研究中极具影响力的理论模型。

关于文化的特性,可以说还有很多。不过,以上几个方面已经

---

① 《马克思恩格斯全集》第 3 卷,北京:人民出版社 2002 年版,第 273~274 页。
② 衣俊卿:《文化哲学》,昆明:云南人民出版社 2005 年版,第 17 页。
③ (德)恩斯特·卡西尔:《人文科学的逻辑》,关子尹译,上海:上海译文出版社 2004 年版,第 2 页。
④ (美)本尼迪克特:《文化模式》,杭州:浙江人民出版社 1987 年版,第 45 页。

构成了文化特性的最基本内容。这几方面特性比较准确地反映了文化的概貌与内涵。但是,总括这些观点或见解,我们会发现,当前人们对于文化的关注重点在于文化的创造性和超越性,即使谈及社会习俗的一面时,更多的也是关注习俗力量对人的创造性与超越性存在的约束力问题。而文化,作为人的存在方式,决不仅仅在于创造,更重要的,还在于它的存在对人类来说是否合理,是否适合于人。换句话说,文化的合理性对人更为重要。而这个方面却长期备受忽视。

所幸的是,在关于文化的研究中,仍然有人对此有所注意。克拉克·威斯勒在《人与文化》一书中就指出:"如果我们仔细观察文化的历程,就会明显地看到,我们与更原始的民族的主要区别就在于我们为群体生活的各种功能所设想的合理化程度。"①衣俊卿教授在《文化哲学》中也指出:"文化价值的着重点不是对象的'是'与'不是'或者'真'与'假'的问题,而是与'善'(goodness)和'值得'(worthwhile)密切相关。"②但是,时至今日,人们对文化合理性问题并没有给予足够的重视。这是由多方面因素造成的,我们在后面的相关论述中会逐渐展开。

诚然,人们会说"实践"、"创造"、"对象化"等等之中也同时包含着使不合理的事物趋向合理的要素。但这一点并不突出,也不是它们的核心意旨。譬如,当代文化论的代表人物卡西尔就曾正确地发现了人类文化中的两极性问题,他说:"在所有的人类活动中我们发现一种基本的两极性,这种两极性可以用不同的方式来描述。我们可以说它是稳定化和进化之间的一种张力,它是坚持固定不变的生活方式的倾向和打破这种僵化格式的倾向之间的一种张力。人被分裂成这两种倾向,一种力图保存旧形式而另一种则努力要产生新形式。在传统与改革、复制力与创造力之间存在着无休止的斗争。这种二元性可以在文化生活的所有领域中看到,所不同的只是各种对立因素的比例。"③但是,他所关注的并不是二者如何合理地保证人的存在的问题,而是倾向于打破和超越

---

① (美)克拉克·威斯勒:《人与文化》,钱岗南、傅志强译,北京:商务印书馆2004年版,第299页。

② 衣俊卿:《文化哲学》,昆明:云南人民出版社2005年版,第55~56页。

③ (德)恩斯特·卡西尔:《人论》,甘阳译,上海:上海译文出版社2003年版,第351页。

"神话"、"原始宗教"、"语言"等等稳定性的东西。正如他在《人论》的结尾处以结论性的口吻所说的那样:"作为一个整体的人类文化,可以被称之为人不断自我解放的历程。"①这已然透露出文化创造性与超越性的潜质与本性。

事实上,合理性问题不只是我们在探讨文化特性时才需要给予的高度重视,而是在当代思想本身中就蕴涵着这种意向。我们知道,近代以来的西方思想一直受认识论的钳制,对于世界的研究旨在发现真理。真理占据了整个世界,也遮蔽了合理性。然而,我们是完全生活在真理性的世界中,还是相当程度地生活于合理性的世界中?

一般认为,真理与合理是两个完全不同的概念。真理遵循事实原则,合理遵循价值原则。外在地看,事实与价值是二分的,是两个无法调和的概念。但是,它们之间却存在着内在的可沟通性,这种可沟通性就在于对事实与价值概念的准确理解。所谓事实,本身应当包含两层含义:一是客观事物本身(物自体);二是客观事实的概念(事物的现象)。当我们说出某个事实时,所说的是客观事物本身还是客观事物本身的概念?显然,客观事物作为"物自体"永远是他者,他者与我们不存在绝对的同一性,而且前面我们已经论证思维与存在之间是不存在绝对的同一性的,只存在着差异的同一。所以,当我们说出某个事实时,并不意味着完全说出了事物本身,我们所说出的只是客观事实存在状态的概念。既然是概念,就不存在着绝对的客观性,只能是相对的客观,那么这个客观其实就含有不同程度的主观。对于同一个客观事物不同的人会作出不同的"事实"描述,于是分歧与差异就出现了。也许正因为如此,海德格尔才说,事实在古希腊那里原本就是"争执"②的意思。对于这一点,希拉里·普特南从分析哲学的严密论证中也作出了同样的表达:"用以判断什么是事实的唯一标准就是什么能合理地

---

① (德)恩斯特·卡西尔:《人论》,甘阳译,上海:上海译文出版社2003年版,第357页。

② (德)马丁·海德格尔:《尼采》上卷,孙周兴译,北京:商务印书馆2002年版,第1页。(海德格尔考察"事实"一词的古希腊含义,认为:"事实,即争执,本身乃是一种争辩。")

加以接受。"①由此看来，那种仅仅把真理当做认识绝对地符合客观事物本身的观点是相当片面的，它忽视了真理之"真"与真理之"理"之间的差别问题，也就是说它忽视了真理的可接受性问题，即合理性问题。一个事实可能是真的，但未必是合理的；一个事实也可能一时是合理的、可接受的，但不存在永远的可接受性的事实，也就是说，事实并不是永远是真的。所以，我们不可能获得一个完全建立在真理之上的世界，我们只能获得一个建立在合理性之上的世界，但这个世界却是一个不断逼向真理的世界。

而文化，究其实质来说是什么？文化的实质乃是价值。价值是文化的根本属性，也是文化的"先天"要素，或曰"自然"要素。对此，李凯尔特曾精心论证了文化的价值属性问题。他说："价值（wert）是文化对象所固有的，因此我们把文化对象称为财富（Guter）……如果把价值和文化对象分开，那么文化对象也就会因此而变成纯粹的自然了。"②他认为，"在一切文化现象中都体现出某种为人所承认的价值，由于这个缘故，文化现象或者是被生产出来的，或者是即使早已形成但被故意地保存着的"③。所以，"在无限众多的、个别的即异质的对象中，历史学家首先研究的，只是那些在其个别性中或者体现出文化价值本身或者与文化价值有联系的对象……通过文化所固有的价值以及通过与价值的联系，可叙述的、历史的个别性概念才得以形成"④。价值构成了文化的基因，从而构成了文化的实质。

我们说"文化的实质是价值"，这意味着什么？它意味着文化的实质是合理性。我们之所以作出这种判断，是因为，如前所述，价值本身也是合理性的根本内核。至此，我们花费大量笔墨就是为了证明文化得以存在的根本不仅仅是超越性，更重要的还在于它的合理性。也正因为如此，文化所寻求的乃是合理，而不是哲学

① （美）希拉里·普特南：《理性、真理与历史》，童世俊等译，上海：上海译文出版社 2005 年版，第 2 页。
② （德）H. 李凯尔特：《文化科学和自然科学》，涂纪亮译，北京：商务印书馆 1986 年版，第 21 页。
③ （德）H. 李凯尔特：《文化科学和自然科学》，涂纪亮译，北京：商务印书馆 1986 年版，第 21 页。
④ （德）H. 李凯尔特：《文化科学和自然科学》，涂纪亮译，北京：商务印书馆 1986 年版，第 21 页。

所寻求的纯粹的真理。真理是认识论哲学,而不是存在论哲学,尤其不是文化哲学的绝对内涵和目标。我们在理解文化概念时,首要的是要理解合理性这个要素,甚至应当突出地理解这一要素才能把握文化概念的真正含义。不理解文化的合理性问题,就不理解文化本身;不懂得文化合理性问题,就不懂得现代性的文化批判问题。由此,文化合理性问题构成了我们关于现代性的文化批判的关键。

二、文化与反文化

基于人们对文化概念的不同理解,特别是其中的误解,人们对于文化的地位、作用和意义的认识也相应地存在着偏差。于是,在处理文化问题时,一些人要么自以为是地"占有"文化,却毫无自知地把真正的文化推向了自身的反面;要么完全否定文化的内在意义和价值,从一开始就彻底拒绝文化、抵制文化。我们将这两种文化观念统称为"反文化"。反文化在现实中主要有三种表现:

(一)伪文化的反文化

伪文化是一种貌似真正文化的假文化,是一种虚假的文化意识。这种文化总是自诩为真正的文化,并常常以其自身的具体代替文化的总体,而对其他文化及其文化思想予以贬低、攻击或者抵制。于是,在两种文化,甚至多种文化之间所表现出来的不是对话而是对抗。伪文化是文化发展过程中其自身内部所特有的一种现象。这种内部的反文化现象造成的客观效果是拒绝了文化的多样性。

(二)哲学的反文化

哲学的反文化主要来源于某些"哲学的自恋"。由于深受主体认知理性的影响,现代哲学直到今天还存在着浓厚的主体主义色彩。主体主义以自我为根据,在思维上形成一种定式——"我思故我在",凡事都要接受主体自我及其所代表的主体哲学的检验。长期以来,主体主义哲学形成了一种"唯哲学独尊"的自大狂心态。他们不能接受文化对其地位的逼近或者占有,至多承认文化不过是处于主体和对象之间的次级的中介性因素,仅有一般的功能性作用,而看不到,事实上,也不愿意看到文化就是现代性本身,文化就是人本身,甚至从某种程度上说,文化就是哲学本身。所以,现代哲学中的主体主义一直染有一个基本特征,它不能胜任阐释文化的工作。

（三）虚无主义的反文化

这是一种纯粹的反文化现象。近代以来,随着人们对"虚假意识"、"物化（异化）"、"科学危机"等等文化后果认识的加深,一些人把人类文化中某一方面的"退步",譬如科学技术的负面影响等,理解为整个人类文化的"堕落",从而否定了人类文化的全部价值和意义,认为近现代以来的全部文化毫无价值和意义可言,从而导致了彻底的文化虚无主义。

从上述事实中,我们不难发现,无论伪文化的反文化,哲学的反文化,还是虚无主义的反文化,都或隐或显地透露出强烈的主体主义色彩、深深地打上了主体主义的烙印。关于主体主义在当代文化思想中的表现和影响,有些思想家已经指出,早期现代文化把文化产品和活动理解为个人和非个人之间、个体和社会与自然之间先验的、起中介作用的桥梁。而在晚期现代性中,主体主义文化发展成为了自恋的文化,在这种文化中,由于主体性和对象性这两个霸权受到了限制,中介作用的可能性也就被消除了。取而代之的是自恋的文化。正是由早期哲学产生的主体主义意识后来转变为哲学的自恋,进而又不自觉地保留在了当代文化观念之中,才使得我们在处理文化问题时出现了很多难以克服的问题和矛盾。

事实上,主体主义在当代文化思想观念中具有相当的普遍性,致使科西克的哲学思想中也难免存在着一定的主体主义意识。科西克虽然批判以认识论为核心的理性主体,但是并不彻底。他在"社会实在是怎样形成的"问题中,仍然强调主体的强大力量,使主体表现出强烈的主体主义色彩。主体主义在实践的创造性与革命性中、在辩证理性的批判中以及在对日常世界的克服中都得到了相当程度的宣扬。这是我们在理解和把握科西克的现代性批判思想时需要特别注意的一个问题。

历史地看,主体的提出,对人类的解放和自由的实践是具有深远意义的,它赋予人以尊严,给予人以摆脱自然、神性和宗教束缚的勇气和信心,为人类获得独立提供了无限的精神力量。但是,主体绝对地拔高自我并将之贯彻于人类思想各个方面的观念和做法,使其自身渐渐失去了领悟世界的客观根基,堕入了主体主义的深渊。所以,在文化问题上,我们必须越出主体主义的藩篱,而且只有这样,才有可能使文化重新回到自身,获得本真的发展。

为了恢复文化的本然状态,我们必须对文化作进一步的理解和认识。对此,劳伦斯·E.卡洪在《现代性的困境》一书中为我们提供了极具当代价值的见解。在他看来,当代文化观念具有如下三方面重要特征:第一,文化关系到二元对立之前的充满意义的事物。他说:"我借用'二元对立之前'这个词指的是,文化产品和活动在逻辑上先于主体 - 对象的二元对立,他们不可能合情合理地从这个二元对立之中派生而来。"[①]他还借用 D. W. 温尼科特(Winnicott)的话说,文化现象就是那些我们不能向它们追问它们到底是主体性的还是客观性的事物。第二,文化是共有的、公众的、交往性的现象。文化活动、事件和产品在本质上是公众可以通达的、可以交流的。人类个体从一个与其他人、与其他物的关系组成的语境中建立起了他们的存在的完整性,这个语境永恒流转,它是个体性生长的土壤,是个体性置身于其中,为它自己的意义建构和阐释获得养分、摄取意义和原料的多元语境。第三,文化是人类的历史性的阐释和建构行为的多元的、偶然的创造。文化不是给定的,而是不断地得到重新阐释和建构的。文化并非必须存在着,但是它必须是被创造出来的。

可见,这种对文化的理解特别有助于我们克服主体主义等观念的不利影响,有助于我们重新把握文化概念的深刻内涵,也有助于我们对现代性问题的理解。所以,只有通过重振文化概念的活力,才能获得一个克服主体主义的更加富有成效的替代性视野,才能更加充分地从整体上把握现代性的发展。

三、文化哲学与非文化哲学

我们这个时代正在发生着深刻的历史性转变,文化越来越成为这个时代的突出特征和典型标志。在这个历史性的转变过程中,文化不断地寻求自我确证与自我表达的方式。哲学是时代精

---

① (美)劳伦斯·E.卡洪:《现代性的困境》,王志宏译,北京:商务印书馆2008年版,第388页。

神的精华,文化不可避免地要以哲学的方式表达自我的深刻性与时代性。由此,"文化哲学"应运而生。人们试图通过文化哲学的方式对当今时代、当今世界作出恰当的把握、研究与判断,以便建立起更加适合于人的存在与发展的现代性世界。但是,时至今日,人们对于文化哲学的理解仍然十分模糊,观点不尽一致。造成这种状况的原因是多方面的,有些人深受部门哲学的影响,习惯于把文化哲学看做隶属于哲学之下的具体的学科门类;有些人坚持主体主义哲学的主导性地位,难以接受文化哲学对传统哲学的超越或者取代;有些人固守哲学的思维模式,难以理解和接受文化对于当代问题的研究方式。于是,如何阐明文化哲学的哲学品性以及文化哲学的文化品性既成为文化哲学实现自我确证的首要任务,又成为文化哲学担当现代性批判重任的首要前提。

(一)作为哲学的文化

作为哲学的文化旨在阐明文化的哲学性质。人们在阐明文化的哲学性质过程中存在着外在阐明与内在阐明两种方式。有些人把文化与哲学视做两个截然分明的外在对象和领域,为了论证文化的哲学性,千方百计地"挖掘"文化中的哲学内涵,所得到的结果经常是生硬的拼凑式的文化哲学。这种抽象方式不但没有提升文化的哲学品位,反而破坏了文化哲学的声誉,使文化哲学变成了非文化哲学。相反,有些人把文化与哲学看成密不可分的内在总体,文化内在于哲学之中,哲学是文化的自觉外显。在这一点上,衣俊卿教授作出了令人信服的研究。他指出,文化"是历史地凝结成的稳定的生存方式,其核心是人自觉不自觉地建构起来的人之形象。在这种意义上,文化并不简单的是意识观念和思想方法问题,它像血脉一样,熔铸在总体性文明的各个层面,以及人的内在规定性之中,自发地左右着人的各种生存活动。文化所代表的生存方式总是特定时代、特定民族、特定地域中占主导地位的生存模式,它通常或以自发的文化模式或以自觉的文化精神的方式存在"[①]。与此相关联,哲学则"总是特定时代、特定民族、特定地域的主导性文化模式或文化精神的外显,哲学一方面折射了特定的文化模式,另一方面也以理性的方式重构这些文化模式或文化精神,甚至塑造或

具体辩证法与现代性批判

---

① 衣俊卿:《文化哲学》,昆明:云南人民出版社 2005 年版,第 19 页。

引导人类的文化精神"①。这种观点全面彰显了文化哲学的真正含义,受到普遍接受和推崇。在这个意义上,"文化哲学就不再表现为一个相对独立的、狭窄的哲学领域,而是一种特殊的哲学理解范式和历史解释模式,是内在于哲学和其他人文社会科学的一种哲学范式"②。

但是,文化哲学并不是古已有之的,而是存在一个历史性的发展过程。也就是说,文化哲学经历了一个由自在(个别)文化哲学阶段到自觉(系统)文化哲学阶段的发展过程。在丁立群教授看来,我们应当把文化哲学个别问题研究和系统的文化哲学研究区别开来。"文化哲学个别问题的提出和进入研究视野只是文化哲学产生的前奏曲,而系统的文化哲学研究则是文化哲学获得自我意识,即由自在到自为的标志。"③同样,衣俊卿教授也指出,"当文化层面作为人类历史和人类社会最深层的、最重要的内涵或制约因素为人们所关注时,文化学研究开始同哲学研究交汇,形成自觉形态的文化哲学"④。

(二)作为文化的哲学

由于人们已经越来越清晰地发现文化哲学作为一种新的范式理论正在日渐形成并凸显出来,于是,人们在阐明文化的哲学品性的同时,也在迫不及待地阐明哲学的文化品性。文化的哲学品性的阐明可以被视为文化"哲学化"的过程;哲学的文化品性的阐明则可以被视做哲学"文化化"的过程。前者旨在突出文化的哲学维度;而后者则是要彻底改变哲学的现有地位,哲学不再是文化的君王,文化也不再是哲学的婢女。哲学"文化化"可以有效地限制近代以来哲学的主体主义本性,使哲学皈依文化,成为文化的一个组成部分。这样,"大写"的哲学将转变为"小写"的哲学。对此,理查德·罗蒂在《后文化哲学》中作出了生动描绘和精彩预言:"在这里,没有人,或者至少没有知识分子会相信,在我们内心深处有一个标准可以告诉我们是否与实在相接触,我们什么时候与(大写

① 衣俊卿:《文化哲学》,昆明:云南人民出版社 2005 年版,第 24 页。
② 衣俊卿:《文化哲学》,昆明:云南人民出版社 2005 年版,第 33 页。
③ 丁立群:《文化哲学:问题与领域》,载《哲学研究》2010 年第 9 期。
④ 衣俊卿:《文化哲学》,昆明:云南人民出版社 2005 年版,第 1 页。

的)真理相接触。在这个文化中,无论是牧师,还是物理学家,或是诗人,还是政党都不会被认为比别人更'理性'、更'科学'、更'深刻'。没有哪个文化的特定部分可以挑选出来作为样板来说明(或特别不能作为样板来说明)文化的其他部分所期望的条件。认为在(例如)好的牧师或好的物理学家遵循的现行的学科内的标准以外,还有他们也同样遵循的其他的、跨学科的、跨文化和非历史的标准,那是完全没有意义的。在这样一个文化中,仍然有英雄崇拜,但这不是对因与不朽者接近而与其他人相区别的、作为神祇之子的英雄崇拜。这只是对那些非常善于做各种不同的事情的、特别出众的男女的羡慕。这样的人不是那些知道一个(大写的)奥秘的人、已经达到了(大写的)真理的人,而不过是善于成为人的人。"① 罗蒂对后哲学文化图景的描绘的确十分动人,但是,未免过于浪漫了。他只是描绘了未来的图景,却忽视了这种文化生成的现实环节和途径。作为文化哲学的文化决不会在一个早晨突然呈现在人们面前。哲学"文化化"是一个艰难的历史过程,它是在文化与哲学、理论与实践、历史与现实等等诸多矛盾不断展开、冲突和解决的历史过程中形成的。

(三)作为理论范式的文化哲学

从上述论证中我们可以发现,文化哲学是一种既不同于文化又不同于哲学的理论范式。这就要求我们把它作为一个独立的整体来理解,它自身就是一个完整的概念。对于这一点,卡西尔早就指出:"一个文化哲学是从这样的假设出发的:人类文化的世界并不是杂乱分离的事实之单纯集结。它试图把这些事实理解为一种体系,理解为一个有机的整体。"② 否则,如果我们经常停留于文化与哲学的二元结构之中,那么,文化哲学就永远也无法摆脱现有的困境,永远也无法作为独立的理论范式而存在,永远也无法踏上人类精神的康庄大道。所以,严格说来,文化哲学,既不是作为哲学的文化,也不是作为文化的哲学。换句话说,我们既不能以哲学的

---

① (美)理查德·罗蒂:《后哲学文化》,黄勇编译,上海:上海译文出版社 2004 年版,第 14 页。

② (德)恩斯特·卡西尔:《人论》,甘阳译,上海:上海译文出版社 2003 年版,第 348 页。

观点看待文化,也不能以文化的观点看待哲学。否则,其中的任何一种做法都可能意味着,要么没有摆脱二元对立的思维模式,要么没有摆脱主体主义的观念阴影。事实上,也就是没有形成文化哲学的范式转换,而是停留于非文化哲学的抽象思辨之中,在文化与哲学的外在关系中寻找门路。

那么,我们到底应当如何理解文化哲学?衣俊卿教授指出:"关于文化哲学的界定,特别是关于文化哲学的定位和价值,存在着许多模糊的和充满歧义的观点,其中,我特别反对的是把文化哲学降格为一种一般地描述狭义的文化现象的部门哲学,而主张一种作为理论范式的文化哲学。"①显然,文化哲学不是作为一般性的学科门类而存在,而是作为一种理论范式而存在,这是理解文化哲学的关键。那么,文化哲学是一种怎样的范式?按照衣俊卿教授的观点:"文化哲学所思考的是各种文化范畴中的本体性的理解,是把文化作为个体生存和社会运行的基本方式,从而对于人的生存和历史的运行提出更为深刻的解释。"②可见,"解释"构成了文化哲学范式理论的主要特征。这一特征与哲学的"批判"、语言学的"分析"、后现代的"解构"等等均有所不同。它是"内在于众多现代哲学流派和学说之中的哲学主流精神或哲学发展趋势,是一种独特的哲学理解范式和历史解释模式"③。

第二节　现代性批判的文化自觉

人们对于文化以及文化哲学的理解深度制约并牵引着人们对于现代性的理解深度。而人在现代性中的位置成为其中的关键。也就是说,在当代世界中人到底处于怎样的位置是我们认识和处理现代性问题的无法回避而又必须作出准确回答的问题。科西克在《具体的辩证法》中曾指出,哲学的根本任务是探明"人及其在宇宙中的位置"。而作为当代哲学所集中体现的现代性,其根本任务无疑就是要探明"人及其在现代性中的位置"。只有弄清楚人在现代性中的真实位置才能加深我们对现代性的理解,加深对人自身

---

① 衣俊卿:《作为社会历史理论的文化哲学》,载《哲学研究》2010 年第 2 期。
② 衣俊卿:《文化哲学》,昆明:云南人民出版社 2005 年版,第 13 页。
③ 衣俊卿:《文化哲学》,昆明:云南人民出版社 2005 年版,第 2 页。

的理解。承接科西克对于现代性批判的历史任务,结合现代性在当代的发展境遇,我们发现,人在现代性中的位置越来越从主体位置转向了文化的位置。人在现代性中的文化位置的历史生成,是我们展开当代现代性批判的首要前提。正是以此为出发点,我们才能从根本之处使现代性批判走向文化批判,进而走向文化批判的自觉。

一、人在现代性中文化位置的历史生成

自从文艺复兴发现"人"以来,人作为独立自由的存在者,便开始以主体的身份通过启蒙运动、宗教改革、科学发现、工业革命等一系列社会化运动全面构建属于人自身的现代性世界。这一过程可谓波澜壮阔、蔚为壮观。马克斯·韦伯称之为世俗化对一体化的宗教世界的"祛魅";安东尼·吉登斯称之为现代社会制度与传统秩序的"断裂";费迪南德·滕尼斯称之为从礼俗社会向法理社会的"转型"。这一切都再清晰不过地表明,现代性世界是作为主体的人以自身的愿望和要求构造出来的全新的世界。在这个全新的世界中,人努力证实自身的理性能力,并借助于理性的能力控制这个世界、占有这个世界。人试图在现代性世界中占有绝对的位置,以便实现自身的目的、愿望、自由、价值和意义等等一切人之为人的东西。然而,启蒙的结果却走向了自身的反面,人不但没有成为现代性的主体,反而被客体化为现代性"铁笼"的附属物。正如哈贝马斯所言:"同一个主体性,最初表现为自由和解放的源泉——同时表现为宣告和欺骗——后来又暴露出是一种野蛮的客观化的源头。"[1]人不但没有一劳永逸地占据现代性的位置,反而在现代性的位置中脱落了。

对于人在现代性中的位置和境遇,许多思想家都作出了深刻的研究和批判。马克思以异化劳动理论率先揭示了现代性世界中人的存在状态。他说:"劳动所生产的对象,即劳动的产品,作为一种异己的存在物,作为不依赖于生产者的力量,同劳动相对立。"[2]于是,"工人生产的财富越多,他的产品的力量和数量越大,他就越

具体辩证法与现代性批判

---

① (德)尤尔根·哈贝马斯:《后民族结构》,曹卫东译,上海:上海人民出版社2002年版,第183页。

② 《马克思恩格斯全集》第3卷,北京:人民出版社2002年版,第267页。

188

贫穷。工人创造的商品越多,他就越变成廉价的商品。物的世界的增值同人的世界的贬值成正比。劳动生产的不仅是商品,它生产作为商品的劳动自身和工人,而且是按它一般生产商品的比例生产的"[1]。所以,"人同自己的劳动产品、自己的生命活动、自己的类本质相异化的直接结果就是人同人相异化。当人同自身相对立的时候,他也同他人相对立。凡是适用于人对自己的劳动、对自己的劳动产品和对自身的关系的东西,也都适用于对他人、对他人的劳动和劳动对象的关系"[2]。概而言之,人的类本质同人相异化这一命题,揭示的是一个人同他人相异化,以及他们中的每个人都同人的本质相异化的普遍现实。也就是说,"凡是在工人那里表现为外在的、异化的活动的东西,在非工人那里都表现为外在的、异化的状态"[3]。整个现代性世界就是一个异化的世界,是一个生存于其中的任何人都难以避免的异化世界。

在当代西方马克思主义的现代性批判理论中,卢卡奇通过物化理论分析发达商品经济条件下人的存在状况,进一步揭示出了人在当代现代性中的物化现实。他指出:"人自身的活动,他自己的劳动变成了客观的、不以自己的意志为转移的某种东西,变成了依靠背离人的自律力而控制了人的某种东西。"[4]马尔库塞揭露发达技术世界的现代性本质,认为在当代技术世界中,人被"一体化"到现存的社会体制中,人本身所具有的自由的创造性的实践功能被技术理性削弱和消解,人成为失去否定性、失去超越维度和批判精神的"单向度的人"。弗洛姆分析现代社会人逃避自由的心理机制,揭示了现代性社会对于人的自然存在以及精神存在的全面异化。同样,科西克关于物化世界的拜物教批判、日常生活世界的异化揭露、"经济人"概念的分析等等也都深刻地揭示了现代性世界是一个远离人、外在于人的世界的现实。

现代性世界由最初人自我的世界转变为漠视人敌视人的世界有其内在的必然性。其内在的根由就在于它是以人的主体性,特

① 《马克思恩格斯全集》第3卷,北京:人民出版社2002年版,第267页。
② 《马克思恩格斯全集》第3卷,北京:人民出版社2002年版,第274~275页。
③ 《马克思恩格斯全集》第3卷,北京:人民出版社2002年版,第280页。
④ (匈)卢卡奇:《历史与阶级意识》,杜章智等译,北京:商务印书馆1992年版,第96页。

别是主体主义观念建构起来的世界。在这样的世界中,主体为了表达自我存在的意义,必然要求以自我作为目的,从而不可避免地把他者变成主体实现自我意义的手段和工具。显然,以这种方式建立起来的现代性是人在其中处于主体主义地位的现代性。如果我们要摆脱这种主体主义的现代性,就必须彻底改变人在现代性中的原有位置。从本书的论述中,特别是当代社会历史发展的客观现实中,我们可以发现,人在现代性中的位置正在经历由主体性位置向文化位置的历史性转变。

但是,在这里,我们必须再次强调,要特别注意区分出两种错误认识:一个是受主体主义意识的影响,存在着主体主义的文化观,它把文化置于可操控的境地,而把自身凌驾于文化之上;另一个是庸俗论的文化观,它仅仅把文化视为与其他社会实在并存的精神现象,误以为社会的进步和变革可以通过外在的文化批判运动就可以实现。所以,处于文化位置中的人对于现代性的文化批判是基于前文中我们对于文化特性以及文化哲学的独特理解而得以可能的,只有这样我们才能对现代性的当代特质拥有足够的把握。

那么,我们应当如何理解人在现代性中的文化位置?首先,这种文化位置要求人必须以正确的文化观念看待现代性;其次,这种文化位置要求人必须放弃主-客二元对立的思维模式;再次,这种文化位置要求人必须在相互平等的文化关系中阐释人与世界存在的合理性。另外,这种文化位置还要求人必须从人的基础存在层面,即人的生活世界的合理化层面来解释人的存在,而不是从主体世界、科学世界或者自然世界中来解释人的存在。这样,人在现代性中的文化位置就不是部分地占有现代性的一个方面,而是占有现代性的全部。部分地占有现代性,人只是现代性的残片。人必须整体地占有文化的总体,进而占有现代性的总体。这种总体要求把被分化之物重新统一起来,统一到人的存在、统一到文化的合理性上来。

从这个意义上来看,这里,我们特别有必要在当代文化总体格局中对科西克关于现代性批判的经典理论作出与时俱进的调整,即把科西克的以实践为基础的现代性批判改造为以文化为基础的现代性批判。现代性不仅仅是实践基础上的现代性,更是文化之

具体辩证法与现代性批判

上的现代性。对此,科西克也有所认识。科西克一直强调"实践是人类存在的界域"。人类通过实践为自身不断地打开新世界,拓展新领域。但是,他也注意到,"这个意义上的实践概念是近代哲学的产物"①。近代哲学在与柏拉图–亚里士多德传统的斗争中强调了人的创造性。然而,在当代世界,随着人类文化世界的确立,人的本性不仅仅是寻求创造,还有一个十分重要的方面,即寻求合理。人所要认同的不仅是对外部自然世界和人类自身世界的绝对超越,而是如何使之变得更合理更适合于人的存在。因此,科西克指出,"每一个人都必须去占有(appropriate)他自己的文化,他必须自己过活自己的生活而不要别人代理"②。所以,文化的维度在科西克现代性批判中已显露出冰山的一角,其充分展开的可能性只是一个历史性的时机而已。如今,文化已然发展成为我们这个时代的突出特征。文化已经不是外在于现代性的东西,而是现代性不可逃脱的历史。作为历史,正像科西克所说的那样,它是内在于人的,人必须把文化作为理解和批判当代现代性问题的具体步骤和过程。而就现代性的当代发展状况而言,就是要使现代性走向文化批判的自觉。

二、现代性批判的文化自觉

对于现代性的困境,人们除了激烈的批判以外,还在努力寻求替代性的方案。这通常表现为两种方式:一种是激进的后现代观念。后现代观念对现代性的发展构成了极大的冲击和挑战,也带来了许多有益的思想,但是,由于现代性在当代历史过程中的动力和能量尚未耗尽,后现代的替代性方案又存在着诸多非现实性要素,所以现代性的未来仍然需要从其尚未完成的视野中寻求切近的道路。另一种是具体的内部调整。这主要表现为人们对于资本现代性、技术现代性、政治现代性、审美现代性等等现代性的具体方面所进行的批判。这无疑具有一定的正确性。但是,扭转现代性局面、摆脱现代性困境的力量却不完全在现代性的每一个具体

---

① Karel Kosik, *Dialectics of the Concrete*, Dordrecht and Boston: D. Reidel Publishing company, 1976. p.136.

② Karel Kosik, *Dialectics of the Concrete*, Dordrecht and Boston: D. Reidel Publishing company, 1976, p.8.

方面。正如海德格尔所说的"技术的本质是非技术的"一样,人们日渐意识到必须在这些具体的社会要素之外寻求突破。正是在上述总体理论背景之下,关于现代性的未来方向才不可避免地指向了作为内在性之贯穿的文化。

通过文化来透视现代性的做法在现代性形成之初就有不同的表现,而相对比较自觉的认识则要从马克斯·韦伯谈起。马克斯·韦伯把近代宗教和形而上学中由本质理性所表现出来的而又被分离成科学、道德和艺术三个自主的领域的特征称为文化现代性。马克斯·韦伯认为文化现代性所展现出来的这种分化,是由宗教和形而上学世界的瓦解所造成的。18 世纪以降,古老世界瓦解之后,其所分化出来的那些问题被加以整理,分别被当做知识问题、公正性和道德问题或者趣味问题加以把握。随后,科学话语、道德理论、艺术以及法律、文学等的生产和批评渐次被体制化。每个文化领域都和一些文化职业相对应,因此每个文化领域的问题都成为本领域专家所关注的对象。由此韦伯揭示出了各个社会领域正在以不同的方式向文化专门化方向发展的事实。不过可以看得出来,韦伯关于现代性中文化问题的研究和论述还处于具体领域或者单一层面的地步。20 世纪 80 年代以来,哈贝马斯进一步推进马克斯·韦伯的思想。他认为,"这种专业化地对待文化传统彰显出每一个文化领域都具有自己的独立结构。它们呈现为认知-工具理性结构、道德-实践理性结构和审美-表现理性结构,每个领域都处于专家的控制之下,较之于其他人,专家更加擅长以其特殊的方式来逻辑性地加以探究。其结果是专家文化与公众文化之间出现了越来越大的鸿沟"①。哈贝马斯通过对马克斯·韦伯所提出的具体文化领域的专业化问题概括总结而将其提升为专家文化和公众文化两大层面,进一步把文化提升到了具有普遍性意义的层面。

此后,文化的普遍性问题,在吉登斯那里得到了更高程度的把握。在那本著名的《现代性的后果》一书中,吉登斯区分了两种脱域机制类型,即"象征标志"和"专家系统"。前者是指"相互交流

① 转引自周宪:《文化现代性与美学问题》,北京:中国人民大学出版社 2005 年版,第 2 页。

的媒介,它能将信息传递开来,用不着考虑任何特定场景下处理这些信息的个人或团体的特殊品质"①。它包括象征政治合法性的符号以及货币符号等等。后者是指"由技术成就和专业队伍所组成的体系,正是这些体系编织着我们生活于其中的物质与社会环境的博大范围"②。这种机制把社会关系从具体情境中直接分离出来。在吉登斯看来,两种脱域机制都意味着社会系统的"延伸",而且这种延伸"是通过应用于估计技术知识的测试的非人格性质以及用来控制其形式的公众批评来实现的,而这种公众批评正是技术性知识产品存在的基础"③。概而言之,吉登斯所说的两种脱域机制事实上就是文化在现代性社会中的运行机制。从这个意义上说,所谓现代性的后果,实际上就是现代性所呈现出来的文化后果。

关于文化在现代性中的自觉意识还可以从多个方面得到印证。其中,人们耳熟能详的法兰克福学派的大众文化批判理论、西方马克思主义者葛兰西的文化领导权理论、东欧新马克思主义者科拉科夫斯基的意识形态理论等等都从不同层面和视角彰显了现代性的文化内涵。同时,布尔迪厄的"象征性实践"、鲍德里亚的"拟像游戏"、齐泽克的"实在界的面庞"等等更是把对现代性的文化本质的认识推进到了前所未有的高度。

伴随着哲学领域关于现代性的文化研究进展,人们在人类学领域也越来越趋向于运用文化来解释当代人面临的现代性问题。譬如,有人类学家认为,无论科学技术如何发达、科学知识如何丰富都不会对"人是什么"这个问题给出令人满意的答案,人无法借助实证科学的标准和方法来解决这一问题。人类学家巴蒂斯塔·莫迪恩认为,在经历了启蒙主义和实证主义冒进的今天,科学家内部或者哲学家内部已经在这一问题上达成了一种高度的一致。科学家们在意识到他们的方法和手段不能解决终极问题之后,已经对他们的知识进行了重新的评价,因而在今天,他们主动地将面对和解决这些问题的任务交给了文化,如果解决方案是可能的话。传统哲学这一方也已经意识到他们已经给予和能够给予科学的、

---

① (英)吉登斯:《现代性的后果》,田禾译,南京:译林出版社2000年版,第19页。
② (英)吉登斯:《现代性的后果》,田禾译,南京:译林出版社2000年版,第24页。
③ (英)吉登斯:《现代性的后果》,田禾译,南京:译林出版社2000年版,第25页。

用以消除人的奥秘的东西事实上非常少。所以，巴蒂斯塔·莫迪恩敏锐地指出："进入我们的世界、探索人类的本质核心要远比登上月球困难得多，特别是不仅摧毁了我们的许多城市，而且还颠覆了我们的意识，引起了史无前例的文化危机的两次世界大战之后。我们被卷入一场似乎在任何层次上——哲学家、科学家、政治家、神职人员，甚至普通人，既包括个人又包括群体——对于人的含义和人生的价值是什么，即自由的存在者应当过什么样的生活，都不能达成一致意见的文化混乱中。"①在巴蒂斯塔·莫迪恩看来，为了摆脱这场控制我们、使我们遭受痛苦的时代危机——这一危机的精神性甚于物质性、文化性甚于经济性和政治性——哲学迫切需要集中力量于人的奥秘（先于自然、物质、宇宙、存在、语言等的奥秘）；为了了解和确定人的高级价值，它需要专注于探索人的种种奇妙活动（生活、认知、交谈、做事情、意志、欲望、爱等）。而这一切都需要我们认真地研究人的文化。尽管人类学家所说的文化与社会学家和哲学家所说的"文化"有所不同，但是，至少有一点是完全一致的，即他们都不约而同地、自觉地意识到了文化问题在当今时代的极端重要意义。

纵观当代历史进程，文化已经成为当代世界的"普全境域"，已经成为我们思考自身、思考世界、思考现代性的自觉方式。文化自觉的生成表明人们对文化的认识有了更为深刻的理解和把握。其中，衣俊卿教授关于文化的研究和阐述被人们视做这种自觉认识的代表性体现：文化"是人的活动及其文明成果在历史长河中自觉或不自觉地积淀或凝结的结果。作为稳定的生存方式的文化一旦形成，它一方面对于置身于这一文化之中的个体的生存具有决定性的制约作用，它像血脉一样构成人的存在的灵魂；另一方面它构成了社会运行的内在机理，从深层制约着社会的经济、政治和其他领域的发展。正因为如此，文化的变迁或转型总是人的世界的最深刻的变革，因为它代表着人的根本生存方式的转变"②。

具体辩证法与现代性批判

① （意）巴蒂斯塔·莫迪恩：《哲学人类学》，李树琴等译，哈尔滨：黑龙江人民出版社 2005 年版，第 4 页。
② 衣俊卿：《文化哲学》，昆明：云南人民出版社 2005 年版，第 20 页。

三、现代性批判的文化动能

现代性批判转向了文化层面,并且以自觉的方式表现出来,但是,现代性批判何以会以文化的方式表现出来? 又何以能够获得源源不断的批判力量? 如果我们回到文化本身,就会发现文化作为人类生存的样法,作为人类的存在方式,从根本上说,是对人类生命本质及其意义的充分表达。文化是人类精神的自觉外显,人类生命构成了这种自觉外显的核心和基础。如何理解人类生命、如何看待人类生命成为能否实现真正的文化批判的关键。当代以来,无论从现实,还是从理论上来看,人们对人类生命的理解和把握都远远超过历史上的任何时期。仅就哲学而言,就存在着生命哲学、存在主义、精神分析、哲学人类学等诸多深入研究和探讨人类生命本质与意义的具体方向和领域。然而,如果从文化与人类生命的内在关联上来看,无疑,文化哲学是最能够体现和表达人类生命本质与意义的维度。在当代诸多文化哲学思想中,法国著名的实践人道主义哲学家阿尔贝特·施韦泽(Albert Schweitzer)关于"敬畏生命"的哲学思想尤为引人瞩目。施韦泽在《文化哲学》一书中指出,"不是通过对世界的认识,而是通过对世界的体验,我们才和世界发生关系。认识能够给予人的始终是这样的知识:在人周围的时空中作为现象出现的一切,就其本质而言,像人本身一样都是生命意志。最终的知识转化为体验。因此,世界观和生命观问题就是我的生命意志对待本身和其他生命意志的行为问题。思想的第一事实不是笛卡儿的'我思故我在',而是基本和广泛得多的'我是要求生命的存在,我在要求生存的生命之中'"①。借此,人们会发现,"敬畏生命是我的生命意志最直接和最深刻的作为。在敬畏生命中,我的认识变成体验。由于我是生命意志,因此,如果我的生命意志开始思想,并且不去理解世界的意义,那么我心中对生命和世界的天然肯定就不会与自身发生冲突。尽管认识的结果是否定的,但我还是应该坚持深化肯定世界和生命。我的生命在自身中就承载着意义。这一意义在于,我使我的生命意志中的最

① (法)阿尔贝特·施韦泽:《文化哲学》,陈泽环译,上海:上海人民出版社2008年版,第36页。

高理念——敬畏生命的理念——富有活力。……由此,我赋予我的生命和我周围的所有生命意志以价值,并促使自己行动和创造价值"①。"显然,从此之后,应该避免过去的两大歧路。一方面,我们不能再固执于这种无望的努力之中,即企图从一种认识观和对世界的知识把握中获得我们的生命观。另一方面,我们也不能再继续这种自欺欺人的做法,通过思想的技艺发布作为世界观的生命观,即作为从世界的认识中获得的东西。这就是说,我们必须作出大的放弃,放弃至今还是前提的世界观和生命观的统一。……生命意志肯定自身。能反思自身的生命意志把生命看做有着自身价值的伟大奥秘。生命意志的第一个意识行为就是敬畏在生命中显现的生命。通过敬畏生命,人才赋予其存在以价值……善是:保存生命、促进生命,使可发展的生命实现其最高价值。恶是:毁灭生命、伤害生命,压制生命的发展。在敬畏生命中,我赋予自己的存在以最高的价值,并把我的存在奉献给世界。来自敬畏生命神秘主义的动力创造和保存这样的价值,它服务于人和人类的完善,并构成整体的文化。"②由此,施韦泽进一步认为,"只有在敬畏生命的思考中,我们才能够成功。敬畏生命在哪里付诸实施,人们就在哪里思考和反省,然后就可能出现奇迹。敬畏生命蕴涵的基本的和富有活力的精神力量是不可估量的"③。可见,敬畏生命构成了现代性批判的文化动能。敬畏生命在哪里存在,现代性的文化批判就在哪里获得力量;敬畏生命从哪里出发,现代性的文化批判就在哪里建构起属于并反映人本身的文化。

　　施韦泽之所以如此看重敬畏生命的问题,是因为在他看来,当代西方文化,甚至整个世界的文化正在走向一种空前的衰落。而衰落的原因,就在于19世纪以来的哲学思想放弃了对生命的执著与关注。施韦泽指出,古希腊以来的西方哲学,特别是晚期斯多葛主义和18世纪的理性主义都十分关注人类肯定世界和生命意义

　　① (法)阿尔贝特·施韦泽:《文化哲学》,陈泽环译,上海:上海人民出版社2008年版,第107页。

　　② (法)阿尔贝特·施韦泽:《文化哲学》,陈泽环译,上海:上海人民出版社2008年版,第36~37页。

　　③ (法)阿尔贝特·施韦泽:《文化哲学》,陈泽环译,上海:上海人民出版社2008年版,第329页。

的问题,因为它们不是以"如其所是"的方式把握世界,而是把世界过程理解为一种理性的、伦理的世界意志的结果,思想家们总是试图以人为或者强力的方式从世界总体中寻求人类存在的意义和价值。然而,"自19世纪中期起,哲学就不去承担它的任务,去讨论伦理与肯定世界和生命的基本问题,即个人与宇宙的关系和自觉地论证文化信念,而是日益消失在非基本的问题之中。它使天然存在的大量探索性思想停滞和凋谢,使自身成为只是一门关于哲学史的学科,企图从自然科学史中概括出一种世界观。这一切当然使哲学完全丧失了活力,并使它不可能维护文化信念。至于19世纪后半叶的哲学,它根本就不再探讨文化问题。随着思想基点的失去,现代人也就丧失了对文化本质的认识。现代人相信,在没有伦理和变异了的肯定世界和生命的情况下,人们也能维持文化。所以,现代人也就不知不觉地陷于非文化之中"①。因此,施韦泽认为只有当能够认识文化的伦理本质的思想重新获得力量,我们才可能重新走上文化之路。

那么,我们有可能实现这种发展吗?施韦泽指出,如果我们不愿意共同走向物质和精神的毁灭的话,我们就必须这么做。如果我们能够重新提出一种令人置信的伦理地肯定世界和生命的世界观,那么我们就会制止正在加剧中的文化衰落,而重新达到真正的和富有活力的文化。否则,我们将注定看到阻止文化衰落的一切努力的失败。只有当文化革新来自世界观革新的真理成为普遍理念,只有出现对世界观的渴求,我们才可能走上正确的道路。但是,时至今日这种敬畏人类生命的文化革新还没有被实行。因此,必须激励人们从现在起就重新对如下问题进行基本的思考:人在世界中的地位是什么?人要在一生中做些什么?如果人们重新感受到这种必要性,赋予其生存以意义与价值,并且如饥似渴地追求一种令人满意的世界观,那么我们由此重新具有文化的能力的精神就为期不远了。

由此,"在敬畏生命的世界观和生命观之中,个人则获得了一种确定的、富有价值的自身规定性。以一种内在的意志和希望,个

---

① (法)阿尔贝特·施韦泽:《文化哲学》,陈泽环译,上海:上海人民出版社2008年版,第33页。

人与现实进行交锋。对于他来说,不言而喻的是,所有在人们之间形成的共同体,它们都必须服务于对生命的保存、促进和提升,服务于真正的精神性的重现"①。这样,一旦敬畏生命的信念发挥现实作用,人类所期待的人性的时代才能真正到来。

第三节　现代性的文化批判论纲

传统意义上所理解的现代性是一种主体主义的现代性;主体主义的现代性过于张扬人自身的意义,反而失去了人自身的意义;而文化基础上所理解的现代性是一种把文化视做现代性自身的现代性,这样理解的现代性不仅以文化取代主体主义,而且溶解了二元对立,从主体间性的角度把文化看成是主－客体价值与意义的辩证统一体,从而把文化存在视做人在现代性中的存在。这种文化存在更突出地强调文化的合理性要素,而不是真理性要素,所以,所获得的文化批判就具有了新的范式意义。特别是当这种新范式中的伦理维度和阐释维度得到更加合理的理解与把握时,这种以文化方式存在的现代性就更贴近人自身,更属于人自身了。因此,现代性的文化批判视野表明,如果通过把注意力集中于人的文化维度,集中于人对文化的理解和参与,那么,我们对人的本性、对现代性的本质会了解得更加深刻、更加透彻。

一、文化存在:一种新的批判范式

如前所述,我们一直强调,文化是人的存在方式,是内在于人的东西,而不是外在于人的存在物或者中介性的要素。所以,我们研究文化就是研究人本身,反之亦然。与此相对照,我们研究关于现代性的文化也同样是研究处于现代性中的人本身,反过来,研究人本身同样可以让我们准确地把握现代性的文化特质。

巴蒂斯塔·莫迪恩在《哲学人类学》中指出:"对于人来说,知道自己是谁、从何而来,了解自己的命运、生命的连贯性和内在维度是什么……所有这些都不是无关紧要的事情。我们可以对其他

---

① (法)阿尔贝特·施韦泽:《文化哲学》,陈泽环译,上海:上海人民出版社 2008年版,第330页。

事情(狗、猫、马等)熟视无睹,却不能对我们自己漠不关心。我们必然会使自己全神贯注于人的生命意义和人的存在价值。"①"'人是什么?'这是一切疑问的疑问——最紧迫最尖锐的疑问。这是一个古老的问题,然而又是一个常新的问题;这是一个具体问题,而不是抽象问题;是一个个人问题,而不是种族问题。"②只要人存在下去,关于人的种种疑问就不会消失。

"人是什么?"这是一切学科得以存在的或隐或显的共同本源和根基。当代社会虽然科学技术得到了前所未有的发展,但人的自我认识的问题不但没有得到真正的解决,反倒是处于深刻的危机之中。正因为如此,卡西尔才要通过他的纲领性著作《人论》来重新审视人的问题。在他看来,人与其说是"理性的动物",不如说是"符号的动物",亦即能利用符号去创造文化的动物。他说:"我们应当把人定义为符号的动物来取代把人定义为理性的动物,只有这样,我们才能指明人的独特之处,也才能理解对人开放的新路——通向文化之路。"③所以,他指出:"如果有什么关于人的本性或'本质'的定义的话,那么这种定义只能被理解为一种功能性的定义,而不能是一种实体性的定义。我们不能以任何构成人的形而上学本质的内在原则来给人下定义;我们也不能用可以靠经验的观察来确定的天生能力或本能来给人下定义。人的突出特征,人与众不同的标志,既不是他的形而上学本性,也不是他的物理本性,而是人的劳作(work)。正是这种劳作,正是这种人类活动的体系,规定和划定了'人性'的圆周,语言、神话、宗教、艺术、科学、历史,都是这个圆的组成部分和各个扇面。"④卡西尔关于人的独特理解打破了人是理性动物的传统理解定式,并受到了普遍的热衷与推崇。人们经常引用它来证明人的文化本性。但是,令人遗憾的是,一直以来人们确信无疑的这种关于人的理解仍然存在着相当

---

① (意)巴蒂斯塔·莫迪恩:《哲学人类学》,李树琴等译,哈尔滨:黑龙江人民出版社 2005 年版,第 1 页。

② (意)巴蒂斯塔·莫迪恩:《哲学人类学》,李树琴等译,哈尔滨:黑龙江人民出版社 2005 年版,第 1 页。

③ (德)恩斯特·卡西尔:《人论》,甘阳译,上海:上海译文出版社 2003 年版,第 42 页

④ (德)恩斯特·卡西尔:《人论》,甘阳译,上海:上海译文出版社 2003 年版,第 106~107 页。

第六章 科西克现代性批判思想的文化哲学走向

199

程度的不彻底性。其最关键之处，也是最根本之处就在于它的主体主义倾向。

我们知道，自从近代思想提出人的独立性以来，主体性的原则就成为随处可见的思想酵母。而由主体性演变而来的主体主义更是隐而不显地潜存于人类思想的每一步骤和行动之中，致使人们所形成的诸多思想认识成果都不易察觉地存在着它的成分。在卡西尔关于人的理解中，人虽然被看做是符号性的动物，但是，这个"动物"最突出的特点就是他总是不断地创造符号，而其创造符号的根本目的是要实现各种各样的"超越"。如果抛开符号形式，我们就会发现，卡西尔所说的人是"符号的动物"与传统意义的人是"理性的动物"并没有本质的差异，他们都在永不停歇地创造着、超越着世界，其区别仅仅在于手段不同而已。对于卡西尔这种主体主义式的符号文化，海德格尔和福柯都曾提出了深刻批评。在著名的达沃斯辩论中，海德格尔指责卡西尔的"符号哲学"是"从人出发并且以人为归趋"的哲学，他所得到的人的本质最终只能是非人道的人的本质。福柯则是用"人类学沉睡"这一说法来描述符号（文化）人类学的主体狂迷。他认为主体主义的人类学并不是真正的人类学，真正的超出人类自我局限的人类学还处于沉睡之中而没有醒来。由此可见，卡西尔通过主体主义性质的人所建构的文化不仅未能准确揭示人的本质，而且与我们前文所谈的以合理性为典型标志的文化也相去甚远。

事实上，近代以来的很多概念，诸如理性、主体、实践等等都不同程度地浸透着人的"创造性"、"超越性"这样一种潜在的意识和观念。人们在认识问题和理解问题时往往不自觉地就落入这个先验的帷幕之中。而文化则不同，文化所寻求的主要方面不再是真理，而是合理。合理性构成了理解文化存在，特别是文化批判的关键，正如哈贝马斯所说："任何一种合理性类型都构成了一道门槛，不完成心性结构的转向，我们就无法跨越过去。"[①]

当我们运用文化哲学范式研究现代性问题的时候，的确需要我们作出从认识论向存在论的转变。因为，当我们问及"什么是现

① （德）尤尔根·哈贝马斯：《后民族结构》，曹卫东译，上海：上海人民出版社2002年版，第197～198页。

代性"的问题时,在这个问题中实际上已经不言而喻地、隐而不显地预设了"真"这个含义。无论我们回答现代性是什么,都意味着是其中包含了"正确"、"真实"的含义,是一种"真理性"的回答,或者至少是众多"真理性"的答案之一。"什么是",这种提问根源于逻辑(Logos)。西方思想自古希腊以来,一直寻求"思维"与"存在"的同一。亚里士多德分析语言表述的准确性,提出了逻辑(Logos)的方法,以逻辑(Logos)的方式要求语言表述正确、真实。而这个范式恰是建立在人们认识事物过程中主体与对象"相符合"的前提之上的。所以海德格尔一直强烈反对西方的逻各斯话语。在海德格尔看来,对于事物的解蔽或者澄明,我们不能使用"什么是"这个提问方式。事物之真,不是一个认识论的问题,而是一个存在论的问题。认识论的问题总是暗含着对或错的意向性。若想剔除这种"附加"的预设,仅仅依靠认识论自身是无济于事的,因为认识论就是要保证认识的正确性,可以说,认识论本身没有问题,问题出在我们误把存在论的问题当成了认识论的问题来研究。区别地看,在日常语言中,我们可以这样来交流、对话,但在哲学研究中则不可以,因为哲学讲求的是概念的准确性。认识论所思考的是认识的"真";存在论所欲求的则是存在的"意义"。

同样,关于文化存在的认识也迫切需要我们作出思想上的转变。对于文化,我们不仅要追问它是怎样形成的,更要追问它是怎样存在的,因为,文化的存在方式就意味着人的存在方式。而前一个问题注重的是文化形成过程中的创造性、超越性;后一个问题则关注文化本身应当得到怎样的安置,这一点对当代人来说更为重要。保证文化的合理性存在是与寻求文化的超越性同等重要的事情。否则,一味地寻求超越,竟不知道该如何确保适合人的存在的文化合理地存在下去,那么,人也就失去了栖居之所。然而,长期以来,由于人们深受所谓的进步观念与主体主义风气的影响,使得文化的合理性问题备受遮蔽。当前,我们特别有必要将二者有机地联系起来,形成辩证的文化批判观。一方面,我们要寻求文化视野中的现代性的超越本质,即自我否定的本质,另一方面,则更要寻求文化视野中的现代性的合理性一面,即自我确证的一面。二者不可偏废,否则就失去了文化存在的本质规定性。

为了准确把握文化存在的深层含义,我们还必须充分认识文化与哲学的关系。文化存在是一种关于现代性的新的理解范式。然而,这种新的范式还没有被广泛地理解和接受,它的深层意义还必须借助于哲学才能表达出来。所以,现在我们经常称文化为"文化哲学"。但是,一旦文化本身作为一种范式被普遍地接受,"哲学"二字终将被人们自觉地从文化哲学中抹去,那样就会真正形成文化为主导的现代性世界,也就是罗蒂所宣称的"后哲学文化"时代的到来。显然,"文化哲学"是意识哲学占主导地位这个特殊语境下的产物,乃是文化为了宣称自身的地位的无奈之举。从这个意义上说,文化,在当代正在经历着痛苦的"蜕变"过程。

二、文化伦理:一种新的批判经典

我们已经知道,文化的存在主要是以合理性为本体的。一种文化能否得以存在就在于它是否具有合理性。那么,什么是文化的合理性? 文化的合理性不是文化的保守性,而是文化的绝对属人本性。文化的属人本性不能仅仅从物质世界对人的意义中来探寻,更要从人类自我建构起来的文化世界自身来探寻。而在这之中,文化伦理成为关于现代性的文化批判根本主题之一。为什么我们必须从文化的伦理方面而不是从其他方面来理解关于现代性的文化批判? 这涉及两个密切相关的问题:一是文化为什么以伦理作为自身的本质? 二是文化伦理以何种方式展现开来?

(一)关于文化的伦理本质问题

文化具有自身的本质,文化对于现代性的批判力量就源自于文化自身的本质。人们应当如何理解文化的本质? 阿尔贝特·施韦泽在《文化哲学》一书中帮助我们加深了对这个问题的认识和理解。在施韦泽看来,文化具有双重含义。文化既实现于理性对自然力量的控制之中,也实现于理性对人类信念的控制之中。但是,文化的真正本质不在于前者,而在于后者。因为,"我们通过理性对自然力量而赢得的控制,并不意味着一种纯粹的进步,其中的弊端会产生非文化的效应。例如,当代威胁文化的经济关系部分地也归结于,我们利用了机器中的自然力量。因为在此基础之上,理性对人类信念的控制却促使人们和各个民族,不是协调合作地使用这种来自所获得的有用的自然力量的权力,而是在比人的自然

具体辩证法与现代性批判

状态下可怕得多的生存斗争中,相互对抗地使用这种权力"①。但是,理性对人类信念的控制则相反,它是特殊意义上的精神成就,因为它涉及精神对精神的作用,即思考的力量对思考的力量的作用。那么,理性对于信念的控制在于何处? 施韦泽认为,"在于个人和集体的意志由整体和多数人的物质和精神福利所决定的地方。这就是伦理。因此,在文化的发展中,伦理的进步是本质的和确定的进步"②。但是,文化的伦理本质决不是一般意义上的道德主义观点的伦理本质,而是基于人的生命本质,从而基于对人的生命敬畏而表现出来的人的存在方式与存在意义。敬畏生命的伦理是文化伦理的核心。"文化的本质在于:我们的生命意志努力敬畏生命,敬畏生命日益得到个人和人类的承认。从而,文化不是世界进化的现象,而是我们内心对生命意志的体验。"③于是,"作为人的物质和精神存在的理想,敬畏生命的伦理提出,人应该尽可能地发挥自己的所有能力,应该用尽可能广泛的物质和精神的自由,为真诚地对待自己,同情及帮助周围所有的生命而努力。人应该严肃地对待自己,应该始终牢记自己所负的一切责任。作为能动者和受动者,无论是对待自己还是对待世界,都要在自己的行动中体现富有活力的精神。他要想到,只有敬畏生命及对世界和生命的深刻肯定,做一个伦理的人,才是真正的人性"④。敬畏生命的伦理就是敬畏自我和自我之外的一切生命。

显然,敬畏生命的文化伦理内在地蕴涵着深刻的批判性力量。而这种深刻的批判性力量是通过精神伦理和实践伦理两个层面表现出来的。施韦泽认为,作为精神伦理,"思想应该做两件事:引导我们从天真地肯定世界和生命达到深刻地肯定世界和生命,使我

---

① (法)阿尔贝特·施韦泽:《文化哲学》,陈泽环译,上海:上海人民出版社 2008 年版,第 62 页。

② (法)阿尔贝特·施韦泽:《文化哲学》,陈泽环译,上海:上海人民出版社 2008 年版,第 62 页。

③ (法)阿尔贝特·施韦泽:《文化哲学》,陈泽环译,上海:上海人民出版社 2008 年版,第 324 页。

④ (法)阿尔贝特·施韦泽:《文化哲学》,陈泽环译,上海:上海人民出版社 2008 年版,第 326 页。

们从伦理的冲动达到思想必然的伦理"①。"天真地肯定世界和生命"与"深刻地肯定世界和生命"是精神伦理的两大构成要素,二者共同构成精神伦理的总体。其中,在天然地肯定世界和生命之中,我们开始了自己的生活。我们心中的生命意志使我们认为,这一切都是不言而喻的。但是,在深刻地肯定世界和生命之中,我们则应当体现这样的意愿:保存我们自己的生命,保存所有我们对其能够有所影响的存在,实现其最高价值。深刻地肯定世界和生命要求我们,思考个人、社会和人类的物质和精神完善的所有思想,并通过这种思想使我们献身于永恒的行动和希望。深刻地肯定世界和生命不允许我们遁世,而是命令我们积极地、尽可能地在行动上关心发生在我们周围的一切。在我们由于遁世而感到心安的地方,通过与世界的关系,我们不得安宁。这就是深刻地肯定世界和生命对我们所提出的要求。因此,可以肯定的是,任何时代都离不开产生伦理思想的动能,所有的伦理反思都会激活和提升伦理信念。正是在思考伦理的历史进程中,人们进入了世界历史最内在的范围,人类的存在意义因为敬畏生命的思想而不断地实现新的超越和再生。

同时,施韦泽也指出,作为敬畏生命的伦理更是一种实践伦理。敬畏生命决不允许个人放弃对世界的关怀。敬畏生命始终促使个人同其周围的所有生命进行交往,并感受到对他们负有责任。敬畏生命的伦理不允许学者仅仅生活在学术中,尽管这样做很有用;它也不允许从事各种职业的人认为,只要恪守本职,就履行了所有义务。敬畏生命的伦理首先要求,人们把自己的部分生命奉献给别人,至于以何种方式,在何种程度上这么做,个人应该基于内心思想和外在命运作出决定。因此,施韦泽指出,敬畏生命的伦理是行动的伦理,敬畏生命的伦理要求我们承担起直至无限的责任;敬畏生命的伦理告诉我们,在任何情况下都要坚持奉献的绝对伦理;敬畏生命的伦理不允许我的权利完全属于我自己;敬畏生命的伦理也不赐予我幸福;敬畏生命的伦理是一个无情的债主,它会不断地催促人们承担和履行属于人类的共同事业。

① (法)阿尔贝特·施韦泽:《文化哲学》,陈泽环译,上海:上海人民出版社2008年版,第279页。

在施韦泽看来,这种敬畏生命的伦理不同于一般意义上的伦理。一般意义上的伦理通常表现为伦理学的伦理,而迄今为止,所有伦理学意义上的伦理,包括宗教和哲学的伦理学在内,它的弱点在于:在个人之中,它不是直接地和自然地与现实进行交锋。在许多人那里,伦理学只是顺便地涉及生命问题。它不关注个人的生命体验,也不能够对个人形成持久的召唤和动力。伦理学史表明,伦理的探寻旨在致力于发现道德的普遍基本原则,但是,在这样做的过程中,它忘记了与人的生命现实进行不停顿的、有活力的和客观的交锋。事实上,如果伦理不想使自身趋于空虚和乏味,那么敬畏生命的伦理本质就必须被彻底思考并运用到实践中去。于是,像古希腊思想一样,当代思想也将悲剧性地结束,它将结束于这样一种无情的事实:从对"如其所是"的世界的认识中,不可能获得有利的和伦理的世界观。

总之,"敬畏生命的伦理把反对伪伦理和伪理想的武器交给了我们。但是,只有当我们每个人在一生中维护人道时,我们才具有应用这种武器的力量。只有许多人在其思想和行动中把人道付诸实施时,人道才不再是多愁善感的观念,而成为它应该所是的东西:社会的和个人的信念的种子"[1]。如果我们拥有了作为思想必然的、清晰明白的敬畏生命的伦理原则,那么个人的不断伦理深化、人类的持续伦理进步就开始了。

(二)关于文化伦理的展现方式问题

克劳斯·黑尔德(Klaus Held)在《世界现象学》一书中作出了充分的考察和研究。他说:"人类在历史地成长起来的共同世界中一起生活。人们往往把这种共同世界称为文化。"[2]地球上所有文化的成长越来越紧密相连,人类的统一性正在不可阻挡地变成一种历史现实性。对于这种多元文化并存的世界格局,如何才能获得一种既尊重他者文化又保证所有人的自由的普遍共识性基础成为当务之急。步入当代以来,很多学科都试图解决或者担当如此

---

① (法)阿尔贝特·施韦泽:《文化哲学》,陈泽环译,上海:上海人民出版社 2008 年版,第 322 页。

② (德)克劳斯·黑尔德:《世界现象学》,倪梁康等译,北京:三联书店 2003 年版,第 269 页。

重任,人们从哲学、人类学、语言学、政治学、社会学、美学、后现代观念等等方面寻求突破,遗憾的是,时至今日仍然没有获得普遍的共识。然而,在克劳斯·黑尔德看来,"仍存在着一种力量——而且只有一种力量——拥有这样一种效力,那就是自古传承下来的习惯。这些传统习惯是如此深入地根植于某种文化中,并且是如此不言而喻,以至于即使是一个强大的统治者,若不遵循这些习惯,也会危及自己的地位"①。但是,我们知道,并非所有的习惯都是有助于人的自由和自身权利的维护的。所以,黑尔德认为,那就只有这样一种情况:在有关文化中,对所有人的自由的尊重已经成了一种不必讨论的即为有效的习惯。换句话说,这种习惯已经成为不必争论的人们熟知且自觉遵从的行为模式。黑尔德说:"这就是'好的伦常',也就是人们在一个社会中历来给予褒扬、并且认为值得仿效的行为方式。希腊人把一个文化中此类伦常的整体称为伦理(ethos)。一个社会的伦理(das Ethos)是由其中的个人的某些固定态度来承担的,因为对个人来说,此类态度已经成了不容置疑的习惯,并且因此通常就决定着个人的行为。只有这样一些根深蒂固的态度才能够——如果毕竟要有的话——给出一种担保,担保人类的自由在一种文化之中受到尊重。"②

黑尔德进一步分析指出,由于这种文化的伦理作为前对象性的不言自明的东西对人来说是熟悉而可信的,所以,这种伦理就能为我们的行为提供一个家园。但是,为什么说"伦理"是一个"家园"呢?他说,因为在希腊人的前哲学语言中,ethos 这个词指称的是生物长久的居留地、居所。同样,在拉丁文中,表示伦理的词语是习性(habitus),它是从动词 habere 派生出来的。但从这个动词而来,还有另一个变化形式 habitare,意思是"居住"。而在"习惯"(gewohnheit)这个德文语词里也含有"居住"(wohnen)一词的词根。所以,对人而言,一种文化的伦理就是他们在行为处事时共同"居住"的家园。

现在,很多哲学家相信,基于习惯而保存下来的不同文化的当

---

① (德)克劳斯·黑尔德:《世界现象学》,倪梁康等译,北京:三联书店 2003 年版,第 270 页。

② (德)克劳斯·黑尔德:《世界现象学》,倪梁康等译,北京:三联书店 2003 年版,第 270 页。

下伦理规范,除了其有效性得到自身文化的有力维护之外,都必须持续不断地为新的道德规范的有效性所取代。而这种新的道德规范将超越所有文化而对人类整体具有约束力。黑尔德认为,我们这个时代的哲学的主要任务就是论证一种由此类道德规范构成的普遍的"后传统的"世界道德。但是,他也同时提醒说,如果文化哲学仅仅把规范论证视为自己的主要任务,那么,说到底它就只会助长今日人类与日俱增的无家状态。也就是说,文化哲学对于现代性世界的规范不仅仅是确证,同时还担负着自我否定、自我超越的重任。

那么,文化伦理的具体表现方式是什么?黑尔德认为:"在世界历史上,一种以保障对自由的尊重为己任的伦理是在公元前五世纪在希腊人那里首次出现的。这就是在希腊人那里——而不是在别的任何地方——形成的民主的伦理。"①黑尔德最终把他的文化伦理思想的表现方式指向了政治民主问题,认为政治民主是文化伦理的核心内涵。但是,黑尔德所说的政治民主决不是政治制度的民主,而是政治活动、话语、交往等等的民主。也就是科西克所强调的"政治生活"的民主。事实上,这样理解的民主就是一种文化,一种以一定的秩序和规则(即伦理)制约的民主文化。对此,劳伦斯·E.卡洪在《现代性的困境》中也指出:"在这样一种文化中,最为重要和无处不在的文化主题是,信任人类个体的终极价值,相信个体是真理、价值和政治权威的终极源泉。在这样一种文化中,我们不仅要容忍各种新文化主体和传统的多元性,多样性和原创性,而且要鼓励这种局面。"②

关于文化伦理在民主方面的体现,杜威在《自由与文化》中也有同样的见解,他认为,民主是一项文化工程,民主的过程就是人类不断提升和完善自身文化的过程。同样,哈贝马斯在《现代性的概念》一文中更是直言不讳地说:"目的只是要说明,交往理论如何归纳出一种新古典主义的现代性,以便反过来用做一种社会批判

① (德)克劳斯·黑尔德:《世界现象学》,倪梁康等译,北京:三联书店2003年版,第271页。
② (美)劳伦斯·E.卡洪:《现代性的困境》,王志宏译,北京:商务印书馆2008年版,第423页。

理论的基础。"①在哈贝马斯看来,古典的现代性概念是在意识哲学的前提下发展起来的。经过语言学转型,以主体为中心的理性概念被一种解先验化的"具体的理性"概念取而代之。这就为通往一种后传统的现代性批判铺平了道路。"具体的理性"就是"交往行动理性",而交往行动理性是通过主体间的"以言行事"的行为来完成的。而这最终被哈贝马斯称之为协商伦理。哈贝马斯认为,民主、道德、法律等等并不是先验的,也不能通过自律来确证,而是交往行为的产物,是不同主体间通过商谈而达成的共识。因此,商谈伦理不是从"主体中心理性"出发而是从"主体间性"和"交往合理性"出发研究问题的,它主张通过商谈和论证的方式来确立具有普遍意义的伦理规范。哈贝马斯将这种做法称之为"新古典主义的现代性"。这种新古典主义既是哈贝马斯关于"现代性——一项未完的设计"的待完成之任务,又是文化形态的现代性批判的新经典。它的可贵之处在于,"伦理世界决不是被给予的,而是永远在制造之中"②。

当然,关于文化伦理所涉及的内容是多方面的,除了上文提到的敬畏生命的伦理和以民主为核心的商谈伦理之外,还包括当代人们关于自由、平等、公平、正义等等很多超越传统伦理内涵的广泛内容。这里我们只是尝试性地提出一个相对简略的文化批判论纲,更深入细致的问题不可能全面展开,目的是为进一步的研究提供一般性的内容和总体性的框架。

三、文化阐释:一种新的批判图景

劳伦斯·E.卡洪在《现代性的困境》中指出:"20世纪现代西方世界中一个充满悲剧性而又颇为棘手的问题是,尽管现代性的发展竟至于到了否定它自身的基础的地步,但是这些基础又是我们不可须臾或缺的那些理想的基石,譬如民主,法律规则,赋予人

---

① (德)尤尔根·哈贝马斯:《后民族结构》,曹卫东译,上海:上海人民出版社2002年版,第204页。

② (德)恩斯特·卡西尔:《人论》,甘阳译,上海:上海译文出版社2003年版,第95页。

类个体以内在价值的文化。"①对于现代性,我们不可能把它全部丢弃,或者一切推倒重来。文化是"被给予的",人是"被抛的",我们只能预先接受它,因为它是先于我们的存在。然而,人不是被动的存在,我们会根据我们自己的现实需要对与我们密切相关的一切"文化"作出自我的"理解"。也就是说,我们的任务只能是对现代性在某些方面作出调整、修正,使其合乎我们当下的存在。这其中,文化的阐释就成为一种必然性的活动。

文化阐释在当代已经受到越来越多的关注,海德格尔、伽达默尔、罗蒂等对阐释学的推动使人们对它的现代性意义有了更充分的把握。海德格尔在《存在与时间》中指出,此在的意义,亦即整个世界的意义,不是被理解后才呈现在理解者面前,而是随着理解而被展开;不是理解发现了这些早已存在于某处的意义,而是随着理解的展开生成了意义。海德格尔借助于对阐释的理解表达了他对人(此在)的理解。继海德格尔之后,伽达默尔对阐释学进一步改造提升,使其获得了前所未有的意义。因为伽达默尔认为阐释学并不是作为"获得真理的方法",而是以"意义"来理解"人"与"自然"的特殊关系的新方法。阐释学展现给人的是一幅经过无限"视域融合"而生成的"效果历史"的巨大画卷,它强调个体性的、历史性的、体验性的"理解"是保持和扩展那种既非人的感觉印象又非抽象概念的"意义"的独特方式。因此,它是"人的自我认识的科学"。但是,虽然阐释学已经抛弃了传统的基础主义、本质主义,并且拒绝以一切人或一切学说的普遍基础(即"可通约性")为逻辑的前提,但是它仍然表现出较强的主体主义倾向。这是我们在理解作为文化阐释的现代性时特别值得注意的方面。

相比之下,罗蒂则较好地克服了文化阐释活动中的主体主义倾向。罗蒂把失去了"王者之尊"的哲学消解于文化之中,在"后哲学文化"中,哲学或哲学家不再是专门化的存在,而是与其他所有人没什么两样,而且看起来干什么都行。于是,此时的哲学仅剩下两种主要功能——对话与教化。在对话中,"后哲学文化"不受实在、真理等的限制,它是敞开的和开放的,没有标准,没有方法,也

---

① (美)劳伦斯·E.卡洪著:《现代性的困境》,王志宏译,北京:商务印书馆2008年版,第25页。

没有主题。"后哲学文化"可以谈论任何东西,或更确切地说这种文化就是"谈论"或"对话"本身。通过各种范式之间的不断对话,调解和克服各学科和各学说间的分歧。从这个意义上来说,哲学是持续进行的人类对话的一部分。此外,在罗蒂的阐释学中,阐释学的任务除了促进不同范式的对话之外,还担负着教化的职责。所谓教化,在罗蒂看来,就是令人们发现新的、较好的、更有趣的、更富有成效的谈话方式。当人们读得更多、谈得更多和写得更多时,就会成为不同的人,就能改造自己。当然,人类获得自身教化的方式是多种多样的,对客观知识的追求也是其中之一。但是,人在自身以外别无探求的目标,我们只是不断地在千方百计寻求谈论自身的各种新颖的、有趣的方式。谈论事物的方式比占有真理更重要。可见,罗蒂把对话(阐释)作为了人类最普遍的活动方式,而认识只不过是对话中的一种声音而已。由此,罗蒂勾勒出一幅后哲学文化的图景。所谓"后哲学文化",就是对我们人类创造的各种谈话方式之利弊的比较研究。换言之,人们可以自由地批判和评论一切人类活动。哲学家的角色已转换成为文化批评家,其任务就是在各种不同文化、不同范式之间,在理解事物如何相关的各种尝试之间,发现它们的共同点和差异之处。可见,在罗蒂的"后哲学文化"中,文化阐释成为了人们的一种存在方式,而且是具有相当自由成分的存在方式。尽管这种方式今天对我们来说遥不可及,但是,只要我们接受这种文化阐释本身,现实也许就不再遥远了。

在人们从纯粹的理论层面对文化的阐释特性有所研究和贡献的同时,吉登斯从当代科学的现实特点出发,对文化解释的突出强调更使人加深了对文化的阐释问题的理解。在吉登斯看来,在现代性条件下,所有的"知识"自身都是可循环的。但是"循环"在自然科学与社会科学中的含义是不同的。在自然科学那里,只有科学的方法是纯粹的,具有可循环性,而科学知识则是不稳定的,人们业已接受的知识原则上都是可以被抛弃的。但是,在社会科学那里,社会科学假定了一种双重意义上的循环,它们对现代制度来说是极其关键的。"社会科学创造的所有知识,原则上都是可修正的;并且,当它们循环性地往来于它们所描述的环境时,实际上它已经是'修正'过的知识了。"①吉登斯所说的"修正"其实就是一种经过自我理解之后的阐释性结果。如果把吉登斯的社会科学"知识"循环理论运用到现代性的文化批判中来,我们就可以断言文化的循环就是在"修正"(阐释)中实现的。

从文化现代性所追求的合理性角度来讲,现代的"修正"(阐释)不可能来自于后现代,后现代只不过是现代性的延异而已。但是,我们并不否定我们确立一种后现代的思维观念,后现代性的阐释方法可以替代现代性的现代主义阐释方法,即是说,我们应当用一种与以往不同的眼光看待自己。既然我们用与以往不同的眼光看待自己,那么我们不仅在内容而且在结构方面就会看到与以往完全不同的现代性图景。在这个图景中,我们不再把现代性视为一个整体,在这个整体中,每一种东西有机地关联着别的东西,也不把它视为一首以大团圆或者以死亡结束故事的史诗。相反,我们把现代历史视为一种由一块块异质的甚至不会很好镶嵌的彩色玻璃组成的马赛克。从这个视角看,现代性不能被视为大写历史的进步或者退步,甚至从一个方面,人们能够看到进步,然而从另一个方面人们能够注意到退步或者两者兼而有之。恰恰由于现代世界的异质性,人们才有行动、决定、评价的空间。因此,后现代视角是对现代性的自我意识,后现代的阐释是对现代性的自我阐释。

显然,人们关于文化阐释问题的研究已经表明,阐释学正在成为文化发展中,特别是现代性发展中极其重要的方面。人们对于现代性问题的表述,越来越倾向于阐释的方式;人们对于现代性的批判,也越来越多地倾向于阐释的方式。阐释成为我们理解现代性的崭新图景。这种"阐释"不是人类文化的宏大叙事,也不热衷于客观精神的"大对体",更不推崇绝对自我的本体论承诺。它所要寻求的仅仅是人类个体对自我与世界的独特理解。这种理解是我们与我们自己的生存境遇的对话,是我们与我们自己的对话。正是在这种对话过程中,现代性的意义、人类自身存在的意义才得到了富有成效的体现。

总之,在当代的历史境遇中,现代性批判越来越呈现为文化批判,人们对文化的认识与理解深度预示着人们对现代性的研究和

---

① (英)吉登斯:《现代性的后果》,田禾译,南京:译林出版社2000年版,第154页。

批判深度。关于现代性的文化批判除了上述展开的几个纲领性的方面之外,还存在着巨大的更为宽广的空间和视野,还有待于我们以文化自觉的态度和方式在现代性历程中把它展现出来。本书作为现代性总体问题中的一个微小组成部分,只是从一个特定的视域对其进行了尝试性的研究与追问。然而,正如我们开篇所谈,现代性的历史就是它的追问史,现代性的本质就隐藏在对它自身的追问之中。所以,我们在这里所从事的现代性批判也只不过是一种尝试性的追问,其意义或许并不在于提供了怎样令人普遍接受的见解和观点,而在于它提出了一种新的追问可能与契机。无疑,这将激发人们继续追问:"到底什么是现代性?"由是,现代性作为问题再次敞开,其意义必将在此问题的追问中再次显现、再次绽放。

附录：卡莱尔·科西克
生平著作年表

1926 年 6 月 26 日　出生于捷克斯洛伐克的布拉格。

1943 年 9 月 1 日—1944 年 11 月 17 日　作为反纳粹的共产主义抵抗组织先遣队(Předvoj)的成员和《战斗青春》(*Boj mladých*)杂志社的主编，被德国纳粹组织的盖世太保秘密逮捕入狱。

1945 年 1 月 30 日—1945 年 5 月 5 日　被关押在捷克波希米亚地区北部的特莱西恩施塔特(Theresienstadt)纳粹集中营。

1945 年—1947 年　在布拉格的查尔斯大学学习社会学与哲学。

1947 年—1949 年　先后在列宁格勒大学和莫斯科州立大学学习哲学。

1958 年　发表《捷克的激进民主》(*Česká radikální demokracie*)。

1963 年　被任命为查尔斯大学文学系教授。担任捷克斯洛伐克作家协会理事，兼任协会周刊《文学新闻》编委会委员、《烈火》杂志主编，并被南斯拉夫"实践派"杂志《实践》聘为国际版编委。

1963 年　发表《具体的辩证法》(*Dialektika konkrétního*)。

1963 年　发表《人是什么?》(*Who is Man?*)。

1964 年　发表《道德的辩证法与辩证法的道德》(*La dialectique de la morale et la morale de la dialectique*)。

1964 年　 发表《国家与人道主义》(*Národ a humanismus*)。

1966 年　发表《人与哲学》(*Man and Philosophy*)。

1966 年　发表《个人与历史》(*Individuum a dějiny*)。

1967 年　出席捷克斯洛伐克第四次全国作家代表大会并发表《理性与良知》(*Rozum a svědomí*)演说。

1968 年　发表《社会主义与现代人的危机》(*Die Krise des modernen Menschen und der Sozialismus*)。

1968 年　发表《道德与社会》(*Moral und Gesellschaft*)。

1969 年　发表《我们当前的危机》(*La nostra crisi attuale*)。

1969 年　发表《什么是中欧》(*Co je střední Evropa*)。

1977 年　签名支持"七七宪章运动"。

1989 年　"天鹅绒革命"后,科西克恢复部分政治权利,重新担任查尔斯大学哲学系教授。

1993 年　发表《玛可塔·桑索娃的世界》(*Století Markéty Samsové*)。

1993 年　发表《民主与洞穴神话》(*Demokracie a mýtus o jeskyni*)。

1995 年　发表《年轻人与死亡》(*Jinoch a smrt*)。

1995 年　由美国佛罗里达州布拉夫顿大学(Bluffton University)政治学与历史学教授詹姆斯·H．怀特(James H. Satterwhite.)将科西克在 1968 年前后撰写的重要文论以《现代性的危机——1968 年前后的随笔与评论》(*The Crisis of Modernity. Essays and Observations from the 1968 Era*)之名出版。

1997 年　发表《古老的思想》(*Předpotopní úvahy*)。

2003 年 2 月 21 日　逝世于捷克布拉格。

2003 年　《现代性危机》(*Η κρίση της νεωτερικότητας*)希腊文版出版。

2003 年　*La Crise des temps modernes. Dialectique de la morale.* Traduction de Milena Braud, Joël Gayraud, Françoise London, Valérie Löwit, Pierre Rusch, Martin Vaculík, Bérangère Viennot, Nathalie Zanelle-Kounovsky. — Paris, Les éditions de la Passion 2003 (18 Novembre), p. 255.

2004 年　《最新随笔》(*Poslední eseje*),由 Irena Šnebergová & Josef Zumr 编辑整理。

2007 年　*Karel Kosík, O dilemama suvremene povijesti.* — *Izbor tekstova, prijevod i pogovor Ante Lešaja*; Razlog, Zagreb 2007, p. 486 O dilemama suvremene povijest.

具体辩证法与现代性批判

参考文献

一、中文文献

(一) 著作

[1] (捷)卡莱尔·科西克,《具体的辩证法》,傅小平译,北京:
社会科学文献出版社1989年版。

[2] (古希腊)亚里士多德,《尼各马可伦理学》,苗力田译,北京:中国人民大学出版社2003年版。

[3] (古希腊)亚里士多德,《政治学》,吴寿彭译,北京:商务印书馆1965年版。

[4] (法)卢梭,《论人类不平等的起源和基础》,李常山译,北京:商务印书馆1997年版。

[5] (法)笛卡尔,《第一哲学沉思集》,庞景仁译,北京:商务印书馆1986年版。

[6] (德)费希特,《全部知识学的基础》,王玖兴译,北京:商务印书馆1986年版。

[7] 歌德,《浮士德》,郭沫若译,北京:人民文学出版社1950年版。

[8] (德)戈德曼,《隐蔽的上帝》,蔡鸿滨译,天津:百花文艺出版社1998年版。

[9] (英)波普尔,《开放社会及其敌人》,陆衡等译,北京:中国社会科学出版社1999年版。

[10] (英)哈耶克,《通往奴役之路》,王明毅等译,北京:中国社会科学出版社1997年版。

［11］(西)奥尔特加·加赛特,《大众的反叛》,刘训练等译,长春:吉林人民出版社 2004 年版。

［12］(奥)F.卡夫卡,《变形记》,李文俊译,桂林:漓江出版社 2003 年版。

［13］(德)恩斯特·卡西尔,《人论》,甘阳译,上海:上海译文出版社 2003 年版。

［14］(美)列奥·施特劳斯,《自然权利与历史》,彭刚译,北京:三联书店 2003 年版。

［15］(德)卡尔·曼海姆,《意识形态与乌托邦》,黎鸣、李书崇译,北京:商务印书馆 2000 年版。

［16］(意)拉布里奥拉,《关于历史唯物主义》,杨启熴等译,北京:人民出版社 1984 年版。

［17］(美)杜威,《经验与自然》,付统先译,北京:商务印书馆 1960 年版。

［18］(美)卡尔·洛维特,《从黑格尔到尼采》,李秋零译,北京:三联书店 2006 年版。

［19］(德)康德,《道德形而上学原理》,苗力田译,上海:上海人民出版社 2002 年版。

［20］(德)康德,《纯粹理性批判》,韦卓民译,武汉:华中师大出版社 2000 年版。

［21］(德)康德,《实践理性批判》,韩水法译,北京:商务印书馆 2001 年版。

［22］(德)康德,《判断力批判》,韦卓民译,北京:商务印书馆 1964 年版。

［23］(德)康德,《历史理性批判文集》,何兆武译,北京:商务印书馆 1990 年版。

［24］(德)黑格尔,《哲学史讲演录》第 1 卷,贺麟、王太庆译,北京:商务印书馆 1959 年版。

［25］(德)黑格尔,《哲学史讲演录》第 2 卷,贺麟、王太庆译,北京:商务印书馆 1960 年版。

［26］(德)黑格尔,《哲学史讲演录》第 3 卷,贺麟、王太庆译,北京:商务印书馆 1959 年版。

［27］(德)黑格尔,《哲学史讲演录》第 4 卷,贺麟、王太庆译,

北京:商务印书馆 1978 年版。

[28](德)黑格尔,《精神现象学》上卷,贺麟、王玖兴译,北京:
商务印书馆 1979 年版。

[29](德)黑格尔,《精神现象学》下卷,贺麟、王玖兴译,北京:
商务印书馆 1979 年版。

[30](德)黑格尔:《历史哲学》,王造时译,上海:上海书店出
版社 2001 年版。

[31](德)李凯尔特,《文化科学和自然科学》,涂纪亮译,北
京:商务印书馆 1986 年版。

[32]《马克思恩格斯全集》第 1 卷,北京:人民出版社 1995
年版。

[33]《马克思恩格斯全集》第 3 卷,北京:人民出版社 2002
年版。

[34]《马克思恩格斯全集》第 10 卷,北京:人民出版社 1998
年版。

[35]《马克思恩格斯全集》第 11 卷,北京:人民出版社 1995
年版。

[36]《马克思恩格斯全集》第 25 卷,北京:人民出版社 2001
年版。

[37]《马克思恩格斯全集》第 30 卷,北京:人民出版社 1995
年版。

[38]《马克思恩格斯全集》第 31 卷,北京:人民出版社 1998
年版。

[39]《马克思恩格斯全集》第 32 卷,北京:人民出版社 1998
年版。

[40]《马克思恩格斯全集》第 44 卷,北京:人民出版社 2001
年版。

[41]《马克思恩格斯全集》第 45 卷,北京:人民出版社 2003
年版。

[42]《马克思恩格斯全集》第 46 卷,北京:人民出版社 2003
年版。

[43]《马克思恩格斯选集》第 1 卷,北京:人民出版社 1995
年版。

[44]《马克思恩格斯选集》第 2 卷,北京:人民出版社 1995
年版。

[45]《马克思恩格斯选集》第 3 卷,北京:人民出版社 1995
年版。

[46]《马克思恩格斯选集》第 4 卷,北京:人民出版社 1995
年版。

[47](德)马克思,《1844 年经济学哲学手稿》,北京:人民出版
社 2000 年版。

[48](德)马克思,《卡尔·马克思经济学手稿(1861—1863
年)》,北京:人民出版社 1979 年版。

[49](德)马克思,《资本论》第 1 卷,北京:人民出版社
2004 年版。

[50](德)马克思,《资本论》第 2 卷,北京:人民出版社
2004 年版。

[51](德)马克思,《资本论》第 3 卷,北京:人民出版社
2004 年版。

[52](德)恩格斯,《反杜林论》,北京:人民出版社 1999 年版。

[53](苏)列宁,《哲学笔记》,北京:人民出版社 1974 年版。

[54]《西方学者论〈1844 年经济学－哲学手稿〉》,复旦大学哲
学系现代西方哲学研究室编译,上海:复旦大学出版社
1983 年版。

[55](德)韦伯,《新教伦理与资本主义精神》,李修建、张云江
译,北京:九州出版社 2007 年版。

[56](德)韦伯,《经济、诸社会领域及权力》,李强译,北京:三
联书店 1998 年版。

[57](德)尼采,《权力意志》,孙周兴译,北京:商务印书馆
2007 年版。

[58](德)雅斯贝斯,《时代的精神状况》,王德峰译,上海:上
海译文出版社 1997 年版。

[59](德)雅斯贝斯,《生存哲学》,王玖兴译,上海:上海译文
出版社 1994 年版。

[60](德)海德格尔,《哲学的终结和思的任务》,陈小文、孙周
兴译,北京:商务印书馆 1999 年版。

具体辩证法与现代性批判

[61]（德）海德格尔,《存在与时间》,陈嘉映、王庆节译,北京:
　　三联书店 1999 年版。

[62]（德）海德格尔,《路标》,孙周兴译,北京:商务印书馆
　　2001 年版。

[63]（德）海德格尔,《形而上学导论》,孙周兴译,北京:商务
　　印书馆 1986 年版。

[64]（德）海德格尔,《海德格尔选集》上卷,孙周兴选编,北
　　京:三联书店 1996 年版。

[65]（德）海德格尔,《海德格尔选集》下卷,孙周兴选编,北
　　京:三联书店 1996 年版。

[66]（德）胡塞尔,《纯粹现象学通论》,李幼蒸译,北京:商务
　　印书馆 1992 年版。

[67]（德）胡塞尔,《欧洲科学的危机与超越论的现象学》,王
　　炳文译,北京:商务印书馆 2002 年版。

[68]（德）加缪,《西西弗神话》,杜小真译,北京:三联书店
　　1998 年版。

[69]（德）舍勒,《人在宇宙中的地位》,李伯杰译,贵阳:贵州
　　人民出版社 1989 年版。

[70]（匈）卢卡奇,《历史与阶级意识》,杜章智等译,北京:商
　　务印书馆 1992 年版。

[71]（匈）卢卡奇,《青年黑格尔》,王玖兴等译,北京:商务印
　　书馆 1963 年版。

[72]（匈）卢卡奇,《存在主义还是马克思主义》,韩润堂等译,
　　北京:商务印书馆 1962 年版。

[73]（匈）卢卡奇,《理性的毁灭》,王玖兴等译,南京:江苏教
　　育出版社 2005 年版。

[74]（匈）卢卡奇,《审美特性》第 1 卷,徐恒醇译,北京:中国
　　社会科学出版社 1986 年版。

[75]（匈）卢卡奇,《关于社会存在的本体论》,白锡堃等译,重
　　庆:重庆出版社 1993 年版。

[76]（法）萨特,《辩证理性批判》上卷 ,林骧华等译,合肥:安
　　徽文艺出版社 1998 年版。

[77]（法）萨特,《辩证理性批判》下卷 ,林骧华等译,合肥:安

徽文艺出版社 1998 年版。

[78] (法) 萨特,《存在与虚无》,陈宣良等译,北京:三联书店 1987 年版。

[79] (法) 梅洛·庞蒂,《知觉现象学》,姜志辉译,北京:商务印书馆 2001 年版。

[80] (波) 沙夫,《人的哲学》,林波译,北京:三联书店 1963 年版。

[81] (德) 柯尔施,《马克思主义和哲学》,王南堤、荣新海译,重庆:重庆出版社 1993 年版。

[82] (意) 葛兰西,《实践哲学》,徐崇温译,重庆:重庆出版社 1990 年版。

[83] (意) 葛兰西,《狱中札记》,曹雷雨等译,北京:中国社会科学出版社 2000 年版。

[84] (德) 阿多尔诺,《否定的辩证法》,张峰译,重庆:重庆出版社 1993 年版。

[85] (德) 霍克海默、(德) 阿道尔诺,《启蒙辩证法》,渠敬东、曹卫东译,上海:上海人民出版社 2006 年版。

[86] (德) 霍克海默,《批判理论》,李小兵等译,重庆:重庆出版社 1989 年版。

[87] (美) 马尔库塞,《现代文明与人的困境》,李小兵等译,北京:三联书店 1989 年版。

[88] (美) 马尔库塞,《理论和革命》,程志民等译,重庆:重庆出版社 1996 年版。

[89] (法) 阿尔都塞,《保卫马克思》,顾良译,北京:商务印书馆 2006 年版。

[90] (法) 阿尔都塞,《读〈资本论〉》,李其庆等译,北京:中央编译出版社 2001 年版。

[91] (德) 尤尔根·哈贝马斯,《交往与社会进化》,张博树译,重庆:重庆出版社 1989 年版。

[92] (德) 尤尔根·哈贝马斯,《现代性的哲学话语》,曹卫东等译,南京:译林出版社 2004 年版。

[93] (德) 尤尔根·哈贝马斯,《交往行为理论》,曹卫东译,上海:上海人民出版社 2004 年版。

［94］（德）尤尔根·哈贝马斯：《后民族结构》，曹卫东译，上海：上海人民出版社2002年版，

［95］（意）葛兰西，《狱中札记》，黄华光、徐力源译，北京：社会科学文献出版社2001年版。

［96］（英）麦克莱伦，《马克思以后的马克思主义》，李智译，北京：中国社会科学出版社1986年版。

［97］（英）安德森，《西方马克思主义探讨》，高铦等译，北京：人民出版社1981年版。

［98］（法）德里达，《马克思的幽灵》，何一译，北京：中国人民大学出版社2008年版。

［99］（美）詹明信，《晚期资本主义的文化逻辑》，张旭东译，北京：三联书店1997年版。

［100］（英）埃德蒙·伯克，《法国大革命反思录》，蒋庆等译，北京：商务印书馆2001年版。

［101］（英）齐格蒙·鲍曼，《现代性与大屠杀》，杨渝东译，南京：译林出版社2002年版。

［102］（英）齐格蒙·鲍曼：《现代性与矛盾性》，邵迎生译，北京：商务印书馆2003年版。

［103］（英）齐格蒙·鲍曼，《立法者与阐释者：论现代性、后现代性和知识分子》，洪涛译，上海：上海译文出版社2000年版。

［104］（美）道格拉斯·凯尔纳、（美）斯蒂文·贝斯特，《后现代理论——批判性的质疑》，张志斌译，北京：中央编译出版社2004年版。

［105］（美）卡林内斯库，《现代性的五副面孔》，顾爱斌等译，北京：商务印书馆2003年版。

［106］（美）多尔迈，《主体性的黄昏》，万俊人等译，上海：上海人民出版社1992年版。

［107］（美）弗兰西斯·福山，《历史的终结及最后之人》，黄胜强译，北京：中国社会科学出版社2003年版。

［108］（英）吉登斯，《现代性与自我认同》，赵旭东等译，北京：三联书店1998年版。

［109］（英）吉登斯，《现代性的后果》，田禾译，南京：译林出版

社 2000 年版。

[110]（美）丹尼尔·贝尔,《资本主义文化矛盾》,严蓓雯译,南京:江苏人民出版社 2007 年版。

[111]（美）麦金太尔,《谁之正义? 何种合理性?》,万俊人等译,北京:当代中国出版社 1996 年版。

[112]（美）理查得·沃林,《文化批评的观念》,张国清译,北京:商务印书馆 2000 年版。

[113]（美）安东尼·J. 卡斯卡迪,《启蒙的结果》,严忠志译,北京:商务印书馆 2006 年版。

[114]（美）杰姆逊,《后现代主义与文化理论》,唐小兵译,北京:北京大学出版社 1997 年版。

[115]（法）利奥塔尔,《后现代状态》,车槿山译,北京:三联书店 1997 年版。

[116]（英）史雷特,《消费文化与现代性》,林祐圣、叶欣怡译,台北:弘智文化事业有限公司 2003 年版。

[117]（美）道格拉斯、（美）凯尔纳编,《鲍德里亚:批判性的读本》,陈维振等译,南京:江苏人民出版社 2005 年版。

[118]（美）大卫·库尔珀,《纯粹现代性批判——黑格尔、海德格尔及其以后》,臧佩洪译,北京:商务印书馆 2004 年版。

[119]（美）戴维·哈维,《后现代的状况——对文化变迁之缘起的探究》,阎嘉译,北京:商务印书馆 2004 年版。

[120]（英）梅扎罗斯,《超越资本》,郑一明等译,北京:中国人民大学出版社 2003 年版。

[121]（美）马歇尔·伯曼,《一切坚固的东西都烟消云散了》,徐大建等译,北京:商务印书馆 2004 年版。

[122]（德）恩斯特·卡西尔,《人文科学的逻辑》,关子尹译,上海:上海译文出版社 2004 年版。

[123]（美）本尼迪克特,《文化模式》,王炜等译,杭州:浙江人民出版社 1987 年版。

[124]克拉克·威斯勒,《人与文化》,钱岗南译,北京:商务印书馆 2004 年版。

[125]（德）马丁·海德格尔,《尼采》上卷,孙周兴译,北京:商

务印书馆 2002 年版。

[126](德)马丁・海德格尔,《尼采》下卷,孙周兴译,北京:商务印书馆 2002 年版。

[127](美)劳伦斯・E. 卡洪,《现代性的困境》,王志宏译,北京:商务印书馆 2008 年版。

[128](美)理查德・罗蒂,《后哲学文化》,黄勇编译,上海:上海译文出版社 2004 年版。

[129](意)巴蒂斯塔・莫迪恩,《哲学人类学》,李树琴、段素革译,哈尔滨:黑龙江人民出版社 2005 年版。

[130](德)克劳斯・黑尔德,《世界现象学》,倪梁康等译,北京:三联书店 2003 年版。

[131](德)伊曼努尔・康德,《康德著作全集》第 3 卷,李秋零译,北京:中国人民大学出版社 2006 年版。

[132](南)马尔科维奇、(南)彼得洛维奇,《南斯拉夫"实践派"的历史和理论》,重庆:重庆出版社 1996 年版。

[133](匈)阿格尼丝・赫勒:《现代性理论》,李瑞华译,北京:商务印书馆 2005 年版。

[134](匈)阿格尼丝・赫勒:《日常生活》,衣俊卿译,重庆:重庆出版社 1990 年版。

[135]衣俊卿,《20 世纪的新马克思主义》,北京:中央编译出版社 2001 年版。

[136]衣俊卿,《历史与乌托邦》,哈尔滨:黑龙江教育出版社 1995 年版。

[137]衣俊卿,《回归生活世界的文化哲学》,哈尔滨:黑龙江人民出版社 2000 年版。

[138]衣俊卿,《现代化与文化阻滞力》,北京:人民出版社 2005 年版。

[139]衣俊卿,《文化哲学——理论理性和实践理性交汇处的文化批判》,昆明:云南人民出版社 2005 年版。

[140]衣俊卿,《人道主义批判理论——东欧新马克思主义述评》,北京:中国人民大学出版社 2005 年版。

[141]衣俊卿,《20 世纪的文化批判:西方马克思主义的深层解读》,北京:中央编译出版社 2003 年版。

[142] 衣俊卿,《衣俊卿集》,哈尔滨:黑龙江教育出版社 1995 年版。

[143] 张奎良,《马克思的哲学思想及其当代意义》,哈尔滨:黑龙江教育出版社 2001 年版。

[144] 丁立群,《哲学·实践与终极关怀》,哈尔滨:黑龙江人民出版社 2001 年版。

[145] 张政文,《康德批判哲学的还原与批判》,北京:社会科学文献出版社 2004 年版。

[146] 周宪,《审美现代性批判》,北京:商务印书馆 2005 年版。

[147] 周宪,《文化现代性精粹读本》,北京:中国人民大学出版社 2006 年版。

[148] 周宪,《文化现代性与美学问题》,北京:中国人民大学出版社 2005 年版。

[149] 张一兵,《文本的深度耕犁——西方马克思主义经典文本解读》,北京:中国人民大学出版社 2004 年版。

(二)论文

[1] 衣俊卿,《"具体的总体"与辩证法——科西克的具体辩证法初探》,《学海》1992 年第 1 期。

[2] 张一兵,《科西克的哲学逻辑构架》,《学术研究》2001 年第4 期。

[3] 张一兵,《科西克的具体总体观探析》,《唯实》2000 年第 7 期。

[4] 张一兵,《马克思经济学背后的哲学构架——读科西克的〈具体的辩证法〉》,《中共福建省委党校学报》2000 年第 3 期。

[5] 张一兵,《科西克的人本主义社会现象学——解读〈具体的辩证法〉》,《上海行政学院学报》2001 年第 1 期。

[6] 张一兵,《人如何认识真实的实在世界——评科西克〈具体的辩证法〉的认识论》,《新视野》2000 年第 6 期。

[7] 张一兵,《经济人与日常性生存的形而上学批判——读科西克的〈具体的辩证法〉》,《学术月刊》2000 年第 8 期。

[8] 王恒,《辩证法的生存论暨存在论旨趣——解读科西克的〈具体的辩证法〉》,《南京大学学报》2000 年第 6 期。

具体辩证法与现代性批判

[9] 王恒，《具体的存在论——科西克哲学中的海德格尔思想意蕴》，《学术研究》2001 年第 4 期。

[10] 仰海峰，《伪具体世界的建构：两种不同的经济哲学分析》，《学术研究》2001 年第 4 期。

[11] 周宏，《世界二元分裂的意义与困境——从科西克的〈具体的辩证法〉说起》，《学海》2001 年第 4 期。

[12] 胡大平，《伪具体与伪世界历史》，《学术研究》2001 年第 4 期。

[13] 刘怀玉，《建构现代生活界"具体乌托邦"图景的新人本主义历史观》，《学术研究》2001 年第 4 期。

[14] 张亮，《〈具体的辩证法〉与西方马克思主义：一个比较》，《学术研究》2001 年第 4 期。

[15] 张文喜，《科西克的海德格尔马克思主义批判》，《山东社会科》2002 年第 3 期。

[16] 孔桂春、薛晓源，《"西方存在主义化的马克思主义"辩证法评析——以科西克、萨特为例》，《国外社会科学》1995 年第 3 期。

[17] 陈爱华，《"烦—操持—实践"的三重语境之解析——读科西克〈具体的辩证法〉》，《学术研究》2001 年第 4 期。

[18] 薛晓源，《简论科西克的具体辩证法》，《安徽大学学报》1995 年第 3 期。

[19] 杜以芬，《科西克真理观评析——论人的生成和真理的生成》，《南开学报》2003 年第 3 期。

[20] 方向红，《现象学对科西克〈具体的辩证法〉认知模式的功能性建构作用》，《学术研究》2001 年第 4 期。

[21] 张金鹏，《具体总体：世界的本真之维——对科西克具体总体观的一种理解》，《南京社会科学》2006 年第 4 期。

[22] 刘力永，《科西克的"拜物教化实践"概念及其局限》，《福建论坛》2006 年第 6 期。

[23] 刘怀玉，《简评科西克"具体辩证法"中的人本主义倾向》，《中州学刊》1991 年第 6 期。

[24] M. E. 齐默尔曼，《科西克的海德格尔马克思主义》，《国外社会科学动态》1984 年第 8 期。

二、外文文献:

[1] Karel Kosik. *Dialectics of the Concrete—A Study on Problems of Man and World*. Dordrecht and Boston: D. Reidel Publishing company, 1976.

[2] Karel Kosik. *The Crisis of Modernity: Essays and Observations from the 1968 Era*. Edited by James H. Satterwhite. Boston and London: Rowman & Littlefied Publishers, 1995.

[3] Peter Hudis. Praxis, Cognition, and Revolution. In *NEWS & LETTERS*, October 2004, from http://www. newsandletters. org.

[4] Raya Dunayevskaya. The Philosophic Legacy of Karel Kosík. In *NEWS & LETTERS*, October2004, from http://www. newsandletters. org.

[5] James H. Satterwhite. The Philosophy of Man and the Rebirth of Culture in Czechoslovakia, 1956—1968. In *Denver Quarterly*, Winter, 1977.

[6] Karel Kosik. Democracy and the Myth of Cave. In *Thesis Eleven*. 1996, no. 45.

[7] Bakan, M. Karel Kosik's Phenomenological Heritage. In *Phenomenology in a Pluralistic Context*, McBride, W. L.. and Schrag, C. O. (1983), Albany: State University of New York Press, 1983.

[8] KOHAN, Néstor. The Militante Philosophy of Karel Kosik (1926—2003). In *Latin American Utopia and Praxis*, Dec. 2004, vol. 9, no. 27.

[9] Michael Zimmerman. Karel Kosik's Heideggerian Marxism. In *The Philosophical Forum*, Spring, 1984.

[10] William Gay. kosik's concept of dialectics. In *Philosophy Social Criticism*, 1978.

[11] L. Roland Irons. Dialectics of the Concrete: The Text and Its Czechoslovakian Context. In *New German Critique*, No. 18 (Au-

tumn, 1979).

[12] Adorno. *Negative Dialectics*. London: Routledge and Kegan paul, 1973.

[13] Anthony Giddens. *The Consequences of Modernity*. California: Stanford University Press,1990.

参
考
文
献

后　记

　　但凡喜欢哲学、研究哲学的人总是试图弄明白什么是哲学。我也时常受这个问题的困扰、牵引、诱惑而自觉不自觉地探问什么是哲学。

　　这个问题一直是我从事写作和学术研究的隐德莱希。从刚刚步入哲学殿堂时起，我越是试图走近哲学，却发现越是与之相去甚远。

　　直到最近，本书进入到修改阶段的时候，其间种种经历终于使我感悟到了什么是哲学。

　　本书是在我博士论文的基础上修改而成的，人们常说，博士论文的写作是人间的思想炼狱。我的博士论文，同样使我付出了很多心血与汗水。然而，就整个论文的研究和写作过程而言，却无处不凝聚着许多人的智慧和心血，尤其是我的博士导师衣俊卿教授倾注得更多。无论从研究方向的选择、论题的确定、结构的安排，还是到论文的写作完成，都离不开衣老师精心细致、高屋建瓴的指点，常常是老师深邃凝练、画龙点睛的几句话，就让我曲径通幽、柳暗花明。特别是最近的论文修改阶段，更是让我感触深刻，受益良多。衣老师是一个惜时如金的人。我的博士论文第一修改稿就是衣老师在出差北京和河南的旅途中放弃各种休息时间逐句逐页阅读修改完成的。仅第一修改稿，衣老师就撰写了长达近 10 000 字的修改意见，大到全文思想定位、逻辑关联、论点提升，小到术语推敲、引文注释、标点运用，无处不体现出老师治学严谨的精神和对学生高度负责的态度。当我拿到第一修改稿并接受衣老师当面指导时，我内心一下子升起崇高的敬佩之情，深深被衣老师的敬业精

具体辩证法与现代性批判

神所震撼。随后的两个月时间里，我的论文又经历了两次修改和调整，每一次衣老师都撰写详细的修改方案并督促我按时完成，可谓关怀备至；遗憾的是，由于自己学识和水平所限，有些观点和思路始终没能达到老师的愿望和要求。但这一切却激励着我今后继续努力研究，争取在这一领域有所建树，不辜负老师的厚望。论文的修改过程是我接受老师深层思想影响的重要过程。现在，衣老师身兼多职，但是，他的每一样工作都做得极其认真、圆满、出色。作为学者，他肩负着推进中国文化精神的使命；作为教师，他承担着比别人多得多的教学任务和科研任务。除此之外，每天繁忙的工作之余，衣老师都会在他的文化哲学研究中心忙碌到很晚，每周六都会按时给博士生上课，每年都会有大量的文章和著作出版。殚精做事，竭虑为文，成为衣老师的真实写照。他的思想总是走在学术的前沿，他的观点总是站在时代的潮头，他的焦点总是关注整个时代的历史变迁，关注整个国家的未来走向，关注整个民族的文化精神。他的心中充满了对世界的普遍关怀，充满了对人类命运的普遍观照。"为天地立心，为生民请命，为往圣继绝学，为万世开太平。"衣老师以人类精神守望者和文化精神启蒙人的方式为我诠释着什么是哲学。我深知，哲学乃境界与责任！

在我的博士论文即将出版之际，还要特别感谢给予我人生帮助和教诲的各位恩师。其中，张奎良教授治学严谨、师德高尚、学术沧桑的一生是一本我们永远读不完的教科书。老先生思想敏锐、洞察深刻，一生的学术始终与国家和民族的命运息息相关，虽然几经学术艰辛与风波却从不计较个人得失，总是把哲学的事业放在第一位，像珍爱生命一样珍爱哲学。其博大的胸襟、宽广的胸怀总是让后辈深深感受到无尽的哲学风范与精神。老先生不仅是学界的楷模，更是我们的良师益友。他总能把课堂上深奥的哲学道理融于生活之中，总能使我们感受到生活中拥有比哲学多得多的深刻意义和丰富内涵。他对我们要求严格，但严格之中总是透露出深深的慈爱之情，总像关爱自己的孩子一样呵护着我们一路成长。我们视老师如慈父，老师则把我们看做至爱亲朋。有谁知道，这之中承载着多少比哲学本身多得多的内涵和意味。说到感谢，还要特别感谢丁立群教授、康渝生教授、李楠明教授，三位老师自我读硕士时起就担任我的授课教师，多年来，是你们给了我相当多的帮助与启迪。你们在我学业上付出了很多辛勤的汗水,如果说有太多的感恩需要表达的话,首先我要把这份心意送给三位可敬可爱的老师,没有你们的引领和帮助很难想象今天我能顺利登临哲学博士这个高度。你们的思想和学识构成了我进步的阶梯。丁老师深邃的思维、敏锐的批判、清晰的逻辑无时无刻不推动我对问题探究得深刻再深刻;康老师精准的马哲经典著作文本功力促使我在文献使用上精准再精准;李老师诘难式的发问、思辨式的推论总是提醒着我论述问题要严密再严密。同样,马天俊老师深厚纯正的哲学底蕴、严谨求实的学术风骨,让我由衷地敬畏与仰慕,促使我学问之中来不得半点虚假。所有这一切,都汇聚成老师对学生无限关爱的力量,旨在希望我们成长得更好更快。使我感触颇深的是在博士论文预答辩过程中,几位老师更是给予了我更多的宽容与理解,对我论文中存在的问题和不足,总是批评之中渗透着关爱,挑剔之中表达着帮助,严厉之中传递着鞭策,这使得我对论文的修改既扎扎实实又充满信心。可以说,我学业上的每一步成长无不浸透着各位老师深深的关爱之情与启智之恩。各位老师以他们慈恩与厚爱的方式为我诠释着什么是哲学。我深知,哲学乃胸襟与关爱!

　　我在写作博士论文期间还得到了许多同学无私的帮助和支持,这尤为让我体会深刻。我的博士同学管小其在美国学习期间,跑遍大半个美国,历尽千辛万苦帮我购买到在国外都难以见到的科西克的《现代性的危机》一书,使我的论文研究工作得以顺利进行;尤其使我感怀的是 2008 年的除夕之夜,当时远在美国的管小其利用仅有的一点空余时间顾不上和家人网上团聚而是通过网络给我即时传送了大量相关外文研究资料,我们在网上一边传送资料一边交流感受,度过了一个今生难以忘怀的除夕之夜。博士同学张正明为我顺利发表阶段性研究成果提供了大力支持与帮助,每一次都让我感激在心。博士同学刘丽伟在自己博士论文紧张的写作期间,不惜牺牲自己的宝贵时间不厌其烦地帮我翻译一些艰深、晦涩的哲学语句,大大提升了我论文用语的准确性。博士师妹纪逗同学连续耗费三四天的紧张时间帮我逐字逐句地校对论文,其认真的态度着实让我感动。此外,在我论文写作期间,我的家人给予了我最大限度的支持与理解,提供了各种便利时间和条件,牺牲了他们太多的生活乐趣和需要,使得我全身心地投入到论文写作中去,保证了论文的如期完成。其实,像这样的事情还有很多,即使是平日里同学之间、同事之间、朋友之间简简单单的点滴问候,也总是饱含着太多的殷切关注和期待之情。所有这一切无不让我感动在心、铭记在心。我周围的每一位同学、朋友和亲人以他们真挚的情感为我诠释了什么是哲学。我深知,哲学乃友情与亲情!

蓦然回首,我所苦心寻求的哲学原来并不在遥远它处,哲学就在我身边,哲学就是我们的生活本身。哲学是友情,哲学是关爱,哲学是胸襟,哲学是境界,哲学是责任,哲学也是感恩。感谢关心、帮助我的每一个人,感谢黑大的哲学土壤,感谢黑大的人文关怀。

本书出版在即,在此,我还要特别感谢我的恩师衣俊卿教授对本书研究成果的高度重视与关注,能够将本书列入"东欧新马克思主义研究丛书"之列并亲自为本书作序;感谢黑龙江大学出版社李小娟社长、总编辑的鼓励与支持;感谢黑龙江大学出版社梁秋博士与杜红艳博士的辛勤劳动;感谢黑龙江大学出版社所有为本书顺利出版而付出辛勤汗水的人们。

谨以此书献给关心爱护我的每一位老师、同学和朋友,献给学界同人。

李宝文

2011 年 1 月

后
记

231